SUR LES HAUTEURS DU MONT THOREAU

DE LA MÊME AUTRICE

FICTION

Niagara, Montréal, Héliotrope, 2022.

Impromptu, Lille, La Contre Allée, 2021 ; Montréal, Héliotrope, 2022.

L'absente de tous bouquets, Montréal, Héliotrope, 2020 ; Paris, Sabine Wespieser éditeur, 2021.

L'Annexe, Montréal, Héliotrope, 2019 ; Paris, Sabine Wespieser éditeur, 2020.

Ce qui restera, Montréal, Québec Amérique, 2017.

Oscar De Profundis, Montréal, Héliotrope, 2016 ; Paris, Sabine Wespieser éditeur, 2016.

La ballade d'Ali Baba, Montréal, Héliotrope, 2014 ; Paris, Sabine Wespieser éditeur, 2014.

Les derniers jours de Smokey Nelson, Montréal, Héliotrope, 2011 ; Paris, Sabine Wespieser éditeur, 2012.

Le ciel de Bay City, Montréal, Héliotrope, 2008 ; Paris, Sabine Wespieser éditeur, 2009.

Omaha Beach, Montréal, Héliotrope, 2008.

Fleurs de crachat, Montréal, Leméac, 2005 ; BQ, 2016.

Ventriloquies (avec Martine Delvaux), Montréal, Leméac, 2003 ; BQ, 2021.

Ça va aller, Montréal, Leméac, 2002 ; BQ, 2013.

Deuils cannibales et mélancoliques, Montréal, Trois, 2000 ; Héliotrope, 2009 ; Paris, Sabine Wespieser éditeur, 2020.

ESSAI

Diamanda Galás. Guerrière et gorgone, Montréal, Héliotrope, 2014.

Ce que dit l'écorce (avec Nicolas Lévesque), Montréal, Nota Bene, 2013.

L'éternité en accéléré, Montréal, Héliotrope, 2010.

Condamner à mort. Les meurtres et la loi à l'écran, Montréal, PUM, 2003.

La mauvaise langue, Seyssel, Champ Vallon, 1996.

Catherine Mavrikakis

SUR LES HAUTEURS DU MONT THOREAU

HÉLIOTROPE
ROMAN

Maquette de couverture et photo : Antoine Fortin
Maquette intérieure et mise en pages : Yolande Martel

Données de catalogage disponibles.

ISBN : 978-2-89822-134-7

Dépôt légal : 2e trimestre 2024

Bibliothèque et Archives nationales du Québec
Bibliothèque et Archives Canada

Héliotrope reconnaît l'appui financier du gouvernement du Canada. | Canada
Héliotrope remercie le Conseil des arts du Canada et la Société de développement des entreprises culturelles du Québec (SODEC) de leur soutien.
Héliotrope bénéficie du Programme de crédit d'impôt pour l'édition de livres du gouvernement du Québec, géré par la SODEC.

IMPRIMÉ AU CANADA

Aux amies qui ne sauraient
nous sauver la vie

CHAPITRE I

Thoreau Heights

L'été, sur les petites routes étriquées de la côte est des États-Unis menant de Gourman à Bar Sargeant, la nuit tombe très lentement. Par moments, l'obscurité semble s'installer pour de bon et la voiture, flottant entre les sapins, se trouve soudain avalée par la nuit. Puis un rayon de soleil se faufile dans le rétroviseur, il éclabousse le regard. L'esprit paralysé s'agite : il sort alors de la torpeur dans laquelle il s'était glissé avec bonheur, espérant ainsi oublier la chaleur intenable de l'air. La température de l'asphalte est violente tandis que le crépuscule taquine le goudron, n'apportant pas le répit qu'il promettait. Les dernières lueurs arrogantes du jour, violettes et jaunes, viennent se vautrer sur l'habitacle robuste de la voiture. Le soleil n'en finit pas de se prélasser, même si bientôt, bien sûr, il devra se résigner à son agonie et connaîtra une petite fin certaine.

La route pénètre une clairière et les arbres se font discrets. Les ultimes faisceaux diurnes s'étirent. Ils s'amusent à rappeler que l'été n'en a pas fini de jouer avec le feu, qu'il attise même en soirée. L'hiver, avec ses chemins enneigés et menaçants, paraît bien loin, et la tombée de la nuit vers seize heures alors que les branches des arbres hurlent de douleur sous les coups du froid n'est qu'un songe vieillot. Il faut s'abandonner à la langueur du monde qui, durant les soirées distendues de la fin juin, reste imperturbable face au désir de fraîcheur des corps et des esprits. La voiture vient de traverser Trenton, bientôt elle dépassera le Carnegie Town Information Center, construit en rondins bruns pour appâter les touristes blasés qui s'aventurent dans la région, en mal de couleur locale et d'authenticité réinventée. La Nouvelle-Angleterre est une région où les voyageurs aiment se ressourcer. Là, sur le littoral atlantique ou dans les forêts ancestrales, on peut oublier la civilisation et ses méfaits. Si l'on en croit nombre de romans, on entre dans un monde qui défie les lois du temps. La nature ne connaît jamais le repos. Les lieux les moins fréquentés abritent des vies qui veillent et une faune toujours en alerte. Le coucher du soleil n'apportant jamais le réconfort qu'il semblait assurer, l'inquiétude permanente demeure. Elle se trouve au cœur de l'état sauvage ou encore de toute existence brute, incapable de connaître l'apaisement.

La Jeep se rapproche du petit pont qui sépare le continent des monts Pelés tels que les ont appelés les peuples qui les habitèrent durant des milliers d'années. Ont-ils choisi ce nom à cause des sommets blancs, tout en rocailles, dépourvus de végétation, qui dominent le paysage ? Les amas de pierres ont toujours fasciné les humains qui s'étonnent des physionomies lunaires que peut dessiner la croûte terrestre soumise à la folie du cosmos. L'auto est en train de pénétrer la première île qui participe à l'ensemble des monts se trouvant à l'extrémité la plus à l'est de l'État. Au volant, Merline a du mal à bien voir la route tant la lumière se jette vivement dans ses yeux pour l'aveugler. L'idée lui vient, saugrenue mais bien tentante, que tout pourrait finir là et que ce serait somme toute beaucoup plus simple. Un soulagement. Enfin ! Il lui suffirait de sortir du droit chemin, de donner un grand coup de volant, de faire une splendide embardée en prétextant l'évitement d'un chien ou d'un cerf et tout s'allégerait… Qu'espérer de cette route qui la mène là où elle ne souhaite pas tout à fait se rendre et qui pourtant donne à contempler la fin d'un si beau jour d'été ?

Dans moins d'une heure, l'engin tout blanc se garera devant la gigantesque entrée du manoir Thoreau Heights, construit en 1927, juste avant la Grande Dépression, par un magnat new-yorkais du chewing-gum et du whisky qui avait voulu bâtir loin de toute civilisation un immense hôtel pour lui et ses amis. Merline se demande si les images qu'elle contemple depuis plusieurs mois sur internet ou dans les brochures s'avéreront conformes à la réalité qui l'attend. Le lieu se veut spectaculaire… Apparemment il en met plein la vue à tous les gens qui s'y rendent. La Bourse connut un krach inoubliable en 1929 et les travaux de Thoreau Heights durent prendre une longue pause. Le magnat se lança d'un promontoire derrière l'hôtel, désespéré, ruiné, et le bâtiment, racheté par un groupe anonyme, ne fut véritablement terminé qu'en 1939… Les évaluateurs sur les sites touristiques semblent unanimes : l'endroit est, malgré ses débuts funestes, un paradis. Un immense jardin donne sur la mer et la falaise abrupte de Thoreau Heights que mille et un photographes, amateurs ou non, ont reproduites à qui mieux mieux. Une petite plage un peu plus loin avec une grande jetée, vers laquelle on se rend par un chemin aménagé et balisé, fait les délices de ceux et celles qui préfèrent les lieux moins grandioses.

Merline appréciera la région, elle n'en doute pas. Il ne peut en être autrement. Néanmoins, elle ne parvient pas à se réjouir pleinement de tout le chemin qu'elle a parcouru aujourd'hui depuis Québec et de tous les plans qu'elle a échafaudés depuis Noël dernier. Dans cinquante minutes, elle se retrouvera étourdie et perplexe, à la clinique tenue par Clarissa Gardner, Eva Maria et Josef Lauer, les trois sommités médicales qui se sont installées là, dans l'est des États-Unis, après des années en Suisse passées à accompagner les patients à travers les souffrances occasionnées par la fin de vie. Non ! Merline ne peut pas tout à fait se féliciter d'arriver à bon port. Elle songe à la splendeur de cette lumière violette si particulière. Elle ressent son désir avide de foutre sans crier gare la voiture dans le fossé, quand tout à coup, des images mélancoliques d'un rêve déjà ancien lui reviennent, des images qui l'ont précisément menée par un soir trop doux de la fin du mois de juin, ici, sur cette petite route, perchée entre le ciel et la mer. En songe, elle se trouvait justement dans un véhicule, sa vieille Jeep bleue, celle dont elle s'était débarrassée en 2007. Après bien des tacots, elle a opté pour cette voiture toute rutilante de blanc dans la lumière du crépuscule, cette voiture lumineuse qu'elle traîne depuis quelques années sur les routes cabossées du continent. Dans le rêve qui l'accompagne en lui revenant très net, elle conduit sa Jeep à travers un État de la côte est. Voilà des heures et des heures qu'elle avale les kilomètres. La similitude entre la situation présente et son pressentiment nocturne la frappe. Je voudrais me reposer, me mettre sur le bas-côté et faire une sieste, a-t-elle pensé en songe. Mais je ne peux pas. Je dois continuer, sans savoir ce qui m'empêche un moment de répit.

Merline sort de ses troublants souvenirs. À côté d'elle, sa sœur si maigre change de position, en faisant crisser légèrement le siège en cuir du passager. La bouche de Rose vient d'esquisser une grimace de douleur, mais son corps tente de préserver le sommeil dans lequel elle se trouve. Il essaie de la protéger, sachant ce qui l'attend… Un peu plus tôt, la petite sœur de Merline s'est assoupie. L'air du climatiseur chatouille ses yeux de temps à autre. L'oreiller en gel que Léonie a tranquillement calé sous la tête frêle de Rose semble savoir s'adapter aux contorsions de son cou d'oisillon. Merline sourit tristement en jetant un autre coup d'œil sur le visage livide de sa sœur. Quarante-neuf ans! Et Rose a l'air de Maman juste avant la fin. J'espère qu'elle n'ouvrira les yeux qu'arrivée à Thoreau Heights. C'est ce que se dit Merline.

Et en fait, elle souhaite que Rose ne se réveille pas. Jamais. Ce serait beaucoup mieux. Le repas ingurgité rapidement à Gourman à dix-huit heures s'est résumé à une soupe poulet et nouilles beaucoup trop salée pour la malade à la diète. Mais il lui a permis de s'assoupir dès que la voiture a démarré. Elle semble si fragile ainsi dans la lumière vacillante et pourtant narquoise. C'est la petite sœur de mon enfance. Ma sœur vieillie, ma sœur, se répète Merline. Le visage de Rose paraît détendu. S'est effacée de son front toute inquiétude de l'avenir, toute souffrance trop évidente du présent. Que je voudrais lui épargner les prochains jours, tout arrêter là ! C'est ce que Merline pense.

Cependant son rêve la taraude alors qu'elle déchiffre une pancarte lui indiquant qu'elle, Rose et ses deux autres sœurs se trouvent bel et bien à Trafalgar. Toujours des noms trop chargés d'une histoire dont les lieux ne sont pas à la hauteur… Voilà ce que sont les patronymes des villes et des régions sur ce continent. Mais elle continue de préférer l'Amérique à l'Europe. Sans aucun doute ! Maman, quand nous étions enfants, entretenait une telle nostalgie pour ce territoire nord-américain. Cela agaçait Papa. « Tu n'as qu'à retourner là-bas, dans ton trou », hurlait-il. C'est ce qu'elle a fait ! Avec ses filles. Et pour Merline, ce fut un éblouissement. Le Québec, l'Amérique du Nord…

La lumière devient plus obscure tout à coup et les phares s'allument d'eux-mêmes. Fausse alerte… Voici que le soleil réapparaît encore, inextinguible au moment où la route dessine un coude qui la sort du gris qui l'engloutissait. Le GPS prévoit encore vingt-quatre minutes de route. Et il se trompe rarement. Merline continue donc… Malgré elle, elle se retrouve happée par les images successives de ce rêve fait juste après Noël, lorsqu'elle se doutait bien que Rose vivait ses dernières fêtes de fin d'année : elle roulait au volant de la Jeep bleue, la route s'arrêtait net ou plutôt elle avançait directement dans la mer, dessinant dans l'eau une voie maritime secrète et improbable. Merline comprenait vite que la voiture ne pouvait plus continuer sa trajectoire vers l'avant sans sombrer dans l'océan. Elle était envahie par la peur. Cependant elle trouvait en elle une foi insensée : la mer deviendrait un chemin pour sa voiture obstinée. Merline ne pouvait reculer.

Trafalgar apparaît déjà dans le rétroviseur de la Jeep blanche… Ce n'était qu'un petit village insignifiant, un peu moche, comme il y en a tant sur la route… Nelson, la victoire britannique et l'armada espagnole n'ont rien en commun avec ce lieu qui ne mérite pas que l'on s'y attarde. Merline ne saisit pas pourquoi les touristes proclament avec autant de conviction que la côte est américaine est une région tout à fait magnifique… Il faut, pour dire cela, faire fi des villages. Le bord de mer, les montagnes ici sont splendides, mais les petits bourgs que la voiture traverse lui semblent bien déprimants, malgré cette lumière somptueuse de la fin juin. Brutalement, les temps se chevauchent à nouveau. Rose dort et Merline au volant conduit simultanément deux Jeeps qui se dirigent vers la mer. L'une va vers Thoreau Heights un soir de juin tandis que l'autre s'engouffre dans la mer, à travers un rêve fait six mois plus tôt.

L'océan accueille Merline… Au présent comme au passé. Dans mon rêve, il aurait fallu que je freine. Je ne pouvais le faire. Abandonner ma course folle vers l'avant m'était impossible… Une voix en moi m'exhortait à continuer. C'est peut-être cette voix que Merline entend sur la route du Maine, avec Rose à ses côtés, assoupie, et Léonie et Alexandrine qui ne bronchent pas derrière, impatientes d'arriver. Cette petite voix qui en elle toujours l'appelle à persévérer, même dans l'erreur. Est-ce vraiment une bonne idée que cette expédition ? Va savoir. Les sœurs n'ont rien trouvé de mieux à offrir à Rose. C'est aussi bête que cela.

Entre Trafalgar et Queens, les deux sœurs aînées de Merline gardent l'œil bien ouvert, malgré cette journée en voiture qui n'en finit pas. Léonie voudrait bouder un peu même si ce n'est pas le moment. Les métamorphoses de la lumière l'agacent, et les cahots de la route la secouent trop violemment. Mais elle se tait. Derrière Merline, l'aînée des sœurs Leroy contorsionne son visage de manière à ce que la conductrice l'aperçoive chaque fois qu'elle regarde dans le rétroviseur. Son expression exagérée, presque clownesque, tient à faire part de sa désapprobation envers la conduite si américaine de sa sœur. Depuis Québec, le matin,

Léonie n'a cessé d'émettre des commentaires à la fois drôles et acerbes sur la manière qu'a Merline de jouer du volant. Que de remontrances... Vers Concord, Léonie a même comparé Merline à leur père et ce ne pouvait être un compliment. Elle a bien dû répéter une demi-douzaine de fois qu'elle aurait aimé prendre la place de la chauffeure, malgré le décalage horaire encore difficile pour elle. Si seulement les Canadiens et les Américains avaient eu le bon sens de conduire à gauche. Voilà vingt-six ans qu'elle vit en Australie, à Newcastle, à deux heures de Sydney, et il lui semble inimaginable de se réhabituer à la conduite à droite... Puisque Rose dort, Léonie a enfin la délicatesse de se taire. Cependant, comme une enfant, elle continue à parfaire ses rictus et simagrées très appuyées que la lumière faiblissante rend (heureusement pour Merline) de plus en plus imperceptibles.

À l'autre bout de la banquette arrière, juste derrière Rose, Alexandrine contemple le paysage avec intérêt. Elle se sent très fatiguée. Sans raison après tout. Elle a passé des jours dans l'appartement de Saint-Roch à ne penser à rien, à dormir et à vivre au rythme de Rose. Alexandrine fait souvent la navette entre le Québec et New York, où elle s'est installée en 2000. Mais elle connaît peu cette région qu'est la côte Atlantique, car elle tâche toujours de traverser le plus rapidement possible le grand territoire qui sépare son appartement de Tribeca du Mile-End où vivait Rose et où les trois sœurs restées en Amérique se retrouvaient toujours avant la maladie. Oui, avant… Maintenant il faut aller jusqu'à Québec, dans le quartier Saint-Roch qu'Alexandrine n'apprécie guère, ce qui fait rire ses sœurs. Mais Merline est adorable d'avoir accueilli Rose chez elle. Alexandrine prend donc un air perplexe devant ce monde inconnu qu'est la côte est des États-Unis. Elle découvre cette région trop tard et cela sera dorénavant associé à ces moments tragiques partagés avec Rose. Elle ne sait pas si elle devrait se réjouir du bonheur de cette découverte ou simplement accepter qu'elle a bien agi en ne foutant jamais les pieds par ici, dans ces contrées du bout du monde.

C'était peut-être l'Atlantique… Cet Atlantique que Merline aperçoit maintenant en cette soirée de juin, de temps à autre à un tournant de la route et dans lequel, au sein de son rêve déjà ancien, la Jeep bleue s'engloutissait. Peut-être que… Oui en effet, elle allait vers l'Atlantique, comme elle le fait maintenant, et elle entrevoyait par le pare-brise embué un bout de terre au loin, une île en fait. De cette île, elle était séparée par une étendue d'eau profonde dans laquelle d'autres voitures juste devant elle disparaissaient. Cette île avait été jadis reliée à la terre, mais vraisemblablement la mer couvrait le passage entre les deux lieux. Plus moyen d'y arriver : noyade inévitable, malgré la détermination à aller jusqu'au bout que possédait Merline dans son rêve. Cette force demeure intacte. Elle le sent. La voiture était attirée par le bras de mer… Merline s'était réveillée alors que la Jeep coulait à pic. En elle, après son réveil, avait longtemps persisté, malgré les images de son engloutissement dans les eaux, l'idée qu'elle allait se retrouver sur la terre ferme, de l'autre côté de l'eau, au bout du continent (mais est-ce encore lui, là-bas, si loin ?), saine et sauve.

Le matin de ce rêve étrange, s'étouffant dans l'eau imaginaire qui envahissait ses poumons, Merline avait pensé à des moments passés en famille au Mont-Saint-Michel. Son père, quand elle avait huit ans, les avait amenées là, sa mère, ses sœurs et elle. Elle se rappelait sa peur de ne pouvoir revenir sur la terre ferme, après une journée occupée à flâner dans les rues de la citadelle. Le matin, sa mère avait acheté une petite toupie en bois, avec laquelle Merline avait joué longtemps sur la terrasse d'un restaurant. Sa tante Agnès, la sœur de son père, avait voulu lui faire goûter aux bigorneaux, mais elle avait obstinément refusé de se laisser tenter, malgré les exclamations de ses sœurs aînées qui lui répétaient en chœur : « C'est délicieux, les bigorneaux. Tu ne veux pas goûter ? Tu es un bébé, Merline, un bébé. » Il y avait de la joie dans l'air cet après-midi-là. Rose était sur les genoux de sa maman, qui lui caressait le cou. Tout à coup, tante Agnès avait décidé du départ. Au Mont-Saint-Michel, dans les années 1970, avant la passerelle, la marée inondait selon son bon vouloir les alentours, laissant l'abbaye sur son îlot rocheux, isolée du monde. « À la vitesse du galop du cheval, avait dit tante Agnès, la marée recouvre tout, à la vitesse du galop du cheval, tu imagines ? » Merline ne se souvient plus très bien de ce qui s'était passé. Elle sait seulement qu'elle n'avait plus joué avec sa toupie. Elle avait eu très peur d'être noyée sur le chemin du retour, de se voir engloutie par les eaux, à la vitesse du galop du cheval : cataclop, cataclop ! Voilà que la mort approche de manière arbitraire, et on se noie : glou, glou ! Ou alors on rejoint la terre, sans savoir comment, par miracle.

Juste après ce rêve de noyade, juste après ce qui, elle le savait, serait le dernier Noël de Rose, Merline avait décidé d'amener, dès qu'on sentirait la fin, sa sœur malade à la clinique de la docteure Gardner sise au cœur des montagnes dites pelées et donc adossée au mont Thoreau. Merline était déjà venue passer un automne et un hiver dans la région sur les traces de l'écrivain naturaliste américain, Henry David Thoreau, quand elle avait eu besoin de quitter un temps la ville de Québec, où elle vivait à l'époque dans l'espoir d'un miraculeux appel pour un rôle. La région lui avait alors paru heureuse. Oui, heureuse.

L'aube n'était pas encore à ses côtés au moment du réveil abrupt qui avait décidé de la fin de son songe, mais dans les jours qui avaient suivi, Merline, accompagnée par le sentiment étrange de cet engloutissement bienfaisant dans la mer, avait trouvé en elle une force que le désespoir de l'automne précédent avait suspendue.

Certaines images du rêve lui avaient semblé offrir une solution à ses angoisses. Rose avait passé des mois terribles à Québec, chez sa sœur. Octobre, novembre, décembre avaient vu s'accumuler les défaites de son corps déglingué et Merline s'était sentie si désemparée.

Quand le jour était apparu, baignant encore dans le bien-être qu'avait apporté le rêve de l'engloutissement, Merline avait parlé à Rose et lui avait proposé un plan. La malade Rose, la petite Rose Sélavy, comme la surnommait tout enfant sa maman artiste, en était ravie. Sa voix tout à coup avait repris une ampleur qu'elle avait perdue : « Enfin tu acceptes… Tu m'entends ! À la bonne heure ! Tu me secondes. Il t'en a fallu du temps… Oui, pensons à la fin, je serai bientôt à bout et la brochure de cette clinique est en effet très prometteuse. » Merline avait immédiatement communiqué avec ses deux autres sœurs. Elles feraient ensemble ce qu'il fallait faire. Rien de plus. Rien de moins.

C'est ainsi que le périple vers Thoreau Heights a été décidé le 26 décembre dernier, il y a tout juste six mois… À partir d'un rêve crypté de noyade insensée et d'un sentiment de foi en l'impossible. Il a fallu un songe dans lequel la fin, le salut et un grand saut dans le vide s'enlaçaient amoureusement, pour que Merline accepte la disparition de Rose. Et c'est ce rêve à la fois heureux et terrible qui revient à Merline sur la route vers Thoreau Heights, alors que Rose reste assoupie, oubliant un instant peut-être le but de son voyage.

CHAPITRE 2

Clarissa Gardner

Par la large fenêtre de sa chambre du deuxième étage de la maison Walden, comme on avait l'habitude de nommer l'édifice adjacent à la clinique Thoreau Heights, la docteure Clarissa Gardner, grande lectrice de Henry David Thoreau, fervente admiratrice du naturalisme américain, apercevait non sans surprise une limousine s'engager sur la route tortueuse descendant vers Lexington. Son regard, pourtant, cherchait à se hisser bien au-dessus de la clinique et du chemin. Il prenait de l'altitude pour aller se planter sur les hauteurs du mont Thoreau. La médecin voyait dans la contemplation de ce paysage arrogant une façon de s'élever au-dessus de la morne vie terrestre.

Le bord de mer près des monts Pelés est très escarpé. Là, tout à coup, les montagnes se précipitent à bout de souffle dans l'océan. Elles plongent, heureuses de finir leur existence héroïque dans les profondeurs aquatiques. Après avoir tenté de toucher le ciel, les cimes s'abandonnent à la gravité et s'effondrent dans l'estran. En expirant, elles jouent aux Néréides, aux filles de la grande Doris et, bien loin de la mer Égée, les voilà qui s'amusent comme des gamines. C'est dans la joie qu'elles acceptent de se soumettre à la méchante Arnapkapfaaluk qui rôde dans les parages, qui les gronde et les fustige. Les montagnes fières n'ont cure de ces réprimandes, elles sont si contentes de mettre fin ainsi à leur vie jadis tournée vers les astres. Quel plaisir de se perdre parmi les squales et les requins-pèlerins dans les abysses de la Terre ! Les hauteurs deviennent océans. Elles se transforment, se démembrent. Elles ne sauraient demeurer des géantes et doivent donc renoncer à leur mégalomanie de Titans. C'est dans l'allégresse qu'elles embrassent leur propre disparition. Les montagnes formant les monts Pelés apprennent chaque jour à s'effacer, à mourir pour renaître autres. De cette métamorphose sorcière, elles sont très fières et elles n'ont pas tort. L'apprentissage de la mort demeure pour la nature, comme pour tous les êtres vivants, le signe d'une aptitude philosophique inégalable, d'une sagesse quasi divine. La Terre et les animaux l'ont développée bien avant les humains, n'en déplaise aux penseurs qui voient dans l'univers un monde sans perception de sa fin.

Clarissa Gardner aimait les balades en montagne. Suivant les préceptes de son maître l'écrivain Henry David Thoreau, elle avait escaladé maintes fois les monts Pelés, le mont Katahdin (le plus haut, comme le dit son étymologie) et le mont Wachusett. Thoreau aimait faire des randonnées, aller vers les sommets, bien loin du niveau de la mer, jusqu'à ce que la forêt se fasse rare et qu'il ne rencontre plus d'arbres. De là, il admirait le ciel et puis l'océan à l'horizon. C'était un visionnaire, comme le répétait la docteure. Au beau milieu du XIXᵉ siècle, il se projetait en créature ailée contemplant la Terre dans sa vanité et sa petitesse. Néanmoins, le penseur américain estimait qu'il y avait quelque chose de profondément insolent à jouer ainsi les demi-dieux, à vouloir posséder les secrets de la nature inatteignable, brute. Si la société marchande, le capitalisme n'ont plus leur place dans les hauteurs terrestres, il reste que l'humain ne doit pas intoxiquer ses poumons du leurre de sa toute-puissance. Il est tenu à sentir l'humilité de sa présence bien ridicule sur la planète.

Contemporain de Caspar David Friedrich et du célèbre tableau *Le voyageur se tenant au-dessus d'une mer de nuages* qu'admirent tous ceux et celles qui, comme Clarissa Gardner, cherchent à saisir le sentiment de sublime devant la splendeur effrayante de la vie sur les monts Pelés, Katahdin ou encore Wachusett, Thoreau ressentait sans doute un sentiment d'effroi et de beauté imbriqués. Pendant ses balades à travers ces espaces infinis, il considérait l'humanité comme vulnérable, la mort comme belle et s'abandonnait à son vertige doux.

«Lors de ses randonnées et escalades à travers les monts de l'est de l'Amérique, ainsi que le racontait Gardner aux malades de la clinique, Thoreau privilégiait un grand dépaysement, un éloignement du monde et de ses vains soucis. Le haut des montagnes a quelque chose d'une partie inachevée de la Terre et semble faire signe au chaos du monde. Les sommets se présentent comme des amas en formation, impossibles à modeler rapidement, rebelles à toute tentative de domination. Pour Thoreau, les crêtes abruptes et les arêtes mettent en relief le lien intrinsèque de notre planète au cosmos. Toute ascension révèle le caractère inquiétant de la vie, rendant la Terre étrangère à elle-même, à sa gravité et à la stabilité de l'enracinement. En fait, la montagne pour Thoreau doit nous éloigner de nos petites habitudes, de nos grandes certitudes et appelle à l'élévation de l'esprit dans un monde routinier qui se tient trop souvent au ras des pâquerettes. Après des heures de marche et d'efforts, le corps et ses organes se retrouvent dans un environnement exempt de toute civilisation, de toute routine. Se voient alors intensifiés les éléments sauvages de notre être-au-monde. Si les cimes bleues côtoient le ciel et produisent sur le promeneur qu'est Henry David Thoreau un effet puissant d'exaltation et d'idéal, leur ascension n'en constitue pas moins une épreuve physique et psychique, une lutte anatomique avec les intempéries, la faune, la végétation, et la pierre, cette pierre farouche qui compose ces monts si rocailleux de l'est de l'Amérique. »

Sur les sommets chauves faits d'assemblages minéraux, on dit encore que Thoreau aimait vivre une crise de l'entendement et de la perception, crise propice à une compréhension plus aiguë de l'existence. Dans les élévations de la Terre, les sentiments et les sens sont bouleversés et il s'agit de trouver d'autres repères pour la pensée et le corps.

Si Thoreau escaladait les monts, c'est qu'il voulait, selon Gardner, parvenir, comme Lucrèce l'avait fait bien avant lui, à voir l'agitation du monde, de très loin, à l'abri, se refusant à y participer. *Suave mari magno...*, écrivait le philosophe latin. En effet, devait penser Thoreau, qui avait étudié le latin et le grec et qui devait connaître le *De Natura rerum* de Lucrèce par cœur : « qu'il est doux quand la vaste mer est soulevée par les vents, d'assister du rivage ou des hautes montagnes à la détresse d'autrui ; non qu'on trouve si grand plaisir à regarder souffrir ; mais on se plaît à voir quels maux vous épargnent. Il est doux aussi d'assister aux grandes luttes de la guerre, de suivre les batailles rangées dans les plaines, sans prendre sa part du danger. Cependant la plus grande douceur est d'occuper les hauts lieux fortifiés par la pensée des sages, ces régions sereines d'où s'aperçoit au loin le reste des hommes, qui errent ci et là en cherchant au hasard le chemin de la vie, qui luttent de génie ou se disputent la gloire de la naissance, qui s'épuisent en efforts de jour et de nuit pour s'élever au faîte des richesses ou s'emparer du pouvoir». Oui, qu'il est doux de se tenir loin de tout, sur les hauteurs de ce monde ou encore sur le rivage alors que la tempête fait rage. Qu'il est doux de pouvoir se tenir à l'écart de la société violente, impitoyable et d'observer ses propres soucis dans des lieux propices à l'exercice d'un détachement, pensait Gardner derrière sa fenêtre. Beaucoup ont du mal à croire que Lucrèce, comme le veut la rumeur historique, se soit suicidé. La contemplation de la nature et de ses lois n'enlève-t-elle pas tout désir d'agir sur le monde et son inanité ? Pourquoi faudrait-il précipiter le cours du temps ? La sagesse ne demande-t-elle pas la soumission à un ordre de l'univers qui nous échappe, l'acceptation de la vie sous toutes ses formes même les plus hideuses ou encore les plus cruelles ? Ou faut-il plutôt imaginer que certaines douleurs, certains chagrins n'ont pas à être vécus puisque, quoi qu'il arrive, tôt ou tard, nous rejoignons le grand

Tout ? L'hypothèse d'un Lucrèce se donnant la mort vaut peut-être quelque chose. L'observation de la nature rend la vie humaine si misérable, si limitée qu'il est en fait tout à fait raisonnable de la quitter sans le moindre regret et surtout sans émotion.

En haut du Wachusett, Thoreau oubliait par moments Lucrèce pour lui préférer Virgile, plus bucolique, Homère, plus épique, Wordsworth, plus ludique ou encore Humboldt, le magnifique Humboldt. Lors de promenades qui avaient tout pour l'ancrer dans la matérialité de ce monde, Thoreau, le naturaliste, lisait néanmoins à voix haute avec ses compagnons de route et commentait les auteurs classiques qu'il avait pourtant déjà bien étudiés à Harvard, haut-lieu de savoir où il s'était plongé dans la culture, ses grandeurs et ses aberrations. À chaque inspiration profonde de l'air pur des altitudes, Thoreau exhalait les auteurs anciens et murmurait à la montagne le passé des humains. À nous créatures des XXe et XXIe siècles, il nous est souvent difficile de comprendre comment chez Thoreau nature et culture peuvent paraître aussi indissociables. Comment saisir à travers l'expérience inoubliable et très concrète que procure l'acte de gravir un mont dans le Maine ou le Massachusetts la possibilité d'être ailleurs en pensée, dans ses rêves ou dans ses souvenirs ? Thoreau était pourtant sans cesse renvoyé à d'autres lieux, d'autres espaces que seuls les livres lui offraient. Comme quoi la matérialité du monde côtoie l'onirique, le virtuel et la fuite…

Déplacé, abandonnant la familiarité de la petite ville de Concord où il était né, au sommet du Wachusett, Thoreau se voyait tout à coup dans une autre contrée, très loin de Larken ou de Manchester. Comme par magie, il se retrouvait en Grèce ou au Moyen-Orient, à Tenerife, dans les Andes ou sur le mont Olympe. Et lui venaient alors à l'esprit pour décrire ces paysages pourtant bien américains qui l'entouraient les mots des écrivains et philosophes du monde qui l'avaient précédé dans l'ascension folle des sommets. Mais quelles que soient les comparaisons que Thoreau pouvait établir pour faire sentir son retrait de la folie du temps et de l'espace, l'écrivain retrouvait simplement une paix au cœur de la nature, dans la forêt généreuse ou sur les monts de l'est de l'Amérique. C'est du moins ce qu'imaginait la docteure Gardner pendant ses marches matinales et hygiéniques à travers les lieux qu'avait parcourus son idole.

Le chemin emprunté par le voyageur ressemble souvent au trajet que prend la vie. Il y a entre l'art de la promenade dans la nature et la conduite d'une existence sur les routes sinueuses de la douleur et de la joie bien des parallèles à dessiner. Près des monts Pelés, nos contemporains, émules de Henry David Thoreau, peuvent encore voir le ciel, le monde et l'ensemble de leur trajet pour la première fois. Lors de leurs randonnées, descentes et montées des élévations de la Terre, elles et ils peuvent percevoir que parfois le terrestre devient chaos, que les hauteurs sont précipices, que le sol tout à coup se dérobe sous les pieds des humains bien ridicules et que les monts les plus exaltants glissent rapidement vers l'océan, chutent à toute vitesse vers ce qu'ils n'avaient pu imaginer, tout occupés à vouloir toucher le ciel. En vain.

Il faisait un temps lourd d'été et après une promenade en solitaire sur le mont Thoreau derrière la clinique, Clarissa s'était permis une longue sieste dans la chaleur calme de son appartement privé. Elle venait de se réveiller, un peu étourdie. L'air demeurait suffocant, en cette toute fin d'après-midi où l'on attendait quelque répit de la journée qui avançait. Le sommeil n'avait pas rafraîchi Clarissa. Contre toute attente, l'air qui se lève parfois vers dix-sept ou dix-huit heures et qui apporte un certain mieux-être à travers les pièces quand il s'engouffre dans les rideaux ne s'était pas manifesté aujourd'hui. La vie semblait s'engluer dans une molle torpeur. Si près de l'océan, sur le flanc des monts Pelés, la touffeur de l'air paraissait surprenante. Les saisons ne s'offraient plus dans leur plénitude comme avant.

Clarissa allait devoir se résoudre à faire installer le climatiseur dans la maison Walden. Elle avait toujours résisté à cette idée: les appareils de refroidissement lui rappelaient les lieux de travail et surtout la clinique logée dans le grand manoir où, pour les clients et la recherche, il fallait conserver une température stable, été comme hiver. Mieux valait vivre avec le temps qu'imposaient les saisons. Cependant, depuis quelques années, il faisait trop chaud à la belle saison et trop froid au cœur de la période hivernale dans la demeure adjacente au manoir. Le vieux chauffage devenait poussif, les pièces glaciales dès le mois de décembre, et en juin, on avait déjà l'impression de se retrouver dans une étuve. Le monde allait de guingois et fort heureusement, dans ce chaos, la sensation du travail bien fait, l'attachement profond à son œuvre humanitaire, ou tout simplement humaine remettaient les choses d'aplomb pour Clarissa.

La docteure Gardner s'était malgré tout réveillée inquiète. Elle avait vite consulté son agenda et il ne lui restait qu'une petite demi-heure avant d'aller accueillir un groupe de visiteurs. Elle avait regardé par la fenêtre un court moment, et s'était assise devant le miroir de sa coiffeuse. Elle repensait à la limousine qu'elle venait de voir sur le chemin, devant Walden. Jess, le chauffeur de chez Wilson & Sons, la maison funéraire partenaire de la clinique, lui avait fait un bref signe de la tête. Elle lui avait répondu rapidement d'un geste vague. Depuis des années, elle avait l'habitude de mouvoir son corps de manière à produire des indices qu'il était difficile de déchiffrer. Son travail de médecin lui avait donné la maîtrise d'une attitude qui disait peu. Mais voilà qu'en brossant ses cheveux, elle se demandait qui pouvait bien être le passager apaisé que transportait la grande automobile noire. Elle n'arrivait plus à se souvenir de celui ou celle qui avait dû disparaître en recevant la mort le matin même. Il y avait eu tellement de monde à la clinique depuis les dix années qu'elle y travaillait en compagnie de ses complices, Eva Maria et son frère Josef. Après des années passées en Suisse, là aussi dans les montagnes, avec les deux médecins et leurs parents, elle avait réussi, au moment du décès des vieux Lauer, à convaincre les enfants d'ouvrir avec elle leur propre maison de soins aux États-Unis, sur la côte est, pas loin de là où Clarissa avait vécu durant son enfance. Les jeunes Lauer avaient dû quitter leur Suisse natale et l'hôpital fondé par leurs parents. Cela n'avait pas constitué une mince affaire de les persuader d'abandonner l'Europe. Gardner croyait aux valeurs curatives de l'esprit des montagnes de l'Amérique atlantique. Thoreau était son maître à penser et elle se félicitait chaque jour lors de ses promenades d'être devenue une aussi bonne disciple. Cet après-midi, la balade dans les montagnes l'avait épuisée, tout en lui procurant un immense bien-être.

Les dernières semaines s'étaient montrées particulièrement intenses. Après la pandémie, la clientèle avait afflué. Les gens voulaient décider de leur sort, et les trente-six derniers mois avaient paru terrifiants à tous les êtres qui tenaient à rester en pleine possession de leur destin et à ne pas mourir terrassés par une maladie tyrannique. Oui, le travail avait repris de façon folle récemment, et le nom de la bienheureuse ou encore du bienheureux de la journée ne revenait pas à Clarissa. Il se perdait dans un fatras de patronymes que la canicule rendait très gélatineux. Qui avait eu la chance de mourir dans la dignité et de choisir le moment de sa fin de vie à Thoreau Heights aujourd'hui ? Ah, oui ! C'était cette femme de New York, non ? Non, madame Levinson les avait quittés la veille. Ses enfants étaient déjà repartis. Il ne faudrait pas oublier de donner à la comptable le chèque qu'ils avaient glissé dans la main de Clarissa juste avant leur départ. Où se trouvait-il d'ailleurs ? Où Clarissa avait-elle mis ce bout de papier ? Sûrement sur son grand bureau à la clinique… Quelle drôle de façon de procéder avaient eue les membres de cette famille ! Avaient-ils voulu se débarrasser totalement de leur mère en quittant Thoreau Heights juste avant l'enterrement, dans le cimetière attenant au manoir ? Selon Clarissa, ils évitaient d'avoir à se souvenir de madame Levinson en faisant un don à la clinique… Que dire ? Ces comportements avaient beaucoup rapporté à Clarissa et à son équipe. Les gens donnaient tout pour ne pas être présents jusqu'au bout. Peu importait. À Thoreau Heights, on faisait avec les absences… Clarissa revoyait le chèque sur son bureau. Oui, mais qui cela pouvait bien être à l'intérieur de la limousine ? Les siestes au milieu de la journée rendaient, bien évidemment, confus et il était rare que Clarissa se permette d'en faire. Mais aujourd'hui elle avait senti le besoin impérieux de s'étendre. Elle avait été terrassée par une très, très grande fatigue. La chaleur… ou l'âge, qui pour elle comme pour les autres, ne pardonnait pas. Elle remontait ses cheveux, ébouriffés par l'humidité, en un chignon discret, sans être capable de se rappeler qui elle avait pu aider le matin même. L'âge… Oui… Quelle horreur ! pensa-t-elle en se massant le cou et le haut du buste avec la crème qu'elle vendait à la clinique et que la chimiste et amie Dolores Gerboy avait mise au point. Parfois, en effet, il vaut mieux partir quand on est encore un peu fraîche. La décrépitude comporte quelque chose de si violent… Et même sans être aussi malade que les gens qu'elle soignait et aidait, il lui semblait préférable de tirer sa révérence pendant qu'elle était encore en forme. Oui, partir en beauté... Souvent, Clarissa s'imaginait les derniers moments de sa vie. Étaient-ils tout proches ? « Partir en beauté. Oui, oui. » Clarissa répéterait ces mots à l'ensemble des documentaristes qui arriveraient ce soir même pour obtenir une formation et des renseignements sur le lieu. Un groupe de deux cinéastes japonais et de six techniciens allait débarquer à Thoreau Heights. Ils suivraient tous des séminaires de discussion sur l'œuvre de la clinique et les approches créatrices de la mort. On les admettrait dans les ateliers d'écriture et de vidéo pour les agonisants et les proches. On les instruirait des bienfaits de la cocréation pour le deuil de soi et des autres. L'équipe filmerait continuellement les échanges afin de monter un film sérieux sur l'œuvre de Clarissa et de son groupe déjà célèbre dans bien des parties du globe. Terminer sa vie, comme on termine une œuvre d'art, se répétait Clarissa en se coiffant. Il y a dix ans, elle avait entendu parler d'une approche créative pour les malades, qui éprouvaient à travers l'invention artistique un mieux-être, un sentiment de complétude. Elle avait fait quelques séjours au Québec, suivi des séminaires intensifs et était revenue de Montréal avec l'idée d'implanter à la clinique la pratique d'une création *ante mortem*, collaborative, où le mourant et ses proches travaillaient de concert. Avec cette idée, elle avait connu un succès incomparable. Elle avait su mêler la mort et l'art, et elle en était très fière ! Il faudrait demander tout à l'heure à son assistante Jennifer de confirmer le rendez-vous demain matin à sept heures avec Deborah, l'apprentie coiffeuse-maquilleuse. Depuis que Val, sa patronne, ne voulait plus venir à Thoreau Heights et envoyait Deborah, Clarissa s'attendait toujours au pire des scenarii. Un retard et pourquoi pas même une annulation de toute dernière minute ! Il lui fallait discuter demain avec les Japonais en étant tout à fait arrangée, en pleine possession de ses moyens. Jennifer devait comprendre le sérieux de la situation et imaginer, Clarissa l'espérait, une solution de rechange, au cas où… La propriétaire du salon funéraire, la thanatologue Slater, pourrait faire l'affaire, non ? C'était une femme vaillante qui se levait tôt. Pas comme les assistantes coiffeuses qui souvent prenaient la vie un peu à la légère.

Clarissa appliqua un eye-liner violet, suivant ainsi les conseils de la thanatologue qui, il faut le dire, faisait des miracles avec les bienheureux morts. Cette Emma Slater savait faire passer un visage du vert au rose. Et un jour, alors qu'elle était venue chercher un disparu, elle avait laissé négligemment tomber que les couleurs froides allaient bien, très bien à Clarissa en complimentant cette dernière sur un vieux chemisier aux tons encore fort avantageux. Clarissa ne se rappelait plus comment elle avait tourné la chose, mais Slater lui avait fait comprendre que son maquillage devait jouer avec les teintes de mauve ou de violet et même s'y limiter. Depuis, Clarissa avait opté pour des couleurs froides tirant sur le prune mat, tant pour ses produits de beauté que pour ses tenues, et voilà qu'elle ne recevait que des compliments sur son teint et sa bonne mine. Dans la clinique, même si celle-ci était consacrée à la mort, les médecins et le personnel étaient tenus de donner une impression de santé et d'arborer un air serein. Ils devaient aussi être tirés à quatre épingles. Leur travail devait paraître satisfaisant et leur procurer une immense joie éthique. Leur mine et leurs vêtements étaient la garantie d'un sentiment de tâche bien accomplie, sans la moindre culpabilité, sans l'ombre d'un regret et surtout sans aucune peur de la mort.

Clarissa n'éprouvait que du bonheur à s'être dédiée aux soins de la fin de vie. Cela faisait trente ans qu'elle accompagnait les malades dans un choix nécessaire, à la fois difficile et enthousiasmant, et elle n'avait jamais eu l'occasion de se plaindre de son boulot. Toute jeune, elle avait opté pour une spécialité en anesthésie. Oui, durant les premières années de ses études de médecine, elle avait saisi que le corps pouvait ne pas accepter la douleur et demandait, lorsqu'elle se présentait, à être mis en veilleuse. À Boston, où elle avait fait un stage de quelques années, ses supérieurs l'avaient immédiatement destinée à une carrière grandiose. Elle serait, c'était certain, une grande anesthésiste-réanimatrice. Mais très vite, Clarissa avait rencontré des patientes, surtout des femmes, qui l'avaient suppliée de ne pas s'acharner à les réveiller. Elle avait compris que l'endolorissement de la souffrance et l'absence à soi constituaient le désir secret de beaucoup de patientes à travers l'épreuve de la douleur. Nombre d'entre elles espéraient ne pas revenir d'une opération de la dernière chance qui les laisserait dans un état lamentable, puisqu'elles se traîneraient de traitement en traitement jusqu'à l'épuisement de leur corps et de toutes les ressources. Un incident avec une dame venue de Caen, dont Clarissa avait oublié depuis belle lurette le nom, l'avait à l'époque troublée. Dans sa chambre d'hôpital, la vieille dame lui avait confié, alors que Clarissa allait lui expliquer le protocole qui serait suivi, qu'elle se faisait opérer pour sa famille, mais qu'elle en avait marre de tout ce cirque de maintien en vie qui durait, hélas !, depuis déjà trop longtemps. En tenant la main de Clarissa, elle lui avait murmuré, les larmes aux yeux : « Si vous pouviez m'endormir pour de bon ! Je ne peux dire cela au chirurgien, mais il s'agirait de le faire gentiment, sans que quiconque soupçonne quelque chose. »

La femme de Caen avait bien survécu à l'opération mais elle avait foudroyé du regard une Clarissa venue lui dire que tout s'était bien passé et qu'elles se reverraient vraisemblablement dans six mois, à la prochaine intervention. Clarissa n'avait jamais eu à opérer à nouveau cette dame âgée qui, elle l'avait appris plus tard, avait trouvé le courage de se défenestrer, sans toutefois mourir sur le coup. De grandes et petites rencontres avec des patients en mal d'en finir avaient bouleversé la jeune anesthésiste qui s'était rendue à l'évidence, après de nombreuses réflexions sinueuses et un peu affolées : le véritable pouvoir sur leur vie que ceux et celles qui souffraient pouvaient exercer se trouvait dans la pratique du suicide. Comme anesthésiste-réanimatrice, elle avait beaucoup pensé à ses options et ses véritables choix éthiques. Elle avait alors entrepris de se doter d'une deuxième spécialité, la psychanalyse, en passant par la psychiatrie. Quand elle avait rencontré les Lauer, Eva Maria, l'anesthésiste, et Josef, le psychiatre, à un congrès sur la douleur, elle avait saisi l'ampleur de sa mission sur terre. Bien sûr, elle était tombée instantanément amoureuse d'Eva Maria, qui brillait dans cette immense salle de conférences à la moquette fleurie et aux tribunes recouvertes d'un tissu du plus mauvais goût. Mais ce qui avait charmé Clarissa, c'était tout autant la blondeur de la chevelure de la sœur Lauer que la conviction qui animait cette jeune femme lorsqu'il était question de ce qu'elle appelait la mort dans la dignité. Eva Maria et son frère Josef présentaient une communication au congrès des soins palliatifs qui avait lieu cette année-là à Helsinki. Le fils et la fille des docteurs suisses, Gustav Lauer et Jana Akerman, étaient deux jeunes stars montantes du mouvement mondial pour le droit de mourir sans souffrir que leurs parents avaient initié dès les années 1950 à Genève. Josef et Eva avaient, par leurs propos passionnés, leur sérieux scientifique et le charme incontestable d'Eva, tout de suite plu à Clarissa qui les avait écoutés, transportée. Elle était allée leur parler non sans une certaine timidité. Après des mois durant lesquels elle avait fait la navette entre les États-Unis et la Suisse, elle les avait rejoints et s'était installée à leurs côtés. Elle avait vite compris comment faire de ce changement de vie un tremplin pour sa carrière. Là ils avaient mené une vie heureuse tous les trois, à aider tant de gens à mourir sans douleur. Eva Maria et Clarissa avaient voyagé pour porter la bonne parole un peu partout et revenaient toujours avec joie dans la magnifique maison familiale sur le lac Léman. Avec Josef, ils avaient vite, grâce à leur travail commun à l'hôpital parental, formé une nouvelle petite famille. « Le trio de la mort », disaient leurs détracteurs.

Eva Maria et Clarissa n'avaient pas rendu public tout de suite le couple qu'elles avaient immédiatement formé. En Suisse, les médecins étaient tenus à un certain devoir de réserve. La misogynie demeure si forte dans le monde médical. Et puis, ce n'était l'affaire de personne que de savoir qui vivait avec qui. S'était installée entre les deux femmes une complicité. Cet amour profond du don infini d'une mort dans la dignité les avait soudées l'une à l'autre. En Amérique, elles avaient fini par se marier discrètement, et grâce à un travail acharné, leur clinique était devenue un must en matière de soins palliatifs. Les gens se battaient pour aller y finir leur vie et les listes d'attente étaient longues. Josef s'était engagé dans une nouvelle carrière plus médiatique. Clarissa avait découvert avec les années qu'il aimait briller, qu'il n'était que l'enfant gâté de sa famille et le protégé de sa sœur. Elle lui avait donné un poste clé en communications. Beau gosse, baratineur, il plaisait aux vieilles femmes mourantes et pouvait faire valoir ses talents de séducteur. Il gardait de cette transformation une certaine gratitude envers Clarissa. Il faisait souvent les radios et les télés du monde entier pour représenter la clinique et il trouvait là un vrai bonheur. Il était devenu médecin pour être comme son père. Grâce à Gardner, il commençait une nouvelle vie.

Décidément la couleur violette allait bien à Clarissa… En se regardant dans le miroir, elle était très fière de son apparence, malgré ses soixante-six ans. Elle pouvait marcher deux ou trois heures par jour sans trop se fatiguer, à part durant les grandes chaleurs, et elle travaillait encore au moins douze heures par jour, selon un horaire bien équilibré. Les soirs n'étaient pas souvent libres, mais on s'amusait ferme à Thoreau Heights avec les patients et les patientes, véritables artistes de leur mort. Les gens y célébraient des vies qui se terminaient ; ils arrivaient à fêter, en famille ou entre amis, ce qui avait constitué leur existence. Clarissa paraissait contente d'elle, alors qu'elle appliquait un rouge à lèvres prune sur ses lèvres pulpeuses. Lui revenait enfin à l'esprit le nom de la morte du matin : Monala Guptatari, une toute jeune femme atteinte d'un cancer des os. Bien regrettable que tout cela, mais les derniers jours avaient été très beaux… Juste avant sa mort, Monala avait retrouvé des proches venus de tous les coins des États-Unis. Un party d'adieu absolument splendide avait réuni tout le monde en un moment exquis. Personne ne s'était laissé à pleurer ou à geindre. On avait assisté à un feu d'artifice de bonheur. Monala laisserait le souvenir de la patiente parfaite. Heureusement qu'il y en avait. Parce que certains moments pouvaient se révéler bien difficiles.

Clarissa était enfin toute prête. Elle allait à son rendez-vous au manoir puisque ce soir on recevait une nouvelle venue du Québec et l'équipe du Japon… Elle devrait peut-être couper un peu dans l'accueil de la famille Leroy. Elle verrait… Mais pour le moment il lui fallait se hâter en pleine chaleur. La docteure Gardner se servit un grand verre d'eau glacée, qui la rafraîchit tout à fait. Un délice…

« La mort peut être belle », se répéta-t-elle.

« Et même parfois la vie l'est », se murmura-t-elle en se contemplant une dernière fois dans le miroir avant de dévaler les escaliers de la maison Walden.

CHAPITRE 3

Ouf ! Nous y sommes !

« Ouf! Nous y sommes ! » C'est ce que Merline déclare presque avec entrain à ses sœurs, alors qu'elle avance tout doucement la Jeep blanche pour la garer devant les marches de l'ancien grand hôtel que fut il y a presque cent ans l'immense bâtiment rénové et agrandi abritant maintenant la célèbre clinique de la docteure Gardner. « Ouf, ouf! Nous y sommes ! »

Le ton de Merline, dès le premier mot, la première syllabe de sa phrase, exprime un grand soulagement, une joie vive devant la tâche accomplie, finalement achevée. Après toutes ces péripéties ! Oui, voilà que les sœurs Leroy arrivent tout juste à bon port. Ce n'était certes pas gagné. Quelle histoire, tout de même… Le soleil est maintenant bel et bien couché. Au loin, il fait nuit noire. Le paysage se voit avalé par une obscurité dense, que l'on retrouve seulement à la campagne, loin de la ville. Un sentiment de bien-être émerge des terres. « Ç'aurait été peu agréable de conduire dans les ténèbres. Mais on a bien respecté l'horaire... Ouf! »

La Jeep se gare au moment où les lumières des lampadaires devant la clinique se font éblouissantes. Elle salue ce moment de répit. Cet éclairage insolent, on le voyait de loin se mêler aux rayons du soleil couchant, alors qu'il s'impatientait pour prendre sa relève. Ouf! Même si ensemble, les sœurs Leroy n'ont jamais parlé de leur terreur devant l'ampleur très inquiétante de l'entreprise, s'évitant ainsi de céder à la panique et à la peur, chacune s'est fait secrètement un sang d'encre avant et pendant le périple, quant à l'exécution du plan. « Mais ouf, nous y sommes! Nous pouvons respirer un peu, non? »

Avec Rose dans l'état où elle se trouve depuis des semaines, rien ne paraissait évident. Les médecins de Québec ont insisté mille fois sur l'incroyable épuisement que le déplacement engendrerait. Ils se disaient sceptiques, prenaient des airs atterrés. L'équipe médicale se montrait un peu jalouse de voir partir ailleurs leur patiente préférée du moment, de constater que cette femme extraordinaire qu'on avait réussi à maintenir en vie si longtemps avait décidé d'abandonner la partie, pour se confier aux bons soins d'autres spécialistes. Quelle ingrate tout de même! Trois mois. C'est ce que les oncologues avaient prédit! Trois mois à Rose

Leroy, le jour du diagnostic... Trois mois! Et elle avait réussi à survivre presque trois ans... Un miracle de la médecine. Un miracle québécois. Et dire que l'on dit du mal des hôpitaux. Trois ans, c'est long, mine de rien. Malgré les douleurs et les horreurs du traitement, Rose était parvenue à écrire cinq autres livres. Les tout-petits ne le savaient pas, mais ils devaient une fière chandelle à l'hôpital de Québec. Leur enfance serait bercée par les beaux récits et dessins de Rose. Ils auraient des souvenirs de Mimi le pinson et de Vania la chouette pour le restant de leur vie. Que du bonheur! Rose aussi remerciait le ciel et le personnel médical. Alors pourquoi fuyait-elle l'Hôtel-Dieu de Québec pour aller en finir ailleurs? Aux États-Unis... C'était la décision des quatre sœurs. Merline avait appelé les aînées. Et elles avaient dit oui. Que faire d'autre? Elles ressentaient un désir commun de poser un geste, de se rendre maîtresses du temps, des deuils à venir, en tirant pendant quelques jours la langue au destin. Néanmoins, oui, il valait mieux faire attention pour ce long voyage, afin de ne pas se retrouver avec une morte sur le siège avant. Merline a tout prévu. Il a fallu planifier les étapes et compter avec la fatigue qui sans cesse s'empare du corps, s'attaque à lui en l'enserrant dans ses griffes.

Rose, à partir de Manchester, semblait à bout, mais voilà que quelques heures plus tard, la Jeep se retrouve bien garée, à Thoreau Heights, au centre des monts Pelés, devant le gigantesque manoir hôtelier, tout éclairé, rutilant. À son bord, épuisées, les quatre sœurs, comme les trois mousquetaires, allégées d'un poids, accusent le coup. Quel étonnement, malgré tout ! Saines et sauves, c'est ce qu'on dit dans les circonstances. Ouf! Et ouf! Oui… Et ouf encore… Elles ont envie de rire, les filles. L'angoisse lâche prise. Le voyage revêt des allures d'épopée. La tension sur la route était palpable, et les arrêts dans la chaleur n'avaient rien d'évident. À chaque fois que Rose remontait dans la bagnole de Merline à l'aide de sa canne et d'un bon coup de main de Léonie et d'Alexandrine, il paraissait plus sage de rebrousser chemin. À Skowhegan, après une pause-pipi pas simple du tout, Rose avait vacillé en retrouvant la Jeep. Heureusement que ses sœurs l'avaient rattrapée. Elle allait tomber ! Rose s'évanouit de temps à autre, sans vraie raison, ont déclaré les médecins. Est-ce les médicaments ? Nul ne sait. Ainsi va la fin. Il faut dire que cette automobile est démesurément haute. Pas facile d'y grimper. Et même avec ce petit tabouret d'appoint que Merline a acheté sur internet, Rose chancelle pour arriver à s'asseoir sur le siège. À tout moment, elle risque de se casser un bras ou de se cogner la tête. Elle, qui souhaitait plus que quiconque se rendre à la clinique de la docteure Gardner, a pensé à Skowhegan qu'on ne parviendrait pas au but. La petite sœur malade dont tout le monde voulait prendre soin ne serait en fin de compte pas en mesure de terminer cette étrange expédition. Un découragement s'installait. À quoi bon, de toute façon… Et si Rose mourait à Québec, chez elle, était-ce bien grave? Pourquoi s'être lancée dans cette aventure loufoque? Heureusement qu'elles sont quatre, les sœurs. Depuis l'enfance, il y en a toujours une qui remonte le moral des troupes, qui tout à coup se trouve capable de jouer l'optimiste. Elle parvient à entraîner les autres dans son théâtre. Il suffit de faire un peu semblant et puis, sans y songer, on retrouve espoir. «Courage les filles, crierait Maman. Courage, vous êtes là toutes les quatre.» L'hôpital de Québec avait pourtant proposé d'excellentes solutions pour accompagner la patiente Leroy, pour abréger les souffrances de Rose. Rose, la rose, la préférée de Maman. Agoniser à petit feu sur une route américaine n'aurait rien de bien enviable. Pourtant, à Québec, au moment du départ pour les monts Pelés, en déposant les bagages dans le compartiment derrière le hayon, les femmes ont vécu un instant de grande exaltation. Toute une longue journée à elles quatre. Elles se retrouveraient enfermées ensemble dans l'habitacle de la Jeep. On mettrait de la musique, on parlerait, on mangerait des chips. Cela leur rappellerait leur jeunesse quand toute la famille s'engouffrait dans la bagnole des parents et partait le premier août pour un long mois à La Rochelle, à La Baule ou dans le Jura. Il faisait beau et chaud. Comme durant ce voyage vers Thoreau Heights. À l'époque, dans la France de leur enfance, elles rejoignaient les cousines, les cousins et les amis. Que c'était amusant, joyeux ! Oui, au départ de Québec, l'allégresse emplissait à nouveau le cœur des sœurs Leroy. Elles jacassaient comme des pies, babillaient comme des gamines, s'interrompaient gentiment, en évoquant des souvenirs drôles, des moments cocasses, riaient franchement… Et même Rose y est allée de son récit, celui du bagage tombé du toit en 1972, alors qu'à l'époque elle n'avait même pas encore vu le jour. À nouveau, elle a raconté cette légende familiale digne d'un épisode de *L'odyssée*. « Une des valises est restée sur l'autoroute quelque part entre Paris et Nantes ! » Elle avait du mal à respirer, Rose, avec la maladie qui lui bouffait maintenant les poumons, mais ce moment que sa mère et ses sœurs lui avaient tant de fois raconté la faisait encore rire et elle s'est un peu étouffée aux alentours d'Issoudun, après Québec, en s'esclaffant. Ses sœurs ont dû faire comme si de rien n'était et rigoler de plus belle, pour que Rose Sélavy, comme l'aurait appelée Maman, ne se doute pas de l'angoisse qu'elle générait à l'intérieur de la Jeep et qu'il fallait à tout prix empêcher de s'amplifier en n'y prêtant pas attention. Papa, toujours entêté, avait refusé de s'arrêter, même pour Alexandrine, la deuxième de ses filles, celle qu'il destinait au métier d'avocat. Papa n'avait pas voulu stopper sa Renault pour la valise de sa préférée dans laquelle les gamines avaient enfoui toutes les peluches, sauf Jessy, la grenouille de Léonie, qui était assise avec elle sur la banquette arrière et qu'elle a donnée beaucoup plus tard à son fils Gregory. Où est passée Jessy maintenant ? Il faudrait que Léonie demande à Greg quand elle lui parlerait au téléphone. Drôle de ne plus savoir où elle se trouve, après tout cet amour enfantin, cette impossible séparation. Papa avait continué comme si de rien n'était, malgré les pleurs des trois petites filles apeurées. Cela, Maman ne lui avait jamais pardonné. Léonie a enchaîné sur l'obstination du père, sur l'obsession qu'il avait toujours eue d'arriver le plus vite possible à destination, lors des voyages en famille. « Papa ne supportait pas de sortir de sa routine, même pour les vacances. » Il n'avait rien d'un nomade, et s'il acceptait de partir en août, il entendait renouer avec le temps planifié, bien réglé du repos annuel, qui n'offrirait comme toute sa vie, aucune surprise, et serait semblable à celui qu'il avait vécu les étés précédents. Oui, le père Leroy avait refusé de s'arrêter, par principe, seulement par principe. « Et à Maman, cela lui était resté en travers de la gorge. » Jamais elle n'avait pu oublier l'affaire du bagage sur l'autoroute. Des années après, les parents se disputaient encore là-dessus. Cela avait été probablement la cause de leur divorce. Certains événements du passé finissent par miner l'avenir. Ils viennent désagréger les fondements pourtant solides des relations. Ils s'insinuent dans les soubassements des liens entre les humains et pénètrent la psyché de façon inexorable. L'épisode de la valise sur l'autoroute, Maman l'avait laissé résonner en elle. Combien de fois avait-elle ruminé toute cette histoire ? Elle avait fini par comprendre à partir de cet événement un peu idiot, presque anodin, que la vie était devenue impossible entre elle et son mari, qu'elle le quitterait dès que les filles, et surtout sa petite Rose qui occupait son utérus à l'époque de la valise laissée sur la route, seraient assez grandes. Comme elle avait dû avoir hâte de se retrouver seule avec les quatre enfants !

Près de Drummondville, dans l'habitacle de la Jeep, les sœurs ne riaient plus beaucoup. La rigidité psychique de leur père les oppressait. Après le divorce, il avait toujours refusé de les voir. Il les avait imaginées prenant le parti de la mère et ne le leur avait jamais pardonné. Apparemment il était toujours vivant, mais peut-être pas. Qu'importe… En dépassant la sortie 181 où l'on promettait un repas divin au resto St-Hubert, Alexandrine a rappelé à Rose comment, dès l'âge de deux ans, elle ne voulait absolument plus porter de couche pour faire comme ses grandes sœurs. À l'intérieur de la voiture, au début et à la fin du mois d'août, quand on partait ou revenait de vacances, l'enfant était obligée de pisser dans un pot. Rose s'en souvenait-elle ? « Vaguement, très vaguement. Pas vraiment, en fait. » Mais on lui avait bien sûr raconté ce fragment de vie si important dans l'édification du récit familial et du divorce. Léonie avait enchaîné et rappelé à tout le monde qu'un jour près du Mans, Alexandrine avait pris le pot de Rose et s'était permis de pisser dedans. « Papa, bien sûr, ne voulait pas s'arrêter à une halte routière. Alors Alexandrine avait fait ce qu'elle croyait bon de faire… Rose avait alors piqué une crise. C'était son pot ! » Merline ne se rappelait pas du tout ce moment, et Alexandrine non plus. « Mais oui, les filles, je vous le dis, je n'invente rien, quand même, j'étais plus vieille, moi, lançait Léonie un peu fâchée de ne pouvoir partager ce souvenir avec ses sœurs incrédules. À cet instant, Maman s'était juré de quitter Papa, dès qu'elle le pourrait, ce qu'elle fit six ans plus tard. Sans hésiter. C'est dommage qu'on ne puisse plus lui demander des détails sur ce moment. Vous la croiriez, elle, bon sang ! Près du Mans, on allait chez la tante Camille… Non ? Si Maman était là, vous verriez. C'est peut-être inscrit dans son journal. Faudrait voir. Elle notait toutes ses vexations, Maman. » Au moment de la séparation, les filles avaient soutenu leur mère. Surtout Léonie qui trouvait rétrospectivement son père très sadique. Elle avait imaginé les peluches écrasées sur l'autoroute. « Oui, ben oui, les filles, Papa était excellent pour nous traumatiser, a ajouté Alexandrine pour éviter à Léonie d'être seule, perdue dans son passé. Oui, il était dur : un médecin très autoritaire. Surtout avec moi ! Un médecin à la con. J'ai fait des études d'avocate et quand je lui ai envoyé une lettre pour lui dire que j'étais admise au Barreau et puis une autre après pour l'informer que je travaillais à Montréal, dans un bureau spécialisé dans le droit de la famille et surtout celui des femmes réfugiées, il n'a pas répondu… J'ai fait des cauchemars pendant des années où je revoyais mes trois peluches, mon orang-outan, mon perroquet Bibi et mon raton laveur Longtin qui s'étaient sûrement fait écrabouiller par une voiture. Quelle fin terrible pour mes animaux. Pas étonnant que je sois devenue végétarienne, non ? » Et là, à ces mots, les sœurs ont bien ri. Le bonheur d'être ensemble, toutes les quatre, encore une fois, à dire n'importe quoi, comme lorsqu'elles étaient enfants, l'emportait sur les soucis à venir. Il y avait là comme une trêve, une paix qui prenait place dans la Jeep et qui réduisait le futur à néant. « Papa a le dos large, tu ne trouves pas Léonie ? Tu exagères un peu, non ? » a dit

Rose. En effet, sa méchanceté à lui s'était avérée bien banale. Il n'avait jamais pu empêcher le sentiment de sororité que ses filles avaient développé. Un peu contre lui, en fait.

Oui, au commencement du jour, puisque les sœurs Leroy se sont levées très tôt ce matin, dès l'aube hâtive de juin, les quatre femmes ont entrevu un pur moment de bonheur. Après des semaines d'angoisse, elles s'abandonnaient à une espèce d'insouciance calculée, limitée. Et l'évocation de leurs voyages en voiture, petites, les avait confortées dans leur félicité. Mais dès Montréal, avec les embouteillages autour de la ville, alors que Merline avait pensé pouvoir éviter une telle circulation en partant aux aurores, elles ont toutes les quatre compris qu'elles devaient se montrer héroïques, que le trajet se transformerait vite en épopée tragicomique. Rose Sélavy, la fille chérie de Maman, s'impatientait tout à coup. Maintenir la position assise durant tout le trajet ne serait pas une sinécure. Rose, bien qu'elle se retînt, grimaçait au rythme des cahots de la route. Elle remuait sans cesse à la recherche d'un oubli de son corps qu'elle n'arrivait plus à trouver, malgré le contenu d'un sac de médicaments ingurgités avant le départ qui devaient la calmer. Il faut dire que la route est interminable et sinueuse entre Québec et les monts Pelés et que les embûches se dévoilent le long du voyage. Le passage des douanes se révèle particulièrement lent l'été, et les voitures se suivent à la queue leu leu pendant de longues heures, dans la chaleur... Traverser la frontière est pénible et il s'en est fallu de peu pour que là, on vire le char de bord et on retourne au plus sacrant à Québec, comme le pensait Merline pour elle-même.

« Ouf! c'est fini ! » Le ouf ici est victorieux, heureux... Quel plaisir ce sera d'ouvrir la portière dans quelques secondes et de sortir après une journée où l'on s'est trouvées coincées dans l'habitacle, en se faisant secouer le prunier par ce tape-cul infâme qu'est la Jeep de Merline. Cette fille a toujours eu des bagnoles insensées, jamais vraiment confortables. On se rappelle son pick-up. Cette Jeep ne bat donc pas tous les records d'incommodité. On en a vu d'autres. Avec Merline, on a connu bien pire. Mais c'était il y a longtemps. « Oui, dit Alexandrine, vous vous rappelez quand nous sommes allées toutes les quatre dans la vallée de la Mort, juste un peu après le décès de Maman ? » Là encore Merline, qui conduisait, avait opté pour une vieille Volkswagen pourrie, la rouge, qu'elle avait rafistolée avant le départ et qui n'avait ni suspension ni air climatisé. Avec cent vingt degrés Fahrenheit enregistrés le jour au Bassin de Badwater, le camping s'était avéré une épreuve. Qu'est-ce qu'elles avaient eu chaud... Là, ce voyage Québec-Thoreau Heights, Rose aurait dû le faire en limousine louée. Alexandrine avait insisté pour débourser les coûts d'une superbe voiture conduite par un chauffeur. Mais Merline, et Rose était de son côté, avait refusé. Elles avaient toutes les deux convaincu les sœurs aînées de prendre la route avec la Jeep sans s'inquiéter. « Mais ouf! » Quelle joie, quelle grande joie d'avoir réussi à parcourir huit cents kilomètres en près de quinze heures, avec Rose pas bien du tout sur le siège avant, et de sentir de façon fugace que l'on pourrait se détendre un peu. Bientôt. Tout bientôt.

Le voiturier est déjà devant l'auto. Il ouvre la portière à Rose qui, elle aussi, murmure un ouf, peu après Merline. « Ouf! » Il commence à faire un peu moins chaud et la vue sur la mer doit être magnifique de ces hauteurs folles où se trouve perchée la clinique de la docteure Clarissa Gardner. Ce sont les vagues qui se fracassent sur les falaises que l'on entend ainsi? On contemplera le paysage demain matin, dès l'aube... Quelle belle promesse contient la nuit. On constate avec plaisir que le site internet n'a pas menti. C'est à couper le souffle ce lieu. L'édifice est splendide, et les montagnes sur lesquelles les lumières du manoir projettent des couleurs extravagantes ont un air bien noble. « Ouf! » se disent à l'intérieur du véhicule blanc les trois femmes qui sortent de leur crainte, tout à coup devenue ridicule, de ne pas pouvoir se rendre à Thoreau Heights aujourd'hui. « C'est fait… oui c'est fait. Bon sang… » Advienne que pourra. Et le lieu paraît digne de la solennité des circonstances. « Ouf! » La peur qui a tenu les sœurs Leroy silencieuses, dans un état de paralysie durant toutes les dernières heures du voyage, s'efface… « Ouf! Ouf! » Oui, il faut bien deux onomatopées pour expulser du corps l'angoisse de cette journée terrible. « Ouf… Ouf… » Oui, expirons fortement nos préoccupations, laissons-les devenir aériennes, déposons-les là devant l'hôtel, demandons au voiturier qui prend nos bagages de porter une part de nos soucis. Il a les épaules solides, ce gaillard. Et surtout passons à autre chose. « Nous essaierons de nous rappeler le grand privilège d'avoir été toutes les quatre ensemble pour une dernière… fois… oui… une dernière… fois. » Tout à coup la syntaxe et le retour au temps, à sa linéarité font mal… Le nous qui s'enchaîne dans la phrase et que prononce dans sa tête Merline pour exprimer une joie un peu saugrenue, vu les circonstances, fait entendre en lui une fêlure. Bong… Bong… c'est un glas ? On sent une grande faille parcourir les mots qui s'emboîtent mal. Le « nous y sommes » affirmé juste avant n'a rien de claironnant. Merline a voulu le lancer fièrement, mais à l'impromptu sa voix se casse. Le « nous y sommes » se fait finalement discret. Merline vient de se rappeler qu'il n'y a pas de répit pour elle et ses sœurs. Pas le moindre ouf en fait ne les délivrera de ce qui les attend. Le chemin est loin d'être terminé pour les filles Leroy. Et l'accalmie que procure l'arrêt du bruyant moteur de la Jeep blanche devant l'hôtel, alors que le voiturier très élégant vient ouvrir la portière et s'occuper des bagages, demeurera une illusion. Un pur mensonge qui a semblé pourtant si vrai le temps de deux ouf… « Nous y sommes », lance tant bien que mal Merline, mais son intonation crée une rupture radicale avec le son enjoué qu'a produit le ouf initial. Elle ne croit plus aux mots qu'elle formule. « Nous y sommes. » Mais en fait pas du tout. Nous n'y sommes pas du tout.

En descendant de la voiture devant la clinique, en cette fin de soirée du mois de juin, Merline sait que le plus dur reste à venir. « Où sommes-nous ? » À Thoreau Heights, certes. Oui, et cela constitue déjà un exploit, mais nous voilà en fait devant la mort, juste devant la mort, celle de Rose, celle par ricochet de l'histoire de quatre sœurs, les filles Leroy, parvenues à la fin définitive d'une enfance qu'elles portent toutes à bout de bras, qu'elles bercent depuis toujours. Ensemble.

Rose vient d'apercevoir une infirmière de haute taille s'avancer vers elle avec un fauteuil roulant en métal et en cuir. Merline, Alexandrine et Léonie voient bien la soignante s'approcher avec son attirail vers la Jeep. Elle est vêtue de blanc, et ses cheveux demeurent impeccables, malgré la chaleur qui en décoifferait plus d'une. Les sœurs Leroy n'osent se regarder de peur de voir leur mine défaite, leurs têtes ébouriffées à cause des heures passées en voiture. Merline, qui vient d'ouvrir sa portière, évite d'entrer en contact avec sa propre silhouette, que projettent les lumières des lampadaires de l'hôtel sur les vitres de la Jeep. L'infirmière aide Rose à glisser de son siège vers le fauteuil qui permettra d'atteindre les appartements réservés pour dix jours. « Bienvenue à Thoreau Heights ! » disent presque en chœur le voiturier et l'infirmière en serrant la main de Rose, de Léonie, d'Alexandrine et puis enfin de Merline. « Bienvenue à Thoreau Heights ! » Oui, vous y êtes, regardez les filles, nous y sommes. Au bout de ce chemin sans fin. Surgissent tout à coup en provenance du manoir les membres de l'équipe de soins, tous en uniforme, tirés à quatre épingles... Oui, vous pouvez dire ouf ! Vous êtes à Thoreau Heights et nous allons nous occuper de tout. Vous n'avez plus à penser à quoi que ce soit à partir de maintenant. Il n'y aura qu'à partager la joie des derniers moments. De votre souffrance nous prendrons soin. De votre deuil aussi. Vous verrez.

Voilà le personnel de Thoreau Heights qui entoure bienveillamment les sœurs devant les marches de la clinique. Ils sont au moins douze. Il faut montrer la solidarité et la force du groupe de soignantes et de soignants. Chacun, chacune se présente rapidement, décline son identité. Il y a là le cuisinier : Victor ; les femmes de chambre : Alice et Daria ; les psychologues : George, Anthony et Clare ; la psychanalyste : Marika ; le physiothérapeute : Lewis ; la prof de yoga : Lena ; la responsable intérimaire des ateliers de création : Paula ; et la spécialiste du Qigong : Valérie. L'infirmière qui a apporté le fauteuil roulant à Rose s'appelle Vera Adams. Eh oui, les docteurs Eva et Josef Lauer sont aussi là pour accueillir la famille Leroy. D'emblée, ils se présentent comme frère et sœur, ce qu'ils ne font jamais, mais ici ils tiennent à faire comprendre qu'ils savent bien ce que vivent ces femmes qu'ils ont le bonheur d'accueillir à la clinique. L'ampleur et la force des rapports fraternels ou sororaux leur sont bien connues et cela devrait rassurer les filles Leroy, qui seront traitées avec empathie et dévotion. Eva et Josef Lauer sont capables d'imaginer la peine de ce groupe. Nous partageons votre douleur, semblent-ils suggérer en parlant ainsi de leurs liens. Les Lauer parlent très bien français, et cela étonne Rose, qui s'attendait peut-être à mourir en anglais, dans une langue étrangère. Cela aurait sans doute été plus facile... Comment a-t-elle pu oublier ce qu'elle a en fait lu dans les brochures et sur le site internet ? L'équipe est polyglotte, les Lauer suisses, beaux et blonds.

On va entrer dans le manoir. On peut aller directement dans les appartements prévus pour le séjour ou encore souper dans la salle à manger fastueuse du manoir. Mais d'abord, Nurse Adams va monter Rose à la chambre pour l'aider à se changer, la rafraîchir et lui administrer ses nouveaux médicaments, ceux d'ici. Si la famille veut manger en haut, c'est comme on veut, mais si on préfère les salles communes, tout est déjà préparé. C'est vous qui décidez des dix prochains jours… Ils sont à vous. Oui, vous y êtes, à Thoreau Heights, vous y êtes. Vous pouvez dire ouf, simplement ouf!

CHAPITRE 4

Être là

Pas foutue d'être là, la docteure Gardner ! Ce sont les mots qu'Eva Maria Lauer laissa hurler en elle, postée devant l'entrée de la majestueuse clinique pendant que les sœurs Leroy, les dernières arrivées à Thoreau Heights, suivaient Rose bien confortablement installée dans un fauteuil roulant. Nurse Adams s'apprêtait à monter la malade vers sa chambre. Pas foutue de venir, la Clarissa coup de vent, la femme courant d'air ! C'est sur ces mêmes marches qu'Eva Maria Lauer avait été accueillie par Clarissa, à son arrivée à la clinique, dix ans plus tôt. Clarissa, qui avait rejoint en mars 2012 l'Amérique du Nord pour s'y installer, l'attendait en octobre, heureuse et amoureuse. Elle s'était ennuyée de son Eva, restée en Suisse pour liquider quelques affaires. C'était l'automne. Le temps appelait au romantisme, alors que le vent faisait tomber les feuilles rouges et que le brouillard sévissait, rendant les terres un peu mystérieuses. Les deux femmes s'étaient longuement enlacées sur ces marches. Elles allaient faire leur vie entre les monts Pelés et l'Atlantique, dans cet ancien hôtel, à l'époque encore vide et si vaste. Une nouvelle existence commençait pour elles. Et voilà que… Une décennie plus tard, Clarissa ne faisait que manquer à l'appel. Jamais foutue d'être là ! Eva venait de vivre une journée difficile couronnée par un texto désagréable. Clarissa lui avait annoncé ne pas pouvoir se présenter devant les grands escaliers de l'établissement afin d'accueillir cette famille épuisée par le voyage : *Les Japonais arrivent plus tôt que prévu ce soir. Je pars avec Jennifer les chercher à l'aéroport de Portland. Je rentrerai tard, peut-être… N'hésite pas à te coucher. Ta Clarissa.*

Justement ! pas foutue d'être là ! Encore une fois ! Ma Clarissa !

Toute l'équipe, des psychiatres au cuisinier, s'était retrouvée devant l'immeuble principal de la clinique, mais la docteure Gardner lui faisait une nouvelle fois faux bond. Pas foutue d'être là, la grande Gardner que tout le monde aime ! C'est parce qu'on ne connaît pas son petit jeu et moi, je ne le vois que trop, se disait Eva. Les sœurs Leroy avaient l'air un peu hagardes. Près de la grande plaque où l'on honorait la vie de Thoreau, elles serraient machinalement la main à tous les soignants.

Eva savait bien que passer le seuil de l'établissement constituait une véritable épreuve de réalité pour tous. Elle-même, dix ans plus tôt, sans être le moins du monde malade, avait compris l'importance du moment quand elle avait escaladé les marches de la clinique pour se jeter dans les bras de Clarissa. Le lieu possédait un je-ne-sais-quoi de solennel. Il appelait aux rites. On entrait subitement dans un autre monde où l'on était appelé à se transformer. Les patients et leur famille le sentaient aussi. En montant les escaliers ou en prenant la longue rampe d'accès adaptée aux fauteuils roulants, ils avaient l'impression de pénétrer dans un espace sacré, mystérieux, celui du trépas et surtout ils franchissaient une étape, happés par l'inévitable absence au monde ou la douleur du deuil à venir.

L'accompagnement des patients et de leur entourage demeurait un moment crucial même si la beauté du lieu s'évertuait à consoler les hôtes de la brutalité du futur qui se dévoilait, presque d'un coup. En ce sens, il était toujours préférable de s'arranger pour que les malades se présentent à Thoreau Heights durant le jour, quand la vue de la splendeur du site promettait de chasser par intermittence la mélancolie et la tristesse. Récemment, certains patients s'étaient plaints des absences de Clarissa. Il était stipulé dans la brochure et sur le site internet que la grande docteure Gardner était l'accompagnatrice en chef de toutes les familles. On venait à Thoreau Heights pour elle, nom de dieu ! Et elle n'était pas foutue d'être là ! Cette phrase semblait contenir en elle toute l'indignation et la colère d'Eva pourtant peu habituée à s'abandonner à la moindre vulgarité. Elle la déclinait dans sa tête sur tous les tons depuis la lecture du texto. Clarissa se défilait en prévenant à la dernière minute. Elle prétextait d'autres tâches. Les Japonais, des chercheurs écossais ou encore une patiente VIP arrivant de Kuala Lumpur : les excuses ne manquaient pas ! Eva devait opiner du bonnet. Bien sûr que Clarissa était occupée, mais à la clinique personne ne chômait ! On ne pouvait rien reprocher à Clarissa. Elle arrivait toujours à rattraper les choses avec ce charisme fou dont elle usait avec grâce. Ce matin à la cérémonie à la mémoire de la jeune Monala, elle avait prononcé un discours parfait, bien émouvant. Contre toute attente ! On n'aurait pas cru qu'elle était passée voir la patiente durant son séjour, vingt minutes tout au plus, la laissant aux bons soins d'Eva. Voilà pourquoi le conseil d'administration lui passait tout. Elle possédait le génie du geste de dernière minute, de l'improvisation calculée qui parvenait à extirper tout le monde d'une situation complexe. Clarissa suscitait les catastrophes pour pouvoir briller. Eva Maria lui lançait souvent à la blague, mais avec une certaine amertume, que les années accusaient: « Tu aurais dû devenir urgentiste, tu en aurais sauvé, des vies! À toi le monde entier reconnaissant! Notre tâche consiste à être là, simplement là, aux côtés des mourants et de leur famille. Il n'y a rien d'autre à faire. Tu finiras par avoir tort. Les gens meurent et on ne protège personne de la fin. On doit simplement leur tenir la main et les soulager. Au mieux… »

Ce discours défaitiste horripilait Clarissa, qui y détectait une incompréhension manifeste d'Eva quant au travail d'accompagnement vers la mort. Mais elle ne discutait plus de ces choses avec son épouse. Il n'y avait rien à faire: Eva restait la digne fille de son père, le vieux professeur Gustav Lauer, qui n'aurait jamais pu concevoir la fin de vie comme le lieu de naissance d'un art véritable. Il s'était contenté toute son existence de croire aux simples soins palliatifs de confort et puis à une aide médicale à mourir timorée… Clarissa Gardner n'avait pas conçu Thoreau Heights comme un espace de défaite, mais bien comme une clinique de création et donc de victoire sur la mort. La vision triviale du suicide assisté que revendiquait Eva Maria représentait pour Clarissa non seulement une erreur de jugement mais une grossière faute de goût. Dans ses conférences et travaux, Eva établissait une continuité évidente entre le soulagement des souffrances en fin de vie et l'assistance vers la mort comme processus de compassion. Clarissa, elle, prétendait que la douleur ne représentait pas la pire chose au terme des jours, et que la création, l'art demeurait un besoin vital pour donner du sens au travail du trépas, travail qui devait prendre la forme d'une œuvre salvatrice. Monala et sa famille avaient conçu durant la dernière semaine une pièce musicale forte et joyeuse. Juste avant sa mort, la jeune femme avait donné une fête d'adieu absolument somptueuse qui avait en quelque sorte mis en valeur la création. Personne ne s'était laissé à pleurer ou à geindre, répétait Clarissa depuis trente-six heures. On avait assisté à un feu d'artifice de bonheur. Monala s'était montrée toute prête à accueillir son destin. Cependant Eva, qui avait beaucoup écouté la jeune femme au cours de la thérapie finale, que celle-ci avait demandée, savait bien que Monala avait caché son désarroi et ses peurs à sa famille. Eva Maria voyait bien que Thoreau Heights avait été pensé comme un lieu pour les endeuillés. Les patients y jouaient la comédie, pour faire plaisir aux leurs. Ce jeu d'acteurs et d'actrices en fin de vie pour protéger les proches et leur permettre de continuer constituait leur véritable œuvre. Si Clarissa était vraiment là, elle le saurait ! Mais elle préférait exécuter de magnifiques entrées à l'impromptu mettant en valeur la grande, grande docteure Gardner, que l'on ne pouvait que saluer et remercier ! Inutile de dire que Clarissa se trouvait tout à fait en désaccord avec les idées dangereuses d'Eva, qui ne saisissait pas le statut posthume de l'art.

Eva Maria venait de s'approcher du fauteuil roulant où Rose Leroy était maintenant bien assise. Elle lui serrait la main avec douceur, tentant d'oublier l'absence inopportune de Clarissa. Constatant la fatigue que le visage de la patiente révélait, la médecin lui proposa immédiatement en français que Nurse Adams l'accompagne dans ses appartements pendant que ses sœurs, si elles le voulaient bien sûr, feraient un rapide tour de la propriété. Rose souriait, elle avait visiblement très mal et Eva lui dit en montrant de la main Vera : « Nurse Adams demeurera à vos côtés pour la durée du séjour. Elle vient de Suisse tout comme moi et elle parle votre langue. Nous collaborons depuis des années avec elle. C'est notre meilleure infirmière accompagnatrice. Elle vous donnera tout de suite une petite piqûre qui atténuera votre mal. Le voyage a dû être bien long », ajouta-t-elle de manière à ce que les trois autres sœurs Leroy n'entendent pas. Rose fit un tout petit signe de tête, qui invitait au secret et au silence. Mais Eva aperçut tout de même une lueur dans ses yeux. Rose semblait très heureuse de penser qu'elle pourrait s'abandonner à la violence de sa douleur, durant la prochaine heure, sans que Merline prenne un air apitoyé et immensément triste, que Léonie parle de la fin de vie de Maman et qu'Alex ne propose une solution aussi immédiate qu'inefficace. « Je vais leur faire faire le grand tour », dit Eva en riant, en toute complicité avec Rose.

Eva en voulait d'autant plus à Clarissa de ne pas se présenter qu'elle voyait bien le désarroi de toute la famille Leroy, et malgré la formation de l'équipe, il manquerait une touche d'improvisation au protocole strict. Oui, on avait besoin de sa présence incomparable, malgré tout ! Clarissa savait créer une certaine joie durant le bien pénible moment de l'accueil. À la clinique, parmi tous les spécialistes, elle était la seule capable d'alléger l'idée de la fin de vie. Eva n'y arrivait pas. Elle tenait cela de son père et de sa mère qui avaient toujours insisté pour que la mort reste solennelle dans leur maison de soins de Genève.

Eva avait connu les soins palliatifs dès sa plus tendre enfance. La clinique familiale avait été son terrain de jeu. Et même si la présence de la gamine qu'elle avait été apportait quelque consolation aux patients de ses parents, rien pour elle ne pouvait rendre la fin joyeuse. Elle en avait côtoyé, des médecins de la mort ! Elle voyait bien que Clarissa avait un don très singulier. Les mourants et leur famille profitaient des bienfaits d'une possible frénésie finale. Eva avait tenté de mieux accompagner les agonisants en suivant, comme ses parents, une formation de psychanalyste. Mais ce lent apprentissage, très utile dans son travail d'anesthésiste de la fin de vie, ne lui avait pas donné le don de son épouse qui, elle, transformait pour les patients et leurs proches l'approche de la mort en une étape magique. Pourquoi n'était-elle pas là ? Elle essaierait de rattraper bien sûr le coup ! Et le pire c'est qu'elle y parviendrait ! Quelle rusée, la Clarissa !

Dans le cas de monsieur Smithson, par exemple, bien qu'elle fût absente, comme toujours, Clarissa avait fait des miracles en se rapprochant du fils héritier. Le vieux père passait en famille ses derniers jours à la clinique. Clarissa avait d'ailleurs pris ce fils, Gerald, en thérapie, l'avait soigné de telle sorte qu'il lui en serait éternellement reconnaissant. Il continuerait ses séances de psychanalyse, par Zoom, à un coût exorbitant et bien sûr thérapeutique. Il avait déjà arrêté en une semaine de traitement de se sentir terrassé par ses envies parricides qui lui compliquaient l'existence alors que son père se trouvait à l'agonie. Il était normal, comme avait dû lui faire comprendre Clarissa, de vouloir assassiner un parent abusif qui les avait abandonnés, lui et sa mère. Les membres de la cellule Smithson avaient pu se réconcilier à la toute fin à Thoreau Heights. C'est ce qui comptait ! Gerald et son père avaient réussi à créer une œuvre collaborative intitulée *Les retrouvailles*, un court film sur les entretiens des deux hommes Smithson filmés par la belle-mère (l'instigatrice du séjour à la clinique), où l'on était revenu sur le passé familial, le sentiment d'abandon, le remariage et l'oubli violent de la première famille. Malgré son cancer de la gorge et les difficultés à prononcer correctement les mots, le père avait même évoqué sa propre jeunesse. Lui qui n'avait jamais rien dit de la période de sa vie pendant la guerre où il était caché dans une famille normande ! Ces paroles avaient suscité un grand moment de soulagement, une espèce de liesse momentanée. La chape de plomb qui pesait sur la lignée s'était tout à coup allégée… Clarissa montrait des aptitudes remarquables pour offrir une hospitalité aux tragédies personnelles ou familiales et elle possédait un talent sans pareil pour faire surgir un sentiment vrai ou faux d'harmonie, lors d'un dénouement à la fois pénible et bénéfique. Elle donnait aux membres d'une même tribu la possibilité de se créer un récit commun qui venait renouer les liens et souder solidement les uns aux autres les fragments malheureux de nombreuses histoires ratées. Là résidait le but de la création collaborative : rapiécer les lambeaux sanguinolents de moments traumatiques pour en faire une œuvre cohérente, bien structurée et surtout réparatrice.

Le modèle d'œuvre de Clarissa était la courtepointe, le patchwork des noms pour les victimes du sida, une énorme couverture conçue comme un monument à la mémoire des personnes décédées du virus dans les années 1980 et 1990. Pour la docteure Gardner, il ne s'agissait pas tant de se remémorer les morts, mais de coudre ensemble des pièces effilochées de chagrin pour en faire une composition artistique. À partir de cette idée de Cleve Jones au début de l'épidémie de sida, elle avait posé la nécessité du collectif dans le processus de deuil et avait compris, à force de suivre des ateliers de création de par le monde, et tout particulièrement au Québec, que les courtepointes symboliques de ses patients (que ce soient des poèmes, des chansons, des récits, des fresques murales ou des vidéos) devaient réunir à jamais dans un même objet, tisser les uns aux autres les mourants et les survivants, ces malades qui s'ignorent et auxquels on pense si peu dans nos sociétés. Clarissa avait fait beaucoup avancer la science du deuil en s'attaquant à la perte des rituels et à cette coutume barbare qui encourageait les gens à retourner au travail au bout de trois jours après la mort d'un frère ou d'une mère. On faisait plus de cas de la grossesse ! Des gains avaient été acquis dans le monde pour les congés parentaux, puisque la naissance avait été pensée à travers la présence incontournable du nourrisson, sa survie et ses soins. Mais qu'arrivait-il aux endeuillés qui se retrouvaient en compagnie d'un invisible chagrin qui pesait parfois plus lourd qu'un bébé et qui demandait autant d'attention ? Clarissa s'était révélée une immense théoricienne de la mélancolie post-mortem et de l'approche esthétique de la fin pour les patients en phase terminale. Ses connaissances, elle les tenait de son expérience auprès de ceux et celles qui avaient eu besoin d'elle. Mais ces derniers temps, ses absences et ses manquements à ses promesses étaient évidents. Elle semblait oublier ce qui constituait sa tâche première au profit d'un enivrement factice que le succès lui procurait. Ces défections devenaient de plus en plus lourdes pour Eva Maria qui, elle, désirait modestement placer le bien-être de ses patients au cœur de ses préoccupations.

Eva Maria venait d'avoir cinquante-cinq ans et elle n'arrivait plus à y voir clair. Sa jeunesse s'était envolée. Elle était tombée amoureuse de Clarissa, de plusieurs années son aînée. Un coup de foudre. Elle avait quitté son pays pour sa femme ! Récemment, elle avait donc décidé de retourner en psychanalyse pour faire ce qu'on appelle une tranche avec une sommité de Boston, le docteur Gleason, qui avait bien connu l'analyste Jana Akerman, la mère des enfants Lauer, morte depuis douze ans, avant le départ pour l'Amérique. Clarissa avait pourtant proposé à Eva de s'allonger encore une fois sur son beau divan, dans son bureau. Au début de leur relation, Eva, pas tout à fait contre son gré, mais un peu réticente tout de même, avait été analysée par Gardner, qui ne s'embarrassait pas de la question des conflits d'intérêts. Freud avait bien pris sa fille Anna en thérapie ! Anna Freud s'en était sortie, non ?... Eva Maria s'était toute sa vie identifiée à la fille de Freud et vouait à cette dernière un culte immodéré. Elle préparait une grosse biographie sur l'héritière de la psychanalyse freudienne, en réponse à celle d'Elisabeth Young-Bruehl qu'il fallait à tout le moins nuancer. On n'est pas héritière de Gustav et Jana Lauer sans quelque fantasme généalogique, sans quelque désir d'inscription de sa vie au sein de la famille psychanalytique à travers une répétition freudienne ! La pratique d'analyser ses proches et même ses enfants ne faisait pas pour Freud l'objet d'un interdit. Elle prenait origine dans l'auto-analyse du grand Sigmund, tout simplement... Et la psychanalyse n'aurait pas existé à ses débuts, si Freud et ses disciples n'avaient pas accepté leurs proches et leurs amis, leurs étudiants, sur leur divan. Il n'y avait pas le choix. Qui aurait soigné tous ces gens à travers cette méthode qu'on venait d'inventer et de parfaire à travers les échanges d'une tribu d'intellectuels ? Clarissa se demandait pourquoi on avait depuis déjà trop longtemps évacué l'aspect nécessairement incestueux de la psychanalyse. L'air du temps était à la pureté des liens thérapeutiques, à une éthique qui frôlait la bêtise, l'indifférence, voire la méchanceté. Des relations neutres ne garantissaient aucune guérison. Eva, enfant, n'avait-elle pas d'ailleurs été suivie par son père, quand elle avait souffert jusqu'à l'âge de huit ans d'une énurésie nécessitant des soins? À l'adolescence elle avait consulté la sœur de sa mère, la docteure Akerman, célèbre psychanalyste suisse, qui l'avait beaucoup aidée. Mais récemment Eva avait préféré se tourner vers quelqu'un de moins proche, même si Gleason avait été le patient et l'ami de sa mère. Ce choix avait provoqué une grande colère chez Clarissa. Elle avait fait de nombreuses remarques désobligeantes sur le travail et la recherche de son rival, qui n'avait écrit que deux livres durant toute sa trop longue existence et qui était très certainement gâteux. Eva voyait plutôt dans ce retrait des feux de la rampe la preuve que le docteur Henry Gleason était un excellent thérapeute, s'intéressant davantage à ses patients qu'à sa gloire. Lui, il accompagnait ses analysants. Il était là, simplement là! Personne ne pouvait lui reprocher ses absences, il n'était pas du genre à envoyer un texto d'excuses très plat à la dernière minute. Eva aimait lui parler afin de mieux examiner le cours de sa vie et démêler ses sentiments si contradictoires à l'égard de sa femme, son frère ou encore ses parents. Se sentait-elle capable de quitter un jour Clarissa? Elle avait consacré sa vie à sa famille et puis ensuite à son épouse. Avant Clarissa, elle avait connu deux ou trois histoires nulles avec des femmes et elle avait opté très jeune pour le célibat. Comment pouvait-elle imaginer la suite des choses maintenant ? Elle saurait bien retourner à la solitude, mais pour continuer à faire son travail correctement, elle repartirait en Suisse. Ce n'est pas son frère qui l'aiderait ! Il ne comptait sûrement pas quitter l'Amérique, où il se plaisait tant et où il connaissait la gloire. En Suisse, il avait fait figure de très bon médecin, fils de son génie de père. Mais aurait-il été capable de prendre seul son essor ? Et puis, malgré leur grand attachement l'un à l'autre, c'était toujours Eva qui avait pris soin de Josef. Lui avait-elle fait part une seule fois de ses soucis ? Josef s'épanchait sur le moindre de ses problèmes professionnels ou encore sur ses amourettes d'opérette, mais elle, elle ne lui confiait jamais rien. Avant leur mort, les parents s'étaient beaucoup inquiétés pour leur fils, jeune médecin doué mais sujet à des dépressions. Il avait parfois du mal à ne pas manifester des pulsions destructrices. Tout le monde avait peur de ce qu'il deviendrait après le décès du père et de la mère, quand les enfants hériteraient tous deux de la clinique et qu'ils devraient s'en occuper comme des grands. L'arrivée de Clarissa au sein des Lauer de Genève avait donné un espoir à tous. Les jeunes Lauer auraient Clarissa à leurs côtés, une femme forte avec la tête sur les épaules, qui assisterait Eva dans la vie comme dans la gestion de cet établissement reconnu dans le monde entier et donc très exigeant. Eva s'était immédiatement éprise de Clarissa. Ses parents très âgés l'avaient considérée comme leur fille et même Josef avait cru un instant que la belle Américaine pourrait être son amante. En d'autres termes, Clarissa avait séduit tout le monde. Cinq ans après la mort de son père, deux ans après celle de sa mère, Eva Maria avait donc été heureuse de pouvoir, sur les conseils de sa femme, passer la clinique en Suisse à un couple de médecins franco-allemands et venir s'installer à Thoreau Heights avec son grand amour. Eva et Josef avaient été, comme le seraient les patients, conquis par la beauté du lieu et par les propositions théoriques et cliniques que Clarissa avait développées. Les Lauer faisaient souvent des séjours pour voir comment les choses se passaient à Genève. Mais la clinique là-bas marchait rondement. On n'avait pas vraiment besoin d'eux. À Thoreau Heights, Eva et Josef réapprenaient leur métier en le réinventant. Au début, Eva avait semblé très enthousiaste. Penser la mort avec la création pour en faire un duo thérapeutique, c'était de quoi stimuler ces médecins pourtant déjà bien au fait de l'euthanasie. Les Lauer avaient été élevés avec l'idée de la mort libre, puisque leur père avait fondé la clinique en 1955 en Suisse, là où le suicide assisté était permis depuis 1937, dans la mesure où l'aide à la mort n'avait pas pour fondement un mobile égoïste.

Persuadé de poser le bon geste, de tendre la main à des gens souffrants, Gustav Lauer s'était vite spécialisé dans une forme de tourisme suicidaire, en offrant à des patients internationaux, des riches surtout, de venir finir leur vie dans son établissement à flanc de montagne, pas très loin de Genève. Son approche de la mort avait soulevé de nombreuses critiques. Soixante-quinze pour cent des patients des Lauer étaient des étrangers en quête de leur mort. On avait cherché querelle aux deux professeurs Lauer sur les méthodes d'évaluation leur permettant de juger si la mort constituait le recours adéquat pour certaines personnes. Mais les Lauer n'avaient jamais accepté d'autres patients que des malades en phase terminale. Ils avaient toujours refusé de recevoir à la clinique des schizophrènes par exemple, que l'on accueillait dans d'autres cliniques à bras ouverts pour des raisons dites humanitaires. Ayant vécu tous les deux la guerre, Jana et Gustav se méfiaient de toute possibilité de ce qu'ils appelaient l'extermination, basée sur un eugénisme. Les Lauer fondaient le contrat d'aide à mourir sur la conscience totale du choix, conscience d'ailleurs imposée par la loi.

Clarissa s'inscrivait naturellement dans cette lignée-là. Malgré les pressions qu'elle ressentait et les passe-droits qu'on la suppliait d'accorder, à Thoreau Heights, la docteure Gardner ne recevait que des gens proches de la mort et bien lucides. Par contre, elle se demandait, et elle en avait fait part à Eva et à son conseil d'administration, si le temps n'était pas venu d'accepter des gens bien portants et éclairés qui voulaient se suicider et faire une œuvre terminale, à la clinique. Bien sûr, on n'ouvrirait pas les portes aux dépressifs, aux neurasthéniques et à ceux et celles qui souffraient de santé mentale. Pas tout de suite ! Mais il fallait réfléchir à ce que la médecine et la création pouvaient faire de concert pour des êtres qui n'avaient aucune maladie incurable déclarée ou qui se considéraient comme en bonne santé. Le rôle de l'établissement n'était-il pas d'accompagner les gens dans leur choix de vie et dans leur désir de se donner la mort, qui peut se révéler très rationnel ? Eva ne l'entendait pas ainsi. Le suicide pour elle, s'il était désiré, devait demeurer libre et sans encadrement. C'était quoi cette idée ? On était des médecins avant tout, pas simplement des magiciens de la mort. La maladie demeurait au centre des préoccupations et la phase terminale pouvait se trouver allégée, mais pas davantage. Elle était outrée par les propos sur la mort administrable à volonté et à la carte par les scientifiques. Le cas de deux sœurs texanes, l'une très malade, l'autre ayant bon pied bon œil, parties vers une clinique en

Suisse afin de mettre fin toutes deux à leurs jours, sans autre raison que le désir sororal de mourir ensemble, lui semblait une utilisation perverse de la médecine. Bien sûr qu'elle comprenait la détresse de celle qui survivrait, mais elle n'avait qu'à se donner la mort elle-même. Clarissa montait sur ses grands chevaux quand elle entendait les paroles réactionnaires d'Eva : « Tu oublies que la mort peut être une œuvre. Et ici, mourir ensemble se veut un art. La mort assistée sur demande est l'avenir. Nous n'y couperons pas. Il n'y a rien à faire. Les humains possèdent le droit de décider de leur fin, tout de même ! C'est illégal pour le moment, mais bien sûr que notre pratique changera. Pour le mieux. »

La professeure de yoga, qui voulait retourner chez elle, interrompit le flot des pensées d'Eva. L'équipe, après avoir fait connaissance avec les sœurs Leroy, s'était retirée. Josef avait dû rejoindre Clarissa et les Japonais qui venaient d'arriver à Thoreau Heights. Merline avait demandé à la prof comment retrouver sa sœur à l'appartement. Elle était inquiète et tenait à être avec elle. Lena lui montrerait le chemin et partirait ensuite. Eva Maria Lauer fit un signe d'approbation, même si elle dit à Merline qu'elle devait aussi penser que Rose souhaitait être un peu seule. Mais bon… Merline possédait un grand sens des responsabilités. Et puis elle venait d'arriver : les choses changeraient…

Eva se retrouvait dans la nécessité de faire la visite guidée des lieux aux deux autres sœurs Leroy qui passeraient ici les dix prochains jours. « Vous êtes fatiguées. Je vais vous montrer les salles communes, les salles de thérapie et d'entraînement pour les familles... Les espaces pour la création sont aussi à votre disposition. Mais nous demeurons particulièrement fiers de notre vieille salle à manger et de nos salons. Voyez, entrez ! »

À l'autre bout de la salle, Eva vit immédiatement l'équipe nippone en grand conciliabule avec Clarissa, Josef et certains membres du conseil d'administration présents pour l'occasion. Eva, visiblement fâchée, fit un bref signe de tête à Clarissa. Celle-ci s'avançait déjà avec toute sa suite pour accueillir les sœurs Leroy et faire connaissance. À la vue de la docteure Gardner, Alex et Léonie se mirent à sourire pour la première fois de leur arrivée. Clarissa les charma immédiatement : « Vous êtes deux des sœurs Leroy, n'est-ce pas ? Merline, Merline Leroy a dû monter avec votre sœur Rose ? Oui, je m'en doutais. Voilà Alexandrine si je ne m'abuse ? Alors il ne me reste aucun choix : vous ne pouvez être que Léonie. Laissez-moi vous présenter les personnes qui m'accompagnent... Chers amis, nous avons la chance de pouvoir rencontrer Léonie et Alexandrine Leroy qui viennent d'arriver et dont la sœur Rose va terminer sa vie ici même à Thoreau Heights. Elles ont opté pour la création ! Nous sommes si contents de pouvoir les recevoir ! Quel honneur elles nous font ! Notre équipe les suivra dans les prochains jours durant des moments pénibles qui ne seront pas exempts de travail, dans la joie et l'espoir. Nos amis ici arrivent du Japon. Dès demain, ils seront au travail… Ils forment un groupe de documentaristes, de techniciens et de savants. Monsieur Matsuma, bioéthicien reconnu, les accompagne. Voici Josef Lauer que vous avez rencontré plus tôt et quelques représentants de notre conseil d'administration. Nous sommes enchantés de vous avoir avec nous ! »

Clarissa parlait comme une maîtresse de maison enjouée et hospitalière. Elle possédait un véritable talent pour mettre tout le monde à l'aise et rendre un lieu vivant. Et puis quelle mémoire des dossiers, qu'elle étudiait visiblement avec une grande attention ! Comment retenait-elle le nom de chaque personne ? Et dire que récemment, elle se plaignait de perdre ses capacités mémorielles. Au bout de cinq minutes de conversation, Eva, qui s'émerveillait malgré elle presque amoureusement des talents de Clarissa pour rattraper la sauce et embobiner tout le monde, fit un effort pour se ressaisir. Pas foutue d'être là au bon moment ! se répétait-elle rageusement pour elle-même. C'est un peu tard ! Beaucoup trop tard ! Clarissa se montre excellente pour le blabla, mais quand il s'agit de se présenter à l'heure convenue… Pff, elle joue à l'absente…

Eva annonça donc sèchement à tout le monde : « Nous devons continuer notre visite. Mesdames Leroy seront sûrement bientôt très fatiguées. Je finis le tour de la clinique et je les envoie se reposer. » En saluant les documentaristes japonais et deux membres ennuyeux du conseil d'administration qui étaient toujours fourrés à Thoreau Heights, elle ajouta : « Vous m'excuserez, chers invités, chers amis, mais notre travail ici consiste à accueillir les patients et leur famille. Nous sommes des gens de devoir… Une vocation ! » Elle s'éloignait déjà, entraînant avec elle les sœurs : « Oui, comme vous l'avez constaté cette salle à manger est un magnifique espace dans lequel tous nos hôtes peuvent se réunir et même faire connaissance. L'immense salle a, dès son ouverture, invité à la fête avec ses parquets de bois, ses murs couverts de lambris, ses lustres immenses et son jardin d'hiver. C'est un magnat du chewing-gum qui a fait construire Thoreau Heights. Il voulait pour son grand hôtel un restaurant de rêve qu'il pourrait convertir en salle de bal. La crise vint et changea le cours des choses, mais les lieux montrent encore les rêves grandioses de cet homme qui n'eut pas le temps de jouir de son hôtel. Nous aimons Thoreau Heights en quelque sorte pour lui et en mémoire de sa vie tragique. Demain vous verrez que la salle donne sur la mer et la montagne, tout comme votre chambre, si je ne m'abuse, qui est de toute beauté. D'ailleurs, précisons-le, si vous préférez, vous pouvez prendre tous vos repas dans votre appartement. C'est, bien sûr, permis. »

Les deux sœurs Leroy, malgré la rencontre avec les Japonais et la fameuse Clarissa, ressentaient une grande fatigue. L'idée que Rose vivrait ici sa dernière semaine leur revenait à l'esprit par intermittence et leur mine en témoignait. « Allons sur la terrasse, vous entendrez les vagues et je vous ferai apporter une tisane et un morceau de tarte. Vous devez trouver un peu de réconfort avant la première nuit, qui n'est jamais facile, nous le savons. Il faut accueillir cette angoisse qui ne doit pas vous surprendre. Voyez-moi ce ciel couvert. C'est vraiment dommage ! dit Eva en désignant aux sœurs de grands canapés pour s'installer. La nuit s'est emparée du lieu, de la mer et des montagnes qu'elle a avalés. Je suis désolée… Mais demain matin, vous verrez. Vous ne serez pas déçues. Oui, asseyez-vous confortablement, pendant que Nurse Adams et Merline s'occupent de votre sœur dans vos appartements et lui donnent un petit remontant… »

Eva continuait de parler. Elle tentait de rassurer ses hôtes en faisant la conversation. Depuis le matin, elle réfléchissait à son parcours et à son désir d'être un médecin pour les mourants : « Mes parents tenaient une clinique à Genève, une clinique pour ce qu'on appelait l'euthanasie. Le besoin d'accompagnement au moment de la perte est très grand. Bien sûr, votre sœur trouvera une mort paisible ici, même si elle aurait pu parvenir à cette tranquillité à Québec. Pensez à vous, vous serez guidées dans votre chagrin. Il ne semblera pas moins violent, mais vous saurez y trouver un petit sens. Et ce sens, aussi minuscule soit-il, vous aidera dans le futur. »

Eva ne savait comment elle retrouvait toujours la foi dans son travail. D'où lui venait sa confiance dans son métier ? Peut-être de sa jeunesse, justement. Oui, elle œuvrait pour le bien des malades, malgré des moments de doute. La journée avait été dure pour tout le monde. La jeune Monala avait terminé sa vie à vingt-six ans dans une espèce de joie feinte. Oui, feinte, factice… Ce sont les mots qui lui venaient à l'esprit alors qu'elle s'entretenait à voix haute avec Léonie et Alexandrine Leroy de la route. Monala avait dû cacher sa peur de la mort pour que sa famille soit moins triste. Et tout le monde n'y avait vu que du feu. Ou peut-être pas. Les proches aussi faisaient peut-être semblant, pour mieux passer à travers les épreuves.

Eva Maria, épuisée et angoissée par les questions qui se pressaient dans sa tête, incita enfin les Leroy à découvrir leurs chambres respectives. Rose était prête. Eva venait de recevoir un texto de Nurse Adams.

On se leva donc et Eva conduisit les sœurs un peu étourdies vers le superbe appartement qui leur était désigné. Eva sentait son cœur plus léger, sa tâche était accomplie et sa journée terminée.

Elle fredonnait un air joyeux en traversant le seuil du manoir des malades et en passant devant la plaque commémorative où était inscrit :

Il y a de la musique dans chaque son de la nature.

Henry David Thoreau

Elle descendit les marches de la clinique, sans nostalgie ni colère. Décidément, Clarissa ne serait plus jamais foutue d'être là sur le seuil pour accueillir son amoureuse ou les patients. Cette époque avait pris fin. Tant pis pour la docteure Gardner !

Cependant, quand Eva Maria Lauer s'engagea sur le petit chemin divinement aménagé pour aller à Walden, sa maison, elle pensa à Monala qui était morte si jeune, en feignant la joie, et elle se mit à pleurer à chaudes larmes.

CHAPITRE 5

Au beau milieu de la nuit

Dans son lit, Léonie rêve de Rose qui dort pourtant dans la chambre juste à côté, au cœur de l'appartement qu'a mis à la disposition des quatre sœurs la clinique de Thoreau Heights. Léonie en songe doit avoir sept ans. Elle se sent fervente et fière devant le ventre tout rond de sa mère, Claire. Qu'elles sont heureuses, la maman et sa fille aînée. « Une autre gamine à cajoler, à catiner », comme dit Maman… On sera si bien toutes les quatre avec nos parents. Les deux petites sœurs, Alexandrine et Merline, s'amusent un peu plus loin. Maman garde toujours un œil sur ces deux-là. Merline possède une imagination débordante et convainc sa sœur Alex de se lancer dans des aventures souvent dangereuses. La semaine dernière, elles sont parties à la chasse aux oiseaux et sont tombées dans l'étang… Elles sont revenues mouillées et bien sales.

« À quoi jouent-elles maintenant les gamines ?

— À la marelle, comme toujours, Maman, voyons ! En ce moment, c'est leur jeu, tu n'as pas remarqué ? »

Alexandrine et Merline passent leur temps à se dandiner sur une jambe puis l'autre, à pousser le caillou, à rire et à tomber les quatre fers en l'air. Alexandrine ne s'amuse plus beaucoup avec Léonie. Cela arrange la grande Léo qui a ainsi, pour elle toute seule, sa Maman et son bedon qui ne cesse de pousser. Merline et Alexandrine ont dit récemment ne pas vouloir du bébé qui arrive. De cette nouvelle petite sœur elles ne manifestent aucune envie… Quelles chipies quand même, mais Maman en rit encore ! Il fait beau, le soleil entre dans l'appartement de l'enfance, à Amiens, et Léonie se colle contre le corps chaud de sa mère. Elle resterait là toute sa vie… « Promets-moi Maman de me garder à tes côtés dans l'avenir… On s'occupera du bébé ensemble. Si on ne peut pas être là bienheureux tous les six, nous formerons une famille toi, moi et la petite. Je sais que Papa te fait de la peine, beaucoup de peine… Mais je reste là. »

Tout à coup, en rêve, Léonie voit sur le visage de sa maman se dessiner une grimace de douleur. Dans le corps de la mère se passe quelque chose d'insoutenable. La bouche de Claire dessine un rictus. Du sang coule entre ses jambes. Un sang épais, visqueux dans lequel gît un fœtus qui semble mort. Oui, il est mort… tout rabougri et il demeure inerte entre les membres maternels. Il faut faire quelque chose, mais Maman ne bouge pas. Elle a très mal et Léonie ne sait quels gestes poser. Elle s'affole. « Vite, vite… » Mais on ne peut pas agir, l'enfant ne saurait être ressuscité. Les images se succèdent, rapidement, trop rapidement. Elles se superposent, s'entrechoquent, se distordent… Léonie voudrait que sa pensée se calme, mais sans que l'endormie sache trop comment, les événements s'enchaînent à travers des formes distendues, inachevées. L'enfant mort de Maman repose, disloqué entre ses jambes. Il a l'air d'une poupée, d'une vieille poupée laide et estropiée. Maman pleure beaucoup. Les deux fillettes arrêtent de sauter entre les marques du dessin tracé au sol. Elles accourent ! Maman devient ruissellement de larmes, elle hurle… Son bébé… Sa petite Rose… Rose, c'est la vie… Maman aurait voulu la surnommer ainsi, mais elle ne verra pas le jour. Elle a déjà rejoint le monde des trépassés et des poupées mutilées. « Maman », crient Merline et Alex. Et Léonie crie aussi, en pleurs. Tout à coup, elle fait un effort très violent pour s'arracher à ce qu'elle comprend être un cauchemar. Elle se dit en rêve : « Quel cauchemar ! » Et voilà qu'elle se réveille en nage, dans la chambre toute calme, très blanche de la clinique de Thoreau Heights où elle s'est endormie il y a quelques heures. A-t-elle beuglé dans son sommeil ? Hier soir, en se couchant, elle était inquiète, bien sûr… Mais de là à faire un rêve pareil ! Léonie en est tout épouvantée. A-t-elle réveillé ses trois sœurs maintenant dans la cinquantaine qui ne savent même plus jouer au palet… Il faudra demander à Alex et Merline si elles se souviennent de leur phase marelle. Sûrement pas. Léonie prête l'oreille… Elle n'entend rien. Rien du tout… Tout le monde doit dormir dans les chambres adjacentes et la montagne semble muette. À sa chambre à elle, le bruit de la mer ne se rend pas. C'est étrange parce que ce grondement hanterait toute la propriété de Thoreau Heights. C'est du moins ce qu'a dit Eva Lauer. Léonie a choisi de dormir du côté des monts Pelés. Elle n'a pas entièrement fermé les rideaux. Elle aime entrer en communion avec la nature. En Australie, avec Gary et ses fils, Greg et Lewis, quand ils étaient encore petits, elle a commencé à faire du camping sauvage dans les déserts. Ce soir elle a gardé sa fenêtre ouverte pour embrasser de son lit le ciel. Les moustiquaires la protègent des insectes. Il fait encore nuit noire dehors. Il est trois heures quarante-quatre, comme l'indique le réveil sur la table de nuit, à sa gauche, avec ses gros chiffres rouges, bien lumineux. On verra les premiers rayons du soleil sur la mer d'ici une petite heure. Mais côté montagne, l'obscurité persistera un temps. La lumière apaisera Léonie. Quel horrible rêve… tellement d'éléments du passé qu'elle avait enfouis en elle. Pourtant, elle se rappelle si bien sa petite enfance. Ses sœurs se moquent toujours d'elle parce qu'elle croit être la mémoire de la famille, surtout depuis la mort de Maman. Mais oui, elles ont beau rigoler comme des baleines, Léonie conserve dans son esprit des milliers de traces d'elle et des siens. C'est l'aînée après tout. À elle, le fardeau du temps. Quand Rose est née, Léonie venait de fêter ses sept ans. Alexandrine avait six ans, et Merline quatre. Sept ans… L'âge de raison tout de même, disait-on à l'époque. En parle-t-on encore ainsi ? Il est bien normal qu'elle puisse encore voir le ventre rond de sa mère en rêve… Elle l'a vu et observé à l'époque. Il m'appartenait en quelque sorte, pense-t-elle en riant. La naissance de Rose la fascinait. Elle espérait elle aussi tomber enceinte d'une fille un jour. Elle n'a eu que des garçons, deux fils, pas très gentils… ou plutôt gentils, mais un peu ennuyeux… Greg n'est pas trop mal. Mais Lewis lui semble un tantinet bête, comme son père. Que font-ils en ce moment à Newcastle ? Il y a quatorze heures de décalage horaire. C'est la fin de l'après-midi en Australie. La vie continue là-bas. Gary, le mari de Léonie, doit être en train de pousser la porte de la maison après une journée de travail. Elle ne va tout de même pas l'appeler parce qu'elle a fait un épouvantable cauchemar ! Il ne comprendrait pas. Il serait content d'entendre sa voix, mais il ne saurait pas quoi dire. Oui, elle se souvient très bien de la venue au monde de Rose et là, là, dans les prochains jours, il faudra bien qu'elle contemple sa mise à mort. Parce que c'est un assassinat qui se prépare. La clinique ne sera pas responsable de ce crime. La vie est meurtrière. On l'oublie. Elle a anéanti doucement tous les idéaux de Léonie, certes, mais là, elle va faire bien pire… Elle tuera sa petite sœur, celle qu'elle a vue naître. Comme Maman serait triste ! Maman fondrait en larmes ! Et elle, Léonie, se sent presque aussi désespérée que Maman. Tant mieux que notre mère ait été emportée par une crise cardiaque il y a quelques années ! Elle ne saurait voir cette catastrophe ! Perdre un enfant demeure inhumain… On dit que c'est la pire chose qui puisse arriver… voir mourir ses enfants… Mais Léonie perd tout de même sa petite sœur, sa petite fille à elle. Soudain elle a envie de hurler, comme Claire le faisait dans son rêve. Il ne faut pas ! Mais c'est plus fort qu'elle, la voilà qui dans la nuit sanglote en tentant de ne pas faire de bruit.

Le vent du large soulève légèrement les rideaux de la chambre. La mer est proche, même si on ne la sent pas de cette chambre, qui donne sur la montagne. Merline dort aux côtés de Rose et dès que le soleil se lèvera, Merline ira se promener et Léonie remplacera sa sœur auprès de l'agonisante. Oui l'agonisante, parce que Rose agonise. C'est le mot. Elle a beau avoir eu l'air d'aller mieux ce soir avec les médicaments qu'on lui donne ici pour lui faire passer la semaine, elle agonise. *As She Lay Dying*… Léonie se rappelle sa lecture de Faulkner jeune, quand elle faisait ses études de littérature anglaise… Elle a tout abandonné pour vivre avec Gary en Australie. Elle ne sait plus si elle a eu raison de s'imposer un tel exil. Sûrement pas en fait, avec ses deux fils tellement peu intéressants et son mari qui reste là sans enthousiasme… Et peu importe ! La vie est ainsi passée. Que faire de la vieillesse qui approche ? Une vieillesse amputée de Rose. Elle n'aurait pu imaginer cela. Ses sœurs lui proposent de revenir vivre au Québec. Rose lui a même ordonné de quitter l'Australie. Léonie n'a pourtant parlé de rien, mais bon… Les sœurs doivent savoir… Mais quoi en fait ? Que l'existence a été tellement décevante pour elle ? Elle y tient malgré tout, à la vie. C'est quand même terrible de mourir jeune… Elle verra, mais ce retour au bercail ne lui semble plus aussi impossible qu'avant. Elle enseigne le français dans une école de langues. Elle n'aurait pas vraiment besoin de travailler, mais avec les enfants qui sont devenus des adultes, il a fallu se réinventer… Elle enseigne et cultive son jardin. Elle chérit particulièrement les soins qu'elle prodigue presque toute l'année à son potager, à Newcastle. Cela lui manquerait à Montréal ou à Québec... Rose lui a parlé de jardins et de serres communautaires. Oui, peut-être... Mais il faut oublier cela l'hiver. Non ? Peut-être pas... Pourquoi a-t-elle quitté sa mère, Alexandrine, Merline et Rose, il y a plus trente-cinq ans ? Pourquoi n'est-elle pas restée en Amérique du Nord, où elle avait atterri avec sa famille après le divorce des parents ? En voulait-elle à tout le monde de ne plus se rappeler le passé en France avec Papa ? Elle avait eu tant de peine au moment de la séparation pour ce père abandonné qui ne s'était plus manifesté et pour cette mère désillusionnée qui n'avait plus jamais connu d'amoureux. Toutes les filles semblaient soulagées, mais pas Léonie. S'abritent en elle trop de souvenirs de son enfance qui l'accablent même en Australie, très, très loin de la France où elle a vécu petite. Après un an passé à Washington pour ses études, Léonie a rencontré Gary. Elle a décidé de partir. Elle vivrait loin, ne verrait sa famille qu'une fois par année. Elle a su briser ce lien qu'elle jugeait parfois malsain avec les Leroy. Pour faire quoi ? Quand Alexandrine est allée s'installer à New York, plus tard, son exil n'avait rien de comparable. Sa sœur revenait toutes les deux semaines voir sa mère. Le salaire d'Alex permet beaucoup de choses. Il simplifie la vie. Mais elle, Léonie, elle avait fui. Oui, sur le coup, elle n'avait pas compris ce qu'elle faisait : elle s'était sentie heureuse de quitter les filles. Sa mère lui en avait-elle voulu ? Elle ne lui avait jamais fait le moindre reproche. Et quand elle était morte subitement, Léonie, par un étrange hasard, passait des vacances avec elle à La Malbaie... Elle n'avait même pas eu à se dire qu'elle aurait dû être là, comme elle l'avait craint si souvent. Maintenant, depuis trois ans, elle vient tous les huit mois voir Rose. Il y a eu des moments de grâce, des fausses rémissions, de vraies joies dans la douleur. Pas d'espoir, mais du bonheur... Elle est arrivée il y a deux jours à Québec, et repartira à la fin juillet auprès des hommes de sa vie. Elle prononce à voix basse ses mots ridicules et rit doucement. Sa petite sœur sera morte. Oui, bientôt Rose aura disparu de ce monde... La brise est pourtant légère cette nuit. On croirait le monde accueillant. Les montagnes paraissent solides. Leur force semble dompter la mer intranquille dont on devrait entendre au loin le ronronnement. Rose pourtant bientôt ne sera plus. Et Maman et moi nous aurons tant de peine. Mieux vaut ne pas y penser tout de suite ! Espérons que cette semaine de travail permettra de chasser les cauchemars. La clinique promet monts et merveilles. Mais comment retourner à sa vie, prendre l'avion pour l'Australie seule, comme si rien n'avait eu lieu ? Léonie s'est inscrite à une séance de croissance personnelle demain avec une spécialiste. Elle a déjà consulté quelqu'un, il y a quelques années, avant de prendre la décision de retourner enseigner… le français… Malgré ses études d'anglais… Mais elle n'a rien terminé, alors il a fallu se contenter de transmettre sa langue maternelle… Drôle d'enseigner ces mots qu'elle ne dit plus qu'avec ses sœurs, en privé…

Ce cauchemar, elle pourrait en faire quelque chose pour l'œuvre finale que demande la clinique. Elle a saisi qu'il faut du matériau et même des trucs douloureux. Hier soir, on a très brièvement discouru là-dessus. On va suivre des ateliers de création. Doit-elle parler de son mauvais rêve devant ses sœurs ? Alexandrine et Merline vont lui dire qu'encore une fois elle fait comme si elle était la seule à avoir de la peine… Parce qu'elle est née la première, elle pense qu'elle porte tout et que les autres se comportent en gamines joueuses. Rose rira en disant : « Je vous laisse, mes sœurs, vous disputer toutes les trois, vous devez vous habituer à vous quereller sans moi. » Comme il serait bon de boire un peu de tisane. Léonie a soif après avoir tant pleuré. Et puis elle passera par le salon pour jeter un coup d'œil sur la mer. On ne sait jamais, elle aura peut-être disparu… Elle est calme… C'est sur la pointe des pieds qu'elle se dirige vers la cuisine de l'appartement que l'on a donné aux sœurs Leroy. Il ne faut réveiller personne, bien sûr, mais quel soulagement de boire et d'échapper totalement à ce rêve terrible.

* * *

Alexandrine ne dort pas. Depuis déjà plus de vingt ans, elle ne trouve plus le sommeil sans l'aide d'une pharmacopée impressionnante. Tous les soirs avant de se coucher, elle avale une quantité de cachets qui assommerait un cheval. Elle ingurgite d'un mouvement brusque de la gorge une poignée de médicaments prescrits par son médecin et tombe, boum! dans les profondeurs nocturnes qui se promettent d'être réparatrices. Avec le temps, elle a développé un minutieux rituel que son entraîneur personnel a perfectionné. Alex va au lit tôt. Après s'être vautrée dans un bain de lavande, elle lit une cinquantaine de pages d'un roman qu'elle aime ou encore, regarde la télé. La voilà prête au repos. À minuit précis, elle éteint rapidement la lumière et s'emmitoufle dans ses draps et couvertures, déjà submergée par un assoupissement de l'esprit. Il est vrai qu'au bout de trois ou quatre heures d'un sommeil lourd, parfois poisseux elle est réveillée, incapable de refermer l'œil du restant de la nuit, la tête remplie de choses à accomplir, de devoirs à ne pas oublier. Mais grâce aux remèdes chimiques, à minuit, en plein milieu d'une émission à

CNN ou d'une phrase, boum ! elle s'éclipse du monde et de sa rumeur et arrive à savourer quelques moments sans penser au boulot. Quel plaisir ! Ainsi, elle parvient à survivre. Si par bravade ou écœurement, ou encore, et c'est le pire, par espoir de guérison, elle n'avale pas ses petites pilules ovales ou rondes, elle ne trouvera pas du tout les bras de Morphée : la torture commencera. Jusqu'à l'aube, elle s'agitera au creux de son lit, les yeux grand ouverts. Elle écoutera alors les informations en continu de la BBC. L'Angleterre aura déjà entamé une autre journée et les marchés boursiers à Tokyo auront connu des tribulations. Le repos ne viendra pas. Au creux des draps de soie, il la boudera... Alex tournera et retournera dans son lit, alors que ses idées virevolteront et que sa pensée fera des pirouettes prodigieuses. Elle imaginera toute la nuit le travail à abattre le lendemain, les clients auxquels elle n'a toujours pas répondu. Sans l'influence des médicaments, son corps fera la danse de Saint-Guy, mais son esprit peaufinera des stratégies d'investissement, parachèvera des ruses pour les placements, concoctera des solutions pour éviter les montagnes russes des marchés boursiers. Depuis qu'elle a quitté son travail d'avocate auprès des femmes réfugiées pour devenir conseillère financière, Alex a perdu sa capacité à se reposer. Elle veille. Dans son lit, Alex Leroy sait toujours que demain, elle devra trouver une façon de protéger les portefeuilles d'actions de sa clientèle très sélecte. Demain, elle devra faire fructifier les avoirs de tous ceux et celles dont elle a la responsabilité des comptes. Alors, elle pourrait bien dormir un peu pour avoir la force de s'occuper de tout cet argent et éviter ainsi la fatigue qui s'abat sur elle dans la journée au moment où elle s'y attend le moins. Mais non ! Jeremy lui a juré qu'avec la routine d'exercice qu'il lui a préparée, elle dormirait comme un loir. Il a tort… C'est faux, archi faux. Seuls les remèdes chimiques arrivent encore à lui faire passer quelques moments loin de la folie de son travail de dingue, et depuis le cancer de Rose, elle prend encore plus religieusement ses cachets… Malgré son manque chronique de sommeil, Alex Leroy est reconnue comme une excellente avocate et conseillère financière, une des meilleures de Manhattan. Si elle a commencé sa carrière dans l'aide juridique communautaire à Montréal, elle a, après quelques années, abandonné ce travail qu'elle jugeait décourageant. Elle défendait des femmes battues pour lesquelles elle ne pouvait rien. Un jour, une jeune mère s'était fait tuer par son mari devant elle et les enfants de sa cliente, en pleine cour, alors qu'Alex essayait d'obtenir une injonction contre le monstre de bonhomme. Elle a alors décidé de faire autre chose. Se recycler en finances, pourquoi pas ? Elle pensait ainsi trouver la paix. Mais non ! Des milliers de gens se fient à son travail pour imaginer des voyages aux Bahamas, préparer leur retraite, payer les frais exorbitants des études de leurs enfants… Cela, Alex le sait, et elle se le répète la nuit quand elle panique à l'écoute de cette petite voix mauvaise qui, dans sa tête, ne se prive pas de lui souffler : Mais comment vas-tu faire demain, ma pauvre ? Alex, voyons, comment vas-tu y arriver ? Tu as un meeting avec ton patron jusqu'à dix-neuf heures, si tu as de la chance… Les tâches et les discussions en vue laissent plutôt présager vingt et une heures… Et Malcolm aime rester au boulot. Il a tant de problèmes avec son petit ami en ce moment. Cette petite voix mesquine, il faut la tenir en respect. Alex saura se débrouiller. Elle possède un flair sans pareil et fait preuve d'une énergie inépuisable. Parfois même elle se demande si son intelligence des placements ne vient pas de la surexcitation que lui procurent ses insomnies et son manque permanent de sommeil. En elle, elle sent toujours un léger tremblement, un frémissement incessant qui la pousse à aller de l'avant, à estimer les méthodes pour devancer les hoquets et haut-le-cœur des marchés boursiers nauséeux.

Après les événements du 11 septembre 2001, elle a été repérée par une grande firme américaine, la Morgan State. Un chasseur de têtes l'a contactée et lui a promis un salaire mirobolant. Il n'a pas menti. Elle gagnait déjà très bien sa vie à Montréal comme avocate, mais elle n'a pas hésité à quitter la ville de sa mère et sa sœur Rose pour aller s'installer à Manhattan dans ce haut lieu de la finance. Le moment était dingue à l'époque. Tout le monde avait peur. Les valeurs en Bourse s'étaient effondrées. Que de merveilleuses affaires à faire, que de meubles à sauver, que de vies à réinventer ! Alex savait qu'elle allait devenir aux États-Unis celle qu'elle avait toujours voulu être. Mais elle n'avait pas du tout pensé qu'après vingt ans passés là-bas, elle perdrait le sommeil pour de bon. Enfant, elle piquait des roupillons un peu partout. En voiture, en classe, à table. En plein milieu d'un jeu, elle réclamait soudainement une petite sieste. Avec trois sœurs, il faut parfois apprendre à faire un pas de côté, se retirer et rêvasser seule… Alex avait fui ainsi les sommations à jouer ou à bavarder de Léonie en prétextant un besoin imminent de repos. Maman à l'époque l'appelait encore « ma grosse marmotte » et avait prévenu toute la famille : « Quand Alex veut aller se coucher, on la laisse dormir, OK, les filles ? » Cela déplaisait au père d'Alex. Il voyait en sa deuxième enfant non seulement une avocate mais une future athlète et ne comprenait pas cette nécessité de repos chez une personne en bonne santé.

Cette nuit, dans la petite chambre de l'appartement de Thoreau Heights, Alex pense à combien il est loin ce temps du dodo de gamine qui lui servait de poudre d'escampette pour fuir cette famille et cette sœur aînée parfois bien étouffante… Heureusement qu'il y a les pilules magiques que lui a prescrites le docteur Hughes en la prévenant de ne pas s'accoutumer aux somnifères. Peine perdue… Alors hop ! un petit cachet et déjà on peut mieux fonctionner. Alex a pris ses médicaments cette nuit, mais l'effet est déjà terminé. Elle pourrait en prendre une autre poignée. Après tout, elle ne travaille pas demain, ou pas vraiment : quelques affaires à régler de loin et une sœur, une petite sœur à regarder mourir. Quelle idée d'être venue là… C'est d'un sordide ! Même si cette institution a une réputation impeccable et que la mère de sa collègue Dorothea Lansberg est venue finir « magnifiquement » sa vie ici, Alex n'aime pas ce lieu. Et dire qu'elle a fait jouer ses relations pour que sa sœur soit admise rapidement. Elle a horreur de la Nouvelle-Angleterre, de la campagne, et ses vacances, elle les prend à Paris, à Berlin ou à Londres, comme tout le monde qui habite à Tribeca. Mais pouvait-elle refuser de venir ? Elle adore Rose… Elles ont toujours eu un lien très fort. Rien de comparable toutefois entre ce qui s'est tissé entre Merline et la plus petite des sœurs, mais tout de même. La famille entière chouchoutait Rose à la maison, même Papa… Avant le divorce… Elle est allée le revoir en France celui-là, il y a quelques années. Il l'a rencontrée dans un café du XXe arrondissement, là où il habite vraisemblablement. Au bout d'une heure, il est parti. Il n'avait rien à lui dire… Elle lui a parlé du building où se trouve son appartement cossu donnant sur l'Hudson. Il lui a demandé si elle faisait encore du volleyball et pourquoi elle n'était pas devenue athlète. Elle n'en a jamais parlé à ses sœurs. Elle leur ment là-dessus. Cela ferait toute une histoire… Inutile… À quoi peut-elle s'occuper ici à trois heures du matin ? Il n'y a même pas de télé ! Elle devrait ouvrir son ordinateur portable, mais dans cette cambrousse, aucune connexion internet. Il faudrait faire une opération de partage avec son téléphone. Lauer a expliqué qu'on est hors temps à Thoreau Hights… Quelle rigolade… Hors du temps… Voyons ! Les marchés boursiers ne s'arrêtent pas sur la planète. Les gains ou les pertes ne cessent jamais et les Lauer possèdent, c'est évident, des avoirs qui travaillent pendant ce « hors temps »… Alex reprend machinalement le livre de Donna Tartt qui, durant la nuit, est resté à ses côtés comme un fidèle compagnon… Oui, bon… Elle n'est pas sûre de vouloir finir ce bouquin maintenant… Elle a du mal à se concentrer…

Badaboum ! Le livre vient de tomber par terre. Cela fait drôlement du bruit. D'habitude, elle le repose sagement sur la couette juste à côté d'elle… Trois heures cinquante, elle a bien dû somnoler un peu, en essayant de lire. Mais elle n'en est pas sûre. Que raconte cette histoire déjà ? Des bribes de rêve lui reviennent en tête. Il y avait une fête quelque part. Mais où ? Elle a senti quelque chose de joyeux. Un rêve doux peut-être... C'étaient des retrouvailles, une célébration de Noël, enfant, croit-elle. Une petite joie demeure en elle malgré le bruit inquiétant qu'a fait le livre sur le plancher. Il faudrait pouvoir garder cette légèreté fortuite, déplacée. Voilà ce qu'elle déteste avec les médicaments, ne plus pouvoir rêver clairement. Toujours des impressions fugaces, des fantômes qu'on ne saurait vraiment saisir. C'était une petite joie... Quelque chose la fait encore sourire. Mais quoi ? La réalité veut que Rose se meure dans une chambre juste à côté. Elle n'en a plus pour très longtemps, Rose Sélavy... Quelques jours encore... Néanmoins les sœurs sont réunies une toute dernière fois. Un bonheur pour Alexandrine qui, à New York, s'ennuie peut-être plus qu'elle ne le pense de ses deux sœurs et même de Léonie. Pourtant, voilà belle lurette que les deux aînées ne se supportent plus. Sa famille lui manque-t-elle vraiment ? Il est difficile de bien se connaître et à quoi cela sert-il ? Pour chasser le spleen et la dépression, il faut faire de l'exercice et du yoga... Demain elle passera deux heures avec le maître Hatra. Oui, elle a beaucoup maugréé toute seule contre cette idée de venir à Thoreau

Heights pour contempler la mort de sa sœur. Mais que faire d'autre ? Que peut-on décider de mieux ? Depuis la maladie de Rose, Alexandrine fait des allers-retours New York-Montréal presque tous les week-ends, et il y a les voyages au siège social de la compagnie à Londres. Elle passe sa vie dans l'avion et tant mieux, parce qu'en fait les sièges de la classe affaires la bercent davantage que n'importe quel lit. Qu'on dort bien, là-haut, nulle part ! Elle ne sait pas comment elle pourrait retrouver le sommeil dans sa chambre de Thoreau Heights. Elle voudrait aller tout de suite faire un court jogging. Mais ce n'est pas le moment. Elle risque de réveiller la maisonnée. La petite sœur doit dormir, assommée par les médicaments, et Merline à ses côtés la veille… Tiens ! Quelqu'un est levé ! Du bruit dans le couloir… Ce doit être Nurse Adams qui fait sa tournée… Non, c'est plutôt Léonie… Oui, comment ne pas reconnaître sa façon bruyante d'agir ? Alex pourrait rejoindre sa sœur dans le salon ou la cuisine… Mais elle ne le fera pas. Elle n'ira pas jogger non plus ! Elle va se rendormir, plonger dans le sommeil de la fuite. Le sommeil enfantin qui la protégeait de ses sœurs parfois lui revient du fond des âges. Il ne faut pas le laisser s'échapper, celui-là…

CHAPITRE 6

La reine se meurt

Par où commencer ?… Elle ne le sait évidemment pas. La gêne, la peur qui vient avec l'idée de devoir dire quelque chose d'important, cela donne peu envie d'entamer la séance. Assise dans le dernier modèle turquoise du fauteuil à oreilles Starsu, face à la fenêtre qui donne sur la montagne, elle cligne des yeux. Le soleil de la fin d'après-midi entre dans la pièce. Il la perturbe un peu. Cette intensité que prend la lumière la ramène à des joies passées, incongrues ici… Le soleil l'agace… Est-ce une bonne idée de vouloir parler dans les circonstances ? « Dans les circonstances », quel euphémisme… Néanmoins, elle se rappelle qu'elle a tenu à venir. Elle attendait cela. Sans trop comprendre l'origine de ce désir. Alors elle se lance, il le faut bien. Se prendre les pinglots, trébucher, tomber, ne pas pouvoir se relever, se blesser, tout chambouler. Faire confiance à l'autre.

Et puis parfois, parfois, un tout petit miracle. Le plus souvent rien. Juste la douleur. Elle connaît. Elle est déjà venue ici, elle veut dire dans un espace semblable. Dans un local avec une petite fenêtre donnant sur une ruelle. Sur un divan jaune à l'époque. C'était à Montréal à la fin des années 1980… Une décennie terrible pour elle. Mais là pour le moment, elle restera confortablement assise sur cette bergère contemporaine, pivotante, d'un bleu tout à fait à la mode, la mode des années 2020… Oui, elle a tout de suite constaté le chic excentrique du cabinet. Mais là n'est pas la question. Sa jeunesse lui semble à nouveau palpable. L'aurait-elle apportée ici dans ses bagages ? Elle croyait bien pourtant l'avoir foutue à la poubelle il y a belle lurette. Et depuis la maladie de Rose, elle n'a plus du tout songé à elle-même, ni jeune ni vieille. Elle se rappelle bien pourtant maintenant, avec le soleil qui la taquine, ces heures anciennes de tourments, passées à se tortiller sur le divan ou à jouer à la morte. Ces heures où l'on ne sait même pas s'apitoyer sur son sort. Le malaise est trop grand. On veut fuir. Ici par la fenêtre, la mer… Oui, on peut s'échapper, au moins en pensée. Quel paysage, tout de même ! Néanmoins l'atmosphère de ces lieux de confidences et de douleurs demeure toujours la même. Cela sent l'angoisse vicieuse et le kleenex coupable. « J'ai passé ma vingtaine allongée », finit par dire Merline… Ce sont ses vrais premiers mots. Peut-être a-t-elle parlé tout haut avant. Elle ne sait pas, mais l'autre en face d'elle vient de faire enfin un signe de la tête. De cela, elle est sûre. Comme un encouragement discret, prévisible. Elle commence alors : « J'ai l'habitude de m'étendre et de me mettre à déblatérer. Affaire de familles, secrets. » Elle s'arrête. Là, avec sa sœur qui se meurt, sa sœur qui est presque morte, elle ne croit pas que ce soit le moment de parler, encore moins de s'enfoncer dans ce divan très Roche Bobois, à sa gauche, qui l'invite à se détendre ou à s'installer dans quelque histoire freudienne. Elle restera dans le fauteuil turquoise. Cependant, elle reprend : « Dans votre brochure, il est mentionné que vous mettez à disposition de vos clients, de leurs amis et de leur famille des espaces de parole et d'écoute. Des espaces ou des lieux. Je ne sais plus quel jargon vous utilisez. Parce que c'est de la langue de bois, votre brochure. » Avec Rose, elles ont ri durant des jours de ces simagrées textuelles faisant la réclame pour Thoreau Heights. « Néanmoins, vous voyez, on est venues. » On ne sait plus à quel saint se vouer, il faut croire, voilà ce qu'elle pense. Thoreau Heights, c'est notre désespoir…

« Vous proposez donc des psychanalystes, comme on présente des bonbons aux enfants, des fleurs aux mamans, pour consoler tout ce beau monde de la vie !

Alors pourquoi ne pas offrir des espaces ou des lieux à des agonisants et à leurs proches ? Et vous y avez pensé. Depuis notre arrivée hier soir, nous avons tout sur place. Cela tombe bien. Pour moi, pile-poil. » Oui, se dit-elle, avoir un espace d'écoute, peut-être pas de parole, mais d'écoute, c'est ce que l'on peut désirer de mieux alors que Rose se meurt. « Entendez-vous tout ce que je ne serai pas à même de dire ? » Elle réapprendra à partager tout haut ce qui reste en suspens dans sa tête. Avec Rose, dans les derniers temps, il a fallu ne rien montrer de la panique, de la terreur. Ici, elle doit se réaccoutumer à poursuivre un but qui la concerne, à se lancer encore une fois, à faire entendre les voix en elle…

« "Vous souhaitez un espace d'écoute ?" m'a-t-il demandé au téléphone de sa voix très professionnelle, presque rassurante. Et j'ai répondu : "Oui, une psychanalyste si possible, même si c'est pour un temps très court. Vous faites dans le temporaire, non ?" Au bout du fil, votre réceptionniste n'a pas relevé l'ironie. Il a dit : "Oui, bien sûr… très bien, on s'arrangera…" Il a vite cherché dans l'emploi du temps de la semaine de la fin juin, début juillet une personne disponible. "Il y a une excellente psychanalyste freudienne influencée par Ferenczi. Cela vous va ?

— Oui, très bien je prends, ai-je répondu, comme si j'avais acheté un contrat d'assurance sans trop comprendre toutes les clauses. Oui, très bien..." J'étais presque heureuse, malgré les circonstances. »

Il était impossible pour Merline d'imaginer un instant que ce serait la docteure Gardner, la grande psychiatre Gardner, mondialement connue pour ses travaux sur l'approche de la mort, qui assurerait ses séances quotidiennes durant dix jours. Mais qu'est-ce que cela change ? Un rien d'intimidant, peut-être... Pas vraiment. Heureusement qu'Alexandrine paie tout cela. Les trois autres sœurs n'auraient pas les moyens. Dans la brochure, si on choisit l'option psychanalyse ou méditation, yoga ou Qigong, il est fortement suggéré de poursuivre le processus après. Avec qui ? où ? comment ? oui, comment ? Après quoi ?... Les mots de la colère se bousculent dans sa tête, ils se télescopent. Pourtant, malgré ce feu d'artifice de vocables, la phrase n'est pas aisée à conclure. La brochure parle d'un suivi post-séjour. Il y a de quoi rire ; les mots se moquent bien des douleurs. Post-séjour, vous ne trouvez pas cela rigolo ? « Quelle niaiserie ! Après... Après... » Comment ne pas tourner tout ce théâtre de la mort en dérision ? Elle voudrait savoir comment retrouver l'expression de la souffrance sans rire, sans trouver cela décidément trop drôle. Impossible dans les circonstances. C'est ce que la docteure Gardner remarquerait peut-être, si elle pensait à celle qui est devant elle et qui pour le moment garde sa phrase en suspens. Gardner doit être occupée par ce qui se passe à la clinique. « Merline, la bonne patiente que vous avez devant vous, docteure Gardner, veut finir son énoncé par bravade. Il le faut bien. Après la mort, oui après la mort… d'un proche, de ma sœur Rose en l'occurrence, qui crèvera le 7 juillet. »

La phrase énoncée n'est plus rattrapable, mais personne ne peut entendre toutes les peines qu'elle condense… Pas même Gardner. Le grand Autre peut-être… c'est qui déjà ? Ses lectures en psychanalyse sont si lointaines. « Oui, la date est déjà choisie, vous l'avez probablement dans vos papiers… Vers onze heures, en fin de matinée. » Un moment symbolique, bientôt un anniversaire familial. On a dix jours pour tout dire, non ? Ou encore : après…

« C'est trop dur votre truc… Je ne peux pas m'effondrer ici et aller manger avec ma sœur tout à l'heure, en profitant du lieu et de la vie. » On racontera les choses terribles après, durant le suivi. Le suivi qui s'effectuera au téléphone, par Zoom, ou encore dans le cabinet d'une consœur de Gardner qui travaille en étroite collaboration avec la clinique de Thoreau Heights, mais qui n'offrira pas de beaux fauteuils Starsu. La collaboration post-séjour se veut une promesse. Il y aura un après, collaboratif. Mais loin de Thoreau Heights… Après Thoreau Heights. Pour le bien-être de celles et ceux qui restent, qui ne mourront pas encore. À nouveau, Merline a envie de rigoler. Dans sa tête, les mots jouent à s'entrechoquer. La clinique reçoit-elle un pourcentage quand on poursuit le *processus* à Québec ou à Sydney ? Docteure Gardner, vous m'expliquerez vos petites affaires, celles qui vous permettent de proposer de si beaux fauteuils à vos patientes. Je n'ai jamais été aussi bien assise. Et je peux me détourner du soleil en pivotant vers le mur. Vous m'expliquerez n'est-ce pas ? Pas tout de suite, je ne tiens pas à savoir. Il faut vivre dans le présent, qui ne dure pas bien longtemps. Mais c'est de toute évidence une affaire qui tourne bien, la clinique de Thoreau Heights ! Il suffit de voir le luxe dans lequel on se vautre ici…

Merline fait taire sa voix intérieure. Elle doit pourtant reprendre, se soumettre à la loi de la séance. « Il y avait un de ces mondes dans la salle à manger ce matin et à midi… Quelque chose d'une effervescence. À croire que c'est un nouveau Club Med pour les familles que vous avez établi dans ce lieu en-chan-teur. » Elle détache chaque syllabe.

« Je n'ai pas vu de condamnées ce matin. Elles restent toutes dans leurs chambres. Elles se font à l'idée que la mort est belle comme le paysage des monts Chauves bien pelés et elles contemplent la mer au loin… Je n'imagine, vous pouvez le constater, que des femmes agonisantes. Intéressant, non ? La vieille analyste des années 1980 aurait relevé cela. Les femmes mortes... Pas d'hommes. Pourquoi ? On travaillera cela dans le temps du post-séjour, non ? » Avec la prochaine bonne femme qui n'écoutera pas...

« Depuis le petit-déjeuner, une équipe de journalistes japonais a envahi les lieux. Ils font des prises de vue très précises, mais ils restent discrets. Pas de souci, docteure Gardner. Je ne porterai pas plainte. J'ai vu une inquiétude sur votre visage. » Elle ne veut surtout pas qu'on lui rembourse les frais du séjour payés par Alex. Sa sœur était si contente de pouvoir régler pour Rose. Cela lui donne l'impression d'être utile. À quoi ?

« Les membres du groupe possèdent une batterie, des caméras, et ils conduisent des voitures gigantesques. » Elle les a vus sortir alors qu'elle et ses sœurs revenaient de promenade. « Au moment des croissants, délicieux, disons-le, délicieux, nous avons été sollicitées par écrit pour participer au documentaire. Sans commentaire, je dis bien : sans commentaire. »

Il reste dix jours et neuf nuits à Rose, et il faudrait qu'elle perde son temps avec les documentaristes de Tokyo ! Quelle histoire quand même !

« Nous avons quatre sœurs réunies là pour la mort de l'une d'entre elles. Ce serait un récit fabuleux. Tous les projecteurs sur la famille de la morte. Je ne pense pas que nous accepterons. » Elles vont lui bousiller sa réclame et son business, à Gardner, les sœurs Leroy, si elles se racontent aux documentaristes. Elle leur en voudra, la médecin. Les pensées filent dans tous les sens. On ne sait plus lesquelles on dit, lesquelles restent dans la tête. Qui parle en soi ? Qui tient à communiquer encore ? Et puis quoi ? Quoi dire ? Tout semble si anodin, et mieux vaut faire dans le banal. Éviter de s'ouvrir et de s'effondrer durant ces dix jours. Est-ce seulement humain ou éthique d'offrir de commencer cette analyse alors qu'un proche meurt ? Et pourtant, quoi faire d'autre ? Pas du yoga, comme Léonie, c'est absolument ridicule. Ce matin aux aurores, quand elle a croisé Clarissa Gardner sur un chemin qui fait le tour de la propriété, Merline n'avait aucune idée de qui pouvait être cette femme qui venait sans le vouloir à sa rencontre et qui s'est mise à l'appeler par son nom… Qu'elle fasse partie de la direction de Thoreau Heights, cela ne faisait aucun doute, certes, mais de là à…

« J'avais vu des photos de vous, mais je ne vous ai pas reconnue. Je ne pouvais pas deviner que la dame du sentier était la directrice de la clinique… La docteure Gardner, Clarissa Gardner. Je l'ai compris vaguement plus tard dans la journée quand je vous ai aperçue diriger l'équipe télé et descendre près de cent fois les marches du manoir pour arriver à la bonne prise, celle qui vous mettrait en valeur, vous et la clinique. À chaque répétition, vous conserviez la même grâce. » Elle se rappelle avoir pensé : voilà une femme bien élégante, mais elle n'était même pas là hier soir pour accueillir Rose Leroy. Pourquoi ? Nous n'avons pas payé assez cher ? Nous avons le traitement de second ordre, pas celui des VIP. J'ai pourtant demandé tous les extras. Oui...

Merline reprend : « Vous n'avez pas daigné accueillir ma sœur. Les Lauer étaient là, eux. Ils semblent adorables... Mais pas vous... » Elle lui en veut déjà. Le transfert s'amorce. C'est ce que doit penser la docteure. C'est en jetant un coup d'œil sur son horaire de la journée (qu'elle peut suivre ou non, selon les directives de la clinique) que Merline a vraiment compris que, oui, sa psy serait la docteure Gardner. Le nom était inscrit sur la page. Elle s'en moquait alors, mais tout à coup, voilà que cela lui semble important. Elle ne sait plus comment enchaîner. Où en était-elle ?...

Courageuse, elle trouve une image qui traîne dans son esprit. Elle s'en empare. « J'aurais dû vous reconnaître ce matin lorsque vous marchiez sur le sentier, allègre, pétillante ; en fait vous redescendiez du sommet. La lumière était magnifique à six heures quinze. Vous resplendissiez de santé. Cela doit rassurer les patients de constater toute cette vie qui émane de la docteure qui les soigne. » À quelle heure se lève cette femme pour avoir terminé sa promenade si tôt ? « Vous m'êtes apparue dans cette clarté du matin, si pleine de promesses. Clarissa Gardner, vous vous êtes arrêtée pour dire : "Merline Leroy, si je ne m'abuse ! Belle idée de faire une promenade matinale. Mais attention ! Les chemins sont tortueux au mont Thoreau : on marche un peu, on regarde un arbre ou une fleur, on attend que le soleil baigne la mer au loin et voilà que le paysage a perdu toute familiarité. On cherche des yeux le manoir, en vain. L'espace prend des proportions étonnantes. On perd tous repères, ici et même la notion du temps. Vingt minutes ont passé. Une éternité. On se retrouve ailleurs, attention alors... Nous n'avons pas d'âge ici", avez-vous ajouté à votre longue tirade d'introduction, docteure Gardner, en riant un peu. Vous avez passé la main sur votre front, pour montrer que vous étiez en train de faire une blague et vous vous êtes dirigée d'un bon pas vers le manoir que je venais de quitter. J'ai bonne mémoire, vous savez, très bonne. »

On doit imaginer que la docteure dit vrai, qu'elle a raison et que les quatre sœurs Leroy oublieront ici que les minutes s'écoulent malgré tout inexorablement, comme on dit. Arriveront-elles à ne pas penser au fait que « dans dix jours, dix petits jours de rien du tout Rose sera morte » ? Merline a parlé tout haut. Elle ne le voulait pas pour ces mots-là. Sa voix résonne à travers la pièce. Un instant, elle rend coupable la joie que prodigue dans l'espace le soleil de dix-huit heures. Il n'y aura aucun miracle. Léonie, Alexandrine, Merline et Rose doivent passer ces derniers moments ensemble en se rappelant sans cesse que la fin approche. Pourtant, elles sont sommées d'être heureuses comme lorsqu'on a la vie devant soi. « Quelle chance d'être ici... Il faudrait retrouver une insouciance, celle de l'enfance pour bien profiter de ce bonheur qu'est Thoreau Heights. Je ne sais plus tout à coup si je peux être légère, ne pas voir ce qui m'attend », hurle Merline dans un crescendo. Pourtant c'est elle qui a insisté auprès de ses deux autres sœurs pour venir ici. « Vous les avez croisées, mes deux grandes sœurs, hier soir, dans la salle à manger. Elles ont été bluffées par votre beauté et puis par votre français impeccable. Léonie et Alex sont encore sensibles à des choses comme cela. » Quand Rose sera morte, Merline sait qu'elles ne le seront plus du tout. Elles feront semblant, un peu comme la docteure Gardner. Elle, elle ne se voit pas capable de jouer encore, après... Aujourd'hui un peu, pour tenir le coup, mais pas après, non! « Cette nuit, Rose a fait une bonne nuit. J'ai dormi juste à côté d'elle. Les nuages du soir se sont dissipés. Je voyais la mer de mon lit. La mer et elle. La lumière de la lune lui caressait le visage. Tout paraissait si blanc. Elle a du mal à respirer, Rose. Les médicaments l'assomment. Alors elle ne bouge pas. C'est splendide ce lieu. Calme, très calme, quand les équipes de télévision ne débarquent pas. Un tantinet cher, mais après tout on ne meurt pas tous les jours… Rose meurt moins souvent que les autres. Ce sera une fois pour toutes. » Merline se rappelle qu'elle a déjà été tout à fait persuadée qu'elle ne mourrait pas, la petite sœur de la famille Leroy… D'où lui venait cette idée saugrenue ? Et puis elle a appris que c'était une chimère. Déjà trois ans qu'elle sait. « Nous la veillons à tour de rôle. Les infirmières ont tout arrangé. Vous avez pensé à chaque détail, docteure Gardner. Je ne suis pas psychanalyste, mais actrice, une bonne actrice, même si vous pensez en ce moment que j'ai l'air commune et que j'ai l'accent quelque peu québécois. Maman était québécoise et je chéris sa voix en moi. De plus en plus, d'ailleurs, en vieillissant… Mais c'est un autre chapitre… Laissons cela ainsi. Vous vous dites je l'ai peut-être déjà vue dans un film celle-là, mais elle parlait avec une autre voix. Oui, vous avez raison. Je sais me transformer. Je joue… Je maquille mon existence. » Clarissa Gardner est sûrement aussi très commune, quand elle ne joue pas à la docteure célèbre qui descend les marches devant le manoir pour la télé japonaise ou encore à la psychanalyste qui croise et décroise ses jambes, un peu impatiente.

Merline, dans le beau fauteuil de son cabinet, sent l'exaspération de sa psy. Elle a quelque chose d'un peu usé, la Gardner. En elle, on voit un épuisement, une hâte qui la distrait. Pas le meilleur moment de son existence. Une actrice comme Merline repère les failles dans le jeu des autres. Et Gardner est en train de relâcher la qualité du spectacle.

« Je ne suis pas psy, mais je connais la vie et vous avez dû, petite, perdre une proche, souffrir d'un manque, alors vous passez votre vie à vouloir réparer les autres… » Mais voilà que cela commence à lui peser, à la Clarissa. Réparer, pour que la mort soit douce et le deuil possible… « Je me trompe sûrement et vos traumas m'importent peu. Ma sœur Léonie a pris la suite auprès de Rose, quand je me suis levée. »

Merline songe au fait qu'elle se réveille toujours avant tout le monde, depuis l'enfance. Pourquoi ? Et Rose, elle la veille depuis des lunes. Et surtout depuis trois ans. « Mes deux autres sœurs ne vivent pas au Québec. J'ai fait venir de Montréal ma sœur malade pour m'occuper d'elle. » Oui, elle sort de son lit au petit matin, tôt, très tôt, mais pas aussi tôt que la docteure Gardner. L'avenir appartient à celles qui se lèvent tôt. Et il est vrai que Rose a toujours dormi tard et voilà ! Elle sera privée de tout futur. Qu'elle aime roupiller, Rose ! Rose et Alex, deux grosses dormeuses, enfants. « Quand je suis revenue de ma promenade, ma Rose se réveillait doucement avec l'odeur des croissants que Léonie a légèrement réchauffés dans le four de l'appartement mis à notre disposition. Petite, Rose adorait les croissants un peu chauds qu'elle badigeonnait de confiture de coings ou de bleuets. Des petits fruits. Ces derniers temps, elle ne mange plus rien. Elle a léché un peu une cuiller pleine de confiture de mirabelles qu'Alex tenait à lui présenter, malgré les signes de désapprobation de sa sœur. » La docteure Gardner est sûrement en train de profiter du silence dans lequel plonge tout à coup sa patiente pour penser à l'équipe du Japon. Merline n'est pas dupe, elle voit bien que la médecin a la tête ailleurs. Elle doit penser aux Japonais qui dérangent les familles. « Il faut stopper cela. Votre truc avec les Japonais, c'est épouvantable pour nous et puis pour vous ! » Merline est contente de foutre un peu le bordel dans la tête de Gardner et après tout, elle ne doit pas être la seule à être incommodée par ce groupe. Gardner reverra le protocole de tournage ce soir et établira quelque chose de plus strict. Elle redoublera sa surveillance. Cela gâchera sa journée à cette perfectionniste névrosée ! Tant mieux... Au prix qu'on paie !

« Vous êtes une force de la nature, docteure Gardner, non ? Vous ressemblez à cette beauté qui vous entoure et qui se moque bien que nous mourions ou pas. Les humains en effet n'existent pas pour le temps vaste, celui de Thoreau Heights. » Merline a vite compris que Gardner s'identifie aux montagnes, à la mer, à l'immuable. Clarissa Gardner. La puissance d'un nom. « Oui, vous êtes forte. Je ne sais quels médicaments vous administrez à vos mourants ici, mais vous arriverez à supprimer les souffrances de Rose jusqu'à sa mort. J'ai bien senti cela hier soir, et ce matin j'ai vu qu'elle allait mieux, après la nuit. Mais on ne se fait pas d'illusion, vous injectez la vie, juste avant la mort. L'équipe prend tout en charge. Nous sommes venues pour qu'elle n'ait pas mal avant… Et nous, nous avons aussi pensé à avoir un peu moins mal, juste un petit peu moins mal. Thoreau Heights, c'est une promesse de villégiature. Et vous êtes à la hauteur de votre nom, en dehors de l'équipe documentaire. Vous n'auriez pas dû accepter ces gens. Ils viennent comme des charognards voir mourir les autres. »

La docteure Gardner a-t-elle remarqué que Merline se refuse à dire « départ » ou « décès » pour parler de la mort ? Merline fait diversion, tout en répétant les mots interdits. « Oui, Rose va mourir, mourir. » Elle insiste. « On est là pour cela, vous et moi. Vous êtes une montagne qui accouchera d'une petite souris : moi. Une petite souris grise et endeuillée. Comment ne vous ai-je pas reconnue tout de suite ce matin malgré les photos de vous que l'on voit partout ? » Elle se rappelle avoir pensé : mais qui est cette pimbêche qui m'interpelle ainsi, à brûle-pourpoint, sur le sentier ? Et c'était Clarissa Gardner, simplement elle. « Vous êtes toujours habillée impeccablement. Comme les soignantes, nos soignantes pour dix jours. C'est rare de voir cela. L'hôpital partout dans le monde est tombé malade. C'est ce qu'Emily dit dans une pièce d'Elfriede Jelinek, *Maladie ou femmes modernes*. Magnifique texte. J'ai joué ce rôle d'Emily il y a quatre ans, juste avant que Rose ne se meure, comme le roi d'Eugène Ionesco. » Vous allez au théâtre, docteure Gardner ? voudrait demander Merline, mais elle ne peut pas, elle se trouve déjà très insolente.

« J'ai aussi joué le roi qui se meurt, le roi lui-même. Nous étions une troupe composée de femmes. On avait voulu déconstruire les genres. J'étais Bérenger Ier. » Elle se souvient d'avoir à l'époque emmagasiné des tonnes de répliques à dire au moment du passage de la vie au trépas. Cela peut toujours servir. Mais ce n'est pas elle qui meurt, c'est sa sœur, et elle ne sait plus quoi déclamer. « Imaginez-moi avec un manteau de pourpre, une couronne sur la tête, et sceptre en main, le soleil ne m'écoute déjà plus. *Il m'aveugle ce soir et je voudrais le sommer de m'obéir, et lui dire Ô soleil, aide-moi soleil, chasse l'ombre, empêche la nuit. Soleil, soleil éclaire toutes les tombes, entre dans tous les coins sombres et les trous et les recoins, pénètre en moi…* Oui, je me rappelle les répliques. Tout le long du spectacle, on me disait : “Tu vas mourir à la fin du spectacle dans une heure et demie.” J’étais le roi qui se meurt.

« J’ai gagné un prix pour mon interprétation. Honnêtement, je ne sais pas ce qui est le plus terrible : mourir ou voir mourir sa petite sœur. Le savez-vous, docteure Gardner ? Le savez-vous, vous qui enterrez les patientes les unes après les autres ? Il paraît qu’il y a même un cimetière à Thoreau Heights. Vous accumulez les mortes et les morts. Dans la pièce, je disais : *Que tous meurent pourvu que je vive éternellement même toute seule dans le désert sans frontières. Je m’arrangerai avec la solitude. Je garderai le souvenir des autres, je les regretterai sincèrement. Je peux vivre dans l’immensité transparente du vide. Il vaut mieux regretter que d’être regretté.* Ionesco a tort. Il est quand même bon d’être regretté. Rose l’est déjà. »

Merline ne le savait pas, elle jouait sans rien connaître.

« À l’époque, je ne comprenais rien. Mais garder les souvenirs des autres, c’est une fatalité. Je pense que vous me suivez là-dessus, docteure Gardner. Quelque mort vous tourmente, quelque chose en vous se souvient. Vous savez dans la pièce quand le médecin apparaît, on le présente ainsi : *Sa Sommité, monsieur le Médecin du Roi, chirurgien, bactériologique, bourreau et astrologue à la Cour.* Cela frappe. Il est vrai que vous êtes le bourreau, docteure Gardner. Vous y avez déjà pensé ? Vous êtes celle qui met à mort. Facile d'être astrologue alors. Comme dirait la reine qui se meurt : *Les astres sont formels. C'est bien la fin.* »

CHAPITRE 7

The Magic Mountain !

« *La montagne magique* », avait lancé fièrement Yoshiyuki quand, le lendemain de l'arrivée de l'équipe de tournage, Clarissa avait demandé le titre du documentaire sur la clinique qu'il était venu filmer. Dans la salle de bains immaculée, semblable à un laboratoire, attenante à sa chambre à coucher, la docteure Gardner était en train de faire sa toilette juste avant d'aller au lit. Elle entendait à nouveau clairement les mots prononcés par le réalisateur tôt dans la soirée, dans la grande salle de réunion, au quatrième étage de l'ancien hôtel devenu clinique. Il avait jeté fièrement en allemand, puis en anglais, sans même l'ombre d'un accent japonais, ces vocables : *Der Zauberberg, The Magic Mountain*. Oui, à Yoshiyuki était venu ce titre dans l'avion en consultant le dossier Gardner, et c'est sous ce nom prestigieux qu'il allait vendre son petit film aux chaînes anglaises et américaines. *La montagne magique*, une appellation grandiloquente, avait-il essayé de dire à Clarissa. Un clin d'œil au passé et puis en même temps quelque chose de simple qui ne demande pas de savoir quoi que ce soit quant à une possible référence à l'écrivain Thomas Mann ou à la littérature allemande. Yoshiyuki avait d'abord songé au *Cabinet de la Dre Gardner* en hommage au film des années 1920 de Robert Wiene mettant en scène le docteur Caligari, spécialiste des somnambules, cette époustouflante œuvre expressionniste qui restait culte pour un public de connaisseurs. On avait écarté cette idée amusante qui pouvait néanmoins donner au documentaire des airs de parodie. « Tant mieux ! » s'était exclamée Clarissa en écoutant le réalisateur qui gesticulait devant elle dans un de ces fauteuils Starsu turquoise qu'elle affectionnait, aux côtés de sa collaboratrice et amie, Ineko… « Tant mieux, on l'a échappé belle ! Quelle pensée farfelue ! Comment a-t-on pu songer un instant à ce titre grotesque ? continuait-elle tout haut dans sa salle de bains en se démaquillant. Je me demande si on peut se fier à ce type. »

« Non, non, ce sera *The Magic Mountain* ! » Yoshiyuki s'était gargarisé de ces mots en les présentant à Clarissa. Comme un gamin, il faisait alors pivoter le siège sur lequel il se trouvait confortablement installé. En s'agitant dans tous les sens dans cette grande salle donnant sur le ciel, Yoshiyuki avait promis monts et merveilles : les producteurs tomberaient amoureux de *La montagne magique*. C'étaient des gens de bien qui, dès le début des négociations, avaient compris le projet. Ils encourageaient même toutes les idées audacieuses. Ils ne pouvaient qu'adorer ce titre fabuleux. Yoshiyuki et son bras droit Ineko tenaient à ce que le ton de leur travail soit un rien précieux. Si la docteure Gardner était devenue célèbre, n'était-ce pas aussi pour l'élégance de sa maison ? Il fallait donc offrir quelque chose capable de mettre en valeur son raffinement physique (et métaphysique, comme l'avait souligné Ineko, qui mettait son grain de sel à chaque fin de phrase de Yoshiyuki, lequel laissait sa parole en suspens pour que son assistante la complète). Cette distinction ne se trouvait-elle pas inscrite dans la philosophie de l'institution ? Oui, se disait Clarissa en passant méticuleusement un coton imbibé de son démaquillant Sisley aux bleuets sur sa paupière droite, en prenant bien soin de faire d'amples gestes remontant les traits que lui avait donnés son dernier lifting. Il y a en effet des buts métaphysiques très évidents dans mon travail et il est temps de les faire connaître. Mais cette équipe est-elle à la hauteur des ambitions et réalisations de la clinique ? Cela reste à démontrer.

Pour se rassurer, Clarissa se répétait que ces deux documentaristes de Tokyo venaient de connaître au festival de Yamagata un énorme succès. Ils avaient reçu des critiques plus qu'enthousiastes dans le *Guardian* et le *New York Times.* Après tout, *Quelques photographies avec fleurs* sur la vie de Kawabata avait remporté maints prix et ce « film inouï », écrivait la fameuse chroniqueuse Jessica Lampur, « improbable même », qui relatait la vie du grand écrivain japonais, avait succédé à une production culte sur Derek Jarman baptisée *The Garden of the Apocalypse.* Tout cela ne pouvait qu'être très apaisant pour Clarissa, et elle se rassurait en enlevant délicatement son mascara prune dans sa salle de bains immaculée. Elle n'arrivait pas à retrouver une complète quiétude, malgré les exercices contre le menton fuyant qu'elle était en train d'exécuter devant son miroir. Le chirurgien, lui semblait-il, avait raté son coup. Un ami… Il faut se méfier des proches pour exécuter les liftings… Ils ou elles ont toujours des idées préconçues sur notre visage. Rien à faire, ils ne savent pas rester professionnels. Mais c'était là une autre histoire. On réglerait cela à Noël, quand Clarissa repasserait sous le bistouri avec une chirurgienne qu'elle ne connaîtrait pas du tout. Pour Thoreau Heights, Yoshiyuki et Ineko feraient une œuvre magnifique, un conte inédit sur les nouvelles méthodes du mourir développées récemment pour l'humanité et surtout par la docteure Gardner. Ils en étaient sûrs. C'est ce qu'ils avaient affirmé plus tôt en début de soirée en se rengorgeant, chacun dans son fauteuil Starsu. Il s'agissait non seulement de présenter la plus célèbre et la plus performante clinique du globe dans les approches postmodernes de la mort, mais de faire comprendre à un public tout aussi bien composé d'esthètes que d'amateurs la révolution inimaginable dans le domaine de la connaissance sur la fin de vie que représentaient les travaux de Clarissa Gardner et du frère et de la sœur Lauer.

« Le parc d'attractions, ce formidable Club Med dans la nature pour les mourants et leurs accompagnants que forme Thoreau Heights, doit être vu comme l'acteur principal d'une transformation radicale dans la discipline des soins palliatifs et de l'aide médicale à mourir », avait déclaré Yoshiyuki en s'engageant à mettre en évidence l'œuvre avant-gardiste et philosophique de Gardner. Désormais, grâce à elle et aux deux Lauer, qu'il ne fallait surtout pas oublier, la mort serait appréhendée comme un travail à réaliser, une création collaborative et collective que les médecins, les soignants, les artistes accompagnateurs, les familles et les amis signeraient autant que les agonisants.

Clarissa avait un peu sursauté quand elle avait entendu pour la deuxième fois dans la journée la comparaison de la clinique avec un lieu de villégiature banal et surfait. C'est cette perverse de Merline, sa patiente, qui avait qualifié d'abord le lieu ainsi. Un transfert pas simple que développait la sœur Leroy. Peu importait! Clarissa avait d'autres soucis. Elle se demandait, en se barbouillant le cou de crème anti-âge qu'elle appliquait en un savant massage que lui avait enseigné sa massothérapeute, si le sens de ces mots en japonais était semblable à celui que l'on retrouvait communément en anglais. Elle regrettait de ne pas avoir une interprète sous la main à Thoreau Heights, ce qui aurait permis peut-être à Yoshiyuki de s'entretenir avec elle dans sa langue maternelle à lui et d'éviter ainsi des raccourcis ou des grossièretés linguistiques. Il connaissait très bien l'anglais, mais tout de même: un Club Med? Avait-il vraiment voulu dire cela? N'était-ce pas la preuve flagrante d'un manque de vocabulaire? Cela constituait-il plutôt une erreur dans sa compréhension de l'œuvre de la clinique? Fervent, il avait immédiatement enchaîné en demandant à Gardner si elle se rendait bien compte de l'impact historique de ses recherches et de ses pratiques innovatrices. Quelle question stupide! se disait Gardner en constatant avec fierté les arêtes bien dessinées de son nez. Bien sûr qu'elle connaissait l'importance de son travail! Elle n'avait aucun doute sur ce qu'elle faisait. Sa réflexion sur les diverses manières d'aborder l'achèvement de l'existence avait permis la création et la réalisation par une communauté enthousiaste, liée à travers un désir profond de partage, de nombreuses pièces artistiques capables de concrétiser ce passage difficile de la vie à l'après-vie. En ce sens, on pouvait maintenant imaginer la mort comme une pratique technique et inventive. Elle devenait le lieu d'une exaltation jusqu'alors inexplorée, et pouvait se présenter à l'esprit étriqué par des siècles de métaphysique rabat-joie comme un espace privilégié de fabrication d'une œuvre singulière. Bien évidemment qu'elle était au courant de son génie ! Et même mieux que Yoshiyuki, qui avait pourtant jubilé en gigotant dans son fauteuil alors qu'Ineko répétait à qui mieux mieux : « Oui, vous avez déclenché, docteure Gardner, une révolution de la mort. Une révolution de la mort. »

Pendant des mois et des mois, Yoshiyuki avait bien étudié le dossier Gardner. Cela était évident. Il avait donc pu, dans la salle de meeting, faire étalage avec grand enthousiasme de tout ce qu'il connaissait. Clarissa devait reconnaître, en étirant la peau de son front vers la racine de ses cheveux, qu'il avait montré une extraordinaire capacité à s'informer correctement, même en sciences et en médecine. Ineko n'était pas en reste, non plus. Les deux amis artistes avaient résumé, malgré leur arrogance et de petites bévues çà et là, de façon très efficace, ce qu'ils comprenaient l'un et l'autre des travaux de Gardner. Ils avaient ainsi réussi à prouver leurs véritables capacités à mener un projet qu'ils voulaient leur.

Yoshiyuki s'était longtemps étendu sur sa compréhension de la méthode Gardner. Inspirée des études en recherche-création développées d'abord dans les universités québécoises et américaines, puis ensuite dans les institutions savantes à travers le monde entier, cette avancée sans précédent reposait sur une expérimentation esthétique et scientifique de la mort fondée dans une pratique communautaire. Les mourants et leurs proches devaient s'atteler pendant une à deux semaines à une poièsis, à un « faire ensemble » visant une grande œuvre. Ce monument à la fois réel et symbolique devenait le récipient, l'hôte de l'esprit du mourant, ainsi préservé post mortem dans et par la composition collective. Pour les condamnés à mort qui n'arrivaient pas trop mal en point à Thoreau Heights, la création d'un spectacle se présentait comme un idéal de survie à atteindre, mais pour les autres, les plus amochés, on œuvrait plus modestement à la réalisation d'un texte, à l'esquisse d'une peinture ou encore à la conception d'une sculpture.

Clarissa n'avait pas mentionné aux deux réalisateurs japonais que depuis quelques années, les artistes de la fin donnaient le plus souvent dans la vidéo collective, s'inspirant ainsi d'un art populaire que les nouvelles technologies avaient rendu accessible à tous et toutes. Cette pratique simpliste était un peu triste aux yeux de Clarissa, et elle tentait de pousser les arts plus traditionnels. Elle était ainsi parvenue à maintenir vivant et fécond l'intérêt de certains agonisants et de leurs proches pour la littérature, le théâtre ou les arts visuels. Des maîtres et maîtresses en résidence, des mentors engagés à travers le monde pour leur savoir-faire et leur dévouement, des gourous bien payés venaient accompagner les créateurs et créatrices de leur propre mort. Cela avait donné lieu par exemple dans le domaine des arts visuels, au sein de la Los Angeles Gallery of Post Modern and Post Human Art, la LAGOPOMPHA, à une grande rétrospective. Un important nombre d'œuvres produites durant les six dernières années à Thoreau Heights avaient été exposées en Californie pendant des mois et s'étaient retrouvées saluées par une critique internationale dithyrambique. Yoshiyuki, en tournage pour le film sur Jarman, avait raté l'expo et avoué à Gardner qu'il s'en mordait les doigts. Depuis, il en avait étudié le catalogue, ébloui. Il avait contacté de nombreux spécialistes et fans des réalisations de Thoreau Heights.

Le désœuvrement que l'on avait connu durant la pandémie avait engendré une passion pour tout et n'importe quoi, mais surtout pour des créations nées en contexte de maladie et de soin. Les tableaux et sculptures exécutés à la clinique s'étaient vendus comme des petits pains chauds. Des acheteurs de New York, de Tel-Aviv et de Moscou se les étaient arrachés. Yoshiyuki et Ineko avaient eu vent de la folie Gardner qui prenait possession du monde de l'art. Comme un grand nombre de gens érudits sur la planète, ils avaient été d'abord tout simplement intrigués par l'effervescence qui semblait se dégager de la proximité avec la mort. « Mais comment parler encore de mort alors que c'est la force même de l'esprit qui se manifeste au terme de l'existence ? » avait demandé Yoshiyuki à Clarissa dans la grande salle de conférence, sans même attendre la moindre approbation, que celle-ci aurait pu signifier d'un vague hochement de tête. Cette incandescence terminale (mais là encore les mots étaient incapables de rendre compte de l'innovation gardnerienne) méritait d'être analysée comme une énergie impensée par la philosophie et la théologie. La pulsion de mort décrite maintes fois par la psychanalyse restait une des rares notions capables de rendre compte de la force brute qui se dégageait de cette accointance avec la proximité du terme de l'existence. Était-ce son rapport fort à la pensée de Freud et de Ferenczi qui avait permis à Gardner de faire toutes ces découvertes ? Et sans souhaiter une réponse à sa question, Yoshiyuki avait poursuivi en expliquant qu'à partir de recherches très sérieuses et d'une étude de terrain qui étaient à la base même de leur projet, lui, sa comparse et leur collaborateur, le bioéthicien Matsuma, voulaient créer avec leur documentaire une œuvre esthétique qui pourrait, et c'est ce qu'ils souhaitaient, être collective. La recherche sur Thoreau Heights deviendrait collaboration avec le travail de la clinique. Les deux esthètes japonais avaient le rêve fou de faire participer certains patients à leur production. C'est Matsuma qui avait eu cette idée en accord avec les principes de l'établissement. Ils ne seraient plus tout à fait maîtres de leur film et s'abandonneraient à Gardner, à ses patients et à leur labeur. C'est vingt-quatre heures plus tôt, en arrivant sur place, que Yoshiyuki et Ineko avaient entendu la proposition extraordinaire de Matsuma. Ils avaient enfin compris qu'ils ne pouvaient faire simplement un projet sur Thoreau Heights, mais qu'il fallait impérieusement créer avec Thoreau Heights, en symbiose avec le lieu et ses résidents temporaires. Le documentaire des deux Japonais serait donc pensé, conçu et réalisé en partenariat avec les artistes de la mort.

Cet après-midi, avant de parler à Clarissa, Yoshiyuki et Ineko étaient allés trouver le responsable des communications de la clinique, Josef Lauer, qui avait eu les larmes aux yeux, selon les dires des réalisateurs, quand on lui avait expliqué ce qui avait été imaginé pour le projet baptisé dorénavant *La montagne magique*. Et puis, sur les conseils de Josef, les deux artistes japonais avaient demandé un rendez-vous privé avec la docteure Gardner. Une rencontre des équipes avait eu lieu le matin, mais rien ne s'était vraiment dit. Les réalisateurs savaient, comme ils avaient tout lu sur elle, que la directrice de la clinique n'aimait guère les imprévus. Tout ce qui la sortait de son emploi du temps extrêmement chargé et de ses manies l'exaspérait au plus haut point. Ils avaient donc supplié, marché sur des œufs et finalement obtenu de bavarder avec Gardner, en laissant dans l'ombre peut-être certains pans de leur plan. C'est ce que Clarissa imaginait en tout cas et ce qu'elle craignait alors qu'elle se nettoyait le conduit des oreilles dans une volupté infinie, comme elle l'expérimentait chaque soir avec deux Q-tips. Pas un de plus... Les réalisateurs l'avaient persuadée de la nécessité d'exécuter leur projet comme ils l'entendaient, bien que ce type de travail demandât une certaine improvisation, surtout au début, ce que Clarissa redoutait. Ils espéraient d'ailleurs qu'il n'y aurait pas à vraiment prévenir toutes les instances de l'institution.

Yoshiyuki et Ineko avaient eu comme une révélation en se promenant sur la montagne Thoreau, qui surplombait la mer. Une vraie illumination... Cette montagne, pour eux, semblait un lieu de profonde méditation et il n'était donc pas étonnant que ce soit dans ce lieu magique qu'ils avaient tout à coup saisi la nature collective et inédite de leur projet. Si tout allait comme ils l'espéraient, les choses se passeraient naturellement, comme dans une chorégraphie improvisée où tout un chacun trouve à faire les pas les plus justes pour participer à l'harmonie de l'ensemble, à *La nouvelle montagne magique*.

Gardner, en continuant le nettoyage de ses orifices, se disait que les réalisateurs ne savaient peut-être pas grand-chose des développements possibles de leur idée. L'équipe de tournage qui venait de débarquer à Thoreau Heights la veille au soir pensait y aller au petit bonheur la chance. Elle devait s'avouer qu'elle-même, lors de séances de psychanalyse, se trouvait contrainte de se fier à son intuition, à un savoir-faire acquis avec les années… Néanmoins, alors qu'avec une aisance manifeste ancrée dans l'habitude, elle ouvrait d'une main un flacon de médicaments pour prendre les somnifères qu'il contenait, elle s'étonnait encore du titre du documentaire, qui lui semblait vraiment peu approprié à l'esprit de son travail. En aucun cas elle ne voulait que les futurs patients et patientes imaginent un lieu magique, une promesse de je ne sais quoi. Il n'y avait rien de surnaturel ou de mystérieux dans sa méthode scientifique et ses recherches sur le cerveau des mourants et de leurs proches. Elle misait sur la science, rien que sur la science, se répétait-elle en couvrant sa tête d'un bonnet de soie conçu pour empêcher la déshydratation des cheveux.

Heureusement que les médicaments lui permettraient encore une fois d'oublier ses tracas pour la nuit. Le manque de sommeil s'avérait néfaste pour le teint. Elle espérait pouvoir se fier à ce que le responsable des relations publiques, Josef Lauer, son collègue et beau-frère, lui avait dit quelques mois plus tôt en la convainquant d'accepter cette offre inédite, artistique. À l'époque, il avait insisté sur le mot « artistique » qui allait dans le sens des dernières découvertes de Gardner. Son but à elle n'avait-il pas toujours été de montrer comment l'art et la médecine allaient de pair et que la science devait se concevoir elle aussi comme une esthétique ? Oui, c'est ainsi qu'elle avait toujours pensé son travail et elle avait donc accepté dans la joie de recevoir les cinéastes japonais. Fallait-il déjà s'en mordre les doigts ? se demandait Clarissa en se brossant les dents énergiquement. À son avis, Josef avait toujours été assez médiocre comme psychiatre, malgré sa réputation, qu'il devait au travail collaboratif avec sa sœur. Alors pourquoi serait-il plus doué pour les relations publiques ? Il fallait bien voir qu'il avait peu de talents, mais on ne pouvait s'en débarrasser, c'était quand même le frère d'Eva Maria. Clarissa voyait bien que, malgré ce que Yoshiyuki et Ineko avaient dit, bien calés au creux de leurs fauteuils

Starsu plus tôt dans l'après-midi, l'équipe était déjà en train de déborder de façon peu discrète et pas du tout naturelle des cadres que le conseil exécutif de Thoreau Heights avait fixés en acceptant leur offre. Et puis plus tard, cette affreuse Merline Leroy, dans le cabinet pourtant ensoleillé, n'avait pas manqué de relever le caractère désagréable pour les patients de tout cela. Quelle guigne !

Il était près de minuit, à la toute fin d'une journée de travail très intense, et dans sa salle de bains, Clarissa n'en finissait pas de s'attarder à toutes les connotations possibles lovées dans un titre pareil : *La montagne magique.* Elle s'apprêtait à aller se glisser entre ses draps mauves et soyeux, mais s'étonnait encore que son épouse Eva, qui dormait déjà, lui ait répété quinze minutes plus tôt, avant d'éteindre la lumière de son côté du lit, qu'elle ne partageait pas ses inquiétudes quant à ce documentaire. Elle avait d'autres soucis, disait-elle : les patients !

Eva semblait de fort mauvaise humeur depuis quelque temps, sans que Gardner comprenne tout à fait pourquoi. Elle ne s'intéressait pas au problème japonais et cela agaçait Clarissa. Josef leur avait parlé longuement, après le repas dans la salle à manger de Walden. Il demeurait serein. Alors pourquoi de telles angoisses, Clarissa ? Il leur avait redit que les membres de l'équipe de Yoshiyuki étaient de grands artistes. Ils voulaient le bien de la science et de l'art et militaient pour l'aide médicale à mourir créatrice, telle qu'on la pratiquait sur le mont Thoreau. « Voyons Clarissa, avait dit de façon autoritaire Eva juste avant de s'endormir, la vidéo de ces deux artistes sur Kawabata est un chef-d'œuvre ! Nous l'avons regardé et nous étions si heureuses... fières qu'ils nous aient choisies. Ils n'ont aucun désir polémique... » Et elle avait éteint sa lampe de chevet, rapidement. Pourtant Clarissa songeait en remontant ses draps, juste à côté de sa femme endormie, qu'il y avait quand même quelque chose de bien étrange dans le comportement de l'équipe. Josef n'était pas assez intelligent et surtout trop fat pour le voir et Eva demeurait, après toutes ces années, obnubilée par son frère. Aujourd'hui, les membres avaient tenté d'interviewer les familles à brûle-pourpoint sans permission. Cela avait choqué le personnel soignant dressé à la discrétion. Yoshiyuki avait prévenu qu'un autre groupe irait la semaine suivante en Suisse pour tourner sur les lieux où les Lauer et Gardner avaient jadis exercé. Ineko partait donc dans quelques jours avec un groupe de techniciens près de Genève. Il n'y avait rien là d'anormal bien sûr, et Yoshiyuki et Ineko s'étaient montrés très clairs dans leurs propos. Mais on aurait dû peut-être se méfier davantage de ces deux-là et enquêter plus longuement sur eux, avant de leur ouvrir toutes grandes les portes de la clinique! Clarissa garderait l'œil ouvert. Il ne fallait pas compter sur Josef et Eva...

Pour se rassurer, dans son lit, en attendant l'effet des somnifères, Clarissa s'installa confortablement sur son oreiller conçu pour bien soutenir son cou et ainsi lui éviter des plis inutiles. Elle se rappela Maiameko, qui avait fini sa vie à Thoreau Heights quatre ans plus tôt. Oui, Maiameko, cette jeune femme charmante atteinte d'un cancer du sein qui avait créé un livret d'opéra en moins de sept jours, livret qu'un de ses frères, pianiste reconnu, avait commencé à mettre en musique à la clinique. À sa mort, elle avait offert une somme considérable à l'institution et ce de façon tout à fait inattendue. Maiameko avait fait envoyer un mot posthume par son notaire où elle expliquait que l'argent était un signe de gratitude ridicule. «Merci à la docteure Gardner et à son équipe, qui m'ont fait vivre de façon fabuleuse les derniers moments de ma vie dans ce merveilleux manoir en si douce compagnie», avait-elle écrit avant de mourir. Elle avait pu ainsi faire de sa fin l'œuvre qu'elle avait toujours souhaité créer. Le livret sur lequel elle avait travaillé durant sa semaine à Thoreau Heights avait donné naissance à un opéra rock devenu célèbre au Japon et qui jouait à guichets fermés. Il faisait d'ailleurs le bonheur d'un organisme de charité qui s'occupait de trouver des fonds pour la recherche sur le cancer. Oui, le souvenir de Maiameko apaisait Gardner même si le sommeil tardait à venir. Encore quelques minutes et les somnifères feraient effet. Il fallait peut-être songer à en changer. L'esprit devait stopper ses danses infernales.

Yoshiyuki connaissait bien Maiameko. Juste avant la pandémie, c'est en mentionnant son nom qu'il s'était présenté à Lauer, puis à Gardner dans un courriel très officiel où il avait remercié l'équipe d'avoir pu aider ainsi Maiameko, sa lointaine cousine. Il comptait à l'époque déjà réaliser un documentaire. Voilà qu'après les péripéties mondiales d'un virus, le temps avait filé, assignant tout le monde à résidence. Yoshiyuki était revenu à la charge en janvier et avait demandé à Gardner de venir fin juin, si les mesures sanitaires le permettaient, passer dix jours à Thoreau Heights avec son équipe. Sans trop y penser, après une réunion du conseil exécutif de la clinique, Josef leur avait réservé un appartement habituellement destiné aux patients et aux familles plus nombreuses. Seulement il n'avait jamais été mentionné avant aujourd'hui que le titre serait *La montagne magique*. N'y avait-il pas quelque chose d'ironique dans cette référence au livre de Thomas Mann ? Gardner avait lu l'œuvre dans sa jeunesse, l'avait beaucoup aimée et elle venait d'en proposer plus tôt des passages à Eva, passages qu'elle avait trouvés au hasard du gros livre pris sur les étagères de la bibliothèque du manoir.

Clarissa avait jadis beaucoup apprécié cette histoire, mais depuis des années, parce qu'elle publiait elle-même des ouvrages, elle ne lisait plus grand-chose à part des ouvrages philosophiques ou psychanalytiques qui venaient nourrir ses propres textes. Le récit de Mann mettait en scène des tuberculeux dans un lieu idyllique, une montagne suisse. Ils allaient là, espérant guérir, malgré la mort souvent inévitable. Clarissa ne voulait absolument pas que l'on puisse laisser entendre qu'elle cherchait à redonner de l'espoir aux malades. On se rendait à Thoreau Heights parce qu'il n'y avait plus d'autre lieu où aller et qu'on pouvait y trouver une mort heureuse. Il fallait néanmoins penser le travail des familles ou des proches durant les dix jours, des « deuillants », ainsi que les surnommait si justement Eva en français, comme un difficile parcours collaboratif. On créait la mort ensemble. Bon dieu, ce n'était pas facile ! Et on en faisait un objet commun à modeler et remodeler. « Vingt fois sur le métier remettez votre ouvrage. » Qui avait écrit cela ? Peu importe… Les mourants œuvraient à découvrir une beauté à leur disparition en réconfortant leurs proches. Ceux-ci essayaient de produire des ébauches d'un avenir possible, dans les larmes, et à la sueur de leur front. Rien de magique, pas d'abracadabra. Du travail, du travail et encore du travail ! À Thoreau Heights, on s'attelait à une métamorphose de l'absence en présence esthétique et cette création ne connaissait pas de fin. Non, pas de fin, jamais…, se répétait Clarissa, quand elle commença brusquement à ronfler.

CHAPITRE 8

Le grand cirque

Thomas De Bruycker… Oui, le grand écrivain dramatique d'origine franco-britannique, le génial metteur en scène international qui faisait déjà fureur il y a trente ans au festival d'Avignon et qui n'arrête pas de nous étonner, arrive. Oui, il guidera l'atelier de création d'ici quelques minutes… Oui, il approche. Tout le monde l'attend… Il va traverser les coulisses. Il se retrouvera parmi nous dans la salle de travail et de spectacle logée dans l'aile sud de Thoreau Heights. Dans quelques instants, il poussera la porte du fond, dépassera les limites de la scène et parcourra l'espace aménagé pour les séminaires de production des œuvres encadrant la vie et la mort. Pff… Quelle chance… L'équipe japonaise qui tourne son documentaire sur la clinique demeure aux aguets. La veille, on a installé le matériel. Yoshiyuki et Ineko sont en pleine discussion avec le directeur de la photographie. On ne va pas rater les légendaires entrées, si théâtrales, de l'artiste. De Bruycker doit arriver. Et nous ne serons pas déçus ! D'ici là, que chacun retienne son souffle… Oui, Thomas De Bruycker sera tout bientôt là… Sa femme, Isabelle, son inséparable complice, son bras droit, vient de le confirmer. Elle le répète à la ronde de façon presque chorégraphiée : « Thomas, oui Thomas… » Elle ressemble au personnage d'Anti-Cassandre, la pythie moderne qui n'a plus rien à annoncer. Elle revient dans nombre de pièces de De Bruycker. « Thomas, oui, Thomas aura quelques minutes de retard. Il en est désolé, croyez-le bien, mais il a reçu un coup de téléphone de Dakar, au tout dernier moment, alors qu'il quittait sa chambre. » C'est un homme si occupé, qui fait tant pour la culture et les autres… « Il vient de me texter », lance nonchalamment Isabelle après avoir fait semblant de jeter un coup d'œil à son cellulaire. Il accourt. Il surgira tout essoufflé, vous verrez. Il ne pense jamais à lui. Mais non, mesdames et messieurs du cinéma nippon, ne soyez pas inquiets. Il sait comment arriver dans un lieu pour que vous ayez les meilleurs cadrages. C'est lui-même un réalisateur de génie… Pas d'inquiétude… La chose ira comme sur des roulettes.

Gardner s'impatiente déjà. Elle est venue présenter l'artiste, qui conduira l'atelier de la famille Leroy. Elle a pris l'habitude depuis des années d'inaugurer le processus de création en présentant à la mourante et à la famille bientôt endeuillée le créateur-accompagnateur qui les suivra durant la longue semaine avant l'adieu. Elle tient vraiment à être présente au moment où tous les participants communient ensemble dans ce désir d'embrasser la mort à travers une œuvre finale… Mais c'est quoi cette histoire de retard ? C'est bien la première fois que Clarissa se retrouve dans cette salle avant le maître de la cérémonie. N'est-il pas stipulé dans le contrat que les artistes-animateurs doivent se présenter à l'atelier quinze minutes avant le début de leur séance ? Qu'est-ce qu'il fout, ce prétentieux, ce De Bruycker à la gomme ? Un autre Suisse… Ou, en tout cas, c'est en Suisse que se trouve sa résidence. Josef a visiblement un faible pour ses compatriotes. C'est son lien à son père, diagnostique sans la moindre hésitation Clarissa. Quel fils à papa celui-là… Néanmoins il n'a pas la moitié de l'intelligence dont faisait preuve le docteur Gustav Lauer… Eva, voilà la vraie héritière du paternel ! Josef en veut d'ailleurs inconsciemment à sa sœur, et plus manifestement à Clarissa, qui ne perd jamais une occasion de l'humilier. C'est du moins ce qu'il croit dans sa paranoïa. Le fils blessé… Comme il joue ce rôle à merveille ! Josef n'a rien réglé du tout malgré ses années de psychanalyse et sa formation de psychiatre.

On se retrouve ici avec un vieux Suisse insupportable tous les six mois. Cela va du médecin au créateur en passant par un chauffeur véreux… Quel escroc il nous a engagé ! On a pu constater qu'être Suisse ne constitue pas une garantie de sérieux.

La docteure Gardner a une clinique à gérer, elle, et dans vingt minutes elle présidera une séance de son conseil exécutif, à l'autre bout du manoir. Elle fait donc des signes désespérés à Josef Lauer, qui, idiot comme il est, sourit aux anges. Il ne comprend visiblement pas ce qui se passe. De Bruycker… Le souverain du théâtre contemporain… Encore une de ses idées brillantes ! Josef cause avec la sœur de la patiente Rose Leroy, Léonie… Oui, c'est bien son prénom, se rappelle Clarissa. Elle l'a rencontrée le soir de l'arrivée. La médecin se fait une gloire de connaître les configurations familiales de ses patients. Josef et Léonie… Ils bavardent, batifolent presque… Ils s'imaginent où, ces deux-là ? À Thoreau Heights, on meurt et on crée… Et surtout on travaille… Il n'y a rien d'autre… « Quel agacement… quel agacement… », marmonne Clarissa, de façon à ce que personne ne l'entende, mais à ce qu'elle puisse tout de même par son impatience gestuelle attirer l'attention de Josef. Celui-là n'a jamais été une lumière, mais là, depuis quelque temps, il devient carrément stupide. Clarissa évite d'exprimer ses réserves sur Lauer à Eva. Changer de place dans la structure de la fratrie s'avère difficile ! La psychanalyste qu'est Clarissa le sait bien. Heureusement qu'elle n'a pas eu de frère ou de sœur. Elle ne compte pas l'enfant mort-né qu'elle n'a jamais connu et qui a pourtant hanté sa mère. Clarissa sait bien de quoi elle a hérité. Thomas De Bruycker vient d'envoyer un autre texto à Isabelle. « Il arrive, bien sûr, il a très hâte de vous rencontrer tous et toutes… », mais… mais il ne s'est pas encore pointé… Alors… « Alors on va commencer, n'est-ce pas, par un moment de méditation pour l'attendre… Cela nous détendra, nous plongera dans les conditions propices à la démarche exceptionnelle qui sera la nôtre. On s'assied donc sur les petits poufs rouges destinés à susciter un instant de prise de conscience de soi et de gratitude envers la vie et… on respire… par le ventre. » Isabelle mène la séance avec aisance, elle en a l'habitude. Elle prend le rôle de la monitrice de camp de vacances ou encore de la prof de yoga, sans même y songer. Elle a été reconnue comme une excellente jeune actrice, très prometteuse, mais elle a préféré rester toute sa vie dans l'ombre gigantesque et pesante de De Bruycker. Quel fardeau ! Elle le regrette un peu, mais seulement pour entretenir sa haine envers Thomas, qui lui aurait gâché l'existence. Son mari a très souvent un petit empêchement de dernière minute. Un truc ridicule, terriblement irritant qu'il pourrait éviter.

Mais il aime jouer à l'important. Et Isabelle s'ingénie à trouver une façon de faire patienter les gens. Au début de leur mariage, il y a presque cinquante ans, elle trouvait les retards de Thomas attendrissants. Cela faisait partie de son personnage à lui. Comme une vedette rock, il se permettait de faire languir son public. Les gens piaffaient d'impatience. Ils étaient si heureux de le voir enfin se présenter devant eux! Elle constatait avec amour la puissance de l'aura du charismatique Thomas à laquelle elle participait. Elle est devenue ainsi vite indispensable. Elle a appris à réparer les bévues, à excuser les maladresses ou encore à gommer minutieusement les dommages qu'ont créés de trop nombreux abus de pouvoir. Elle est passée maîtresse dans l'art de réchauffer les fans de Thomas. Elle en a conçu une grande fierté. Comme le proclame Thomas en entrevue: «Si Isabelle s'occupe de vous, vous n'avez plus besoin de moi. La véritable artiste, la voilà!» Il le hurle sur un ton à la fois tragique et amusé à tous ceux et celles qui veulent l'entendre. Rien de plus vrai… Isabelle le sait bien. Alors elle commence la séance.

«On se dépose sur le petit pouf et on oublie tout…» Depuis quelque temps on doit faire gaffe, le travail n'est plus comme avant: les gens parlent facilement de manque de respect, d'autoritarisme. Le vieil homme blanc n'a pas la cote. Il faut dire que depuis trop d'années, le mari d'Isabelle se présente comme un dieu insolent. Un artiste omnipuissant. Isabelle est étonnée qu'aucun jeune acteur n'ait porté plainte contre lui pour harcèlement et inconduite sexuels. À moins qu'elle n'ait pas été mise au courant de certaines affaires. Jean, le secrétaire de Thomas, la tient à l'écart de ce qu'il appelle les détails. Elle sait bien comment Thomas s'y prend avec les mâles séduisants et combien ils roucoulent autour de lui. En moins de deux, ils se retrouvent sous le charme du maître. Ce ne sont pas tout à fait des gamins. Elle a fermé les yeux… Elle tenait à être Isabelle De Bruycker, l'épouse du génie. Jamais bien sûr elle et Thomas n'ont évoqué entre eux les amours du maestro. Parfois un mot qui fait mal, un retard trop parlant, un coup de téléphone au milieu de la nuit, une marque peu discrète sur le corps… Mais Thomas, pour un être aussi imbu de lui-même, demeure assez réservé sur ses frasques et orgies. Ils préfèrent, elle comme lui, ne pas partager les évidences qu'ils pourraient se dire sur ce sujet. Si un scandale voyait le jour, ce serait encore elle, Isabelle, qui écoperait de tout le boulot auprès des journalistes. Jean ne pourrait pas défendre Thomas publiquement, même s'il sait s'y prendre avec la presse. C'est elle qui lui sauverait la peau, au génie. Que deviendrait-il sans elle, ce salopard ? Les Japonais lui ont posé plus ou moins la même question hier soir, quand ils l'ont interviewée après le repas. Quel rapport cela a-t-il avec le documentaire sur Thoreau Heights ? Mais bon, ils connaissent bien le travail de De Bruycker. Ils l'ont vite revendiqué... Ils insistaient sur le fait qu'Isabelle constituait le pilier principal de l'édifice construit par le dramaturge. Voilà qu'elle vient de trouver à son mari ces ateliers de création à la clinique de la docteure Gardner. L'avenir de l'art en ce moment passe par le soin. Les artistes doivent montrer patte blanche, jouer aux créateurs utiles et surtout s'exhiber comme des guérisseurs ou des chamanes. Pourquoi pas ? C'est ce qu'Isabelle a utilisé comme argument pour convaincre Thomas... Après tout, il a toujours cultivé quelque chose du gourou sorcier ! Trois heures de travail par jour pendant l'été dans ce lieu enchanteur et un cachet digne de ceux qu'on donne à David Copperfield à Las Vegas... Thomas l'a quand même remerciée, ému de ses négociations avec les responsables de Thoreau Heights. Il a besoin de repos. Lui-même s'en rend compte. Il oublie les trucs à faire. Isabelle, dans ce cas-là, ne croit pas aux effets de l'âge. Il faut comprendre que le génie ne s'est jamais montré très attentif ni aux choses ni aux êtres. Ce matin, il a sûrement eu du mal à sortir du lit. Isabelle se lève tôt et ne l'attend plus depuis belle lurette avant de commencer sa journée. Elle n'est donc pas allée frapper à la porte de sa chambre à lui. Elle est simplement partie se promener au bord de l'eau. Et lui, Thomas, qui vit comme un bienheureux, a dû dormir comme un loir. Là, il avale probablement une tasse de café qu'il s'est fait monter de la salle à manger. Il appelle quelqu'un à Paris ou à Londres. Heureusement que Jean, le vieil amant répudié mais indispensable, est parti le chercher. Isabelle se retrouve encore à payer les pots cassés et à commencer l'atelier par de la méditation. Quel ennui ! « Thomas veut que nous nous détendions, dit-elle, tout fait convaincante. On commence et on respire profondément… On ne pense plus à rien sauf au moment présent. » Néanmoins, tout le monde regarde vers la porte pour voir apparaître la tête argentée du grand Thomas De Bruycker. On n'aperçoit pour l'instant que la docteure Gardner qui, dans l'embrasure, consulte sa montre. Elle est superbe et excédée. Yoshiyuki, lui-même sur un pouf de détente, fait un petit geste de la main, presque imperceptible. Le cameraman de l'équipe de tournage, toujours sur le qui-vive, a saisi au vol ce mouvement. Il essaie de cadrer de façon discrète l'époustouflante docteure Gardner. Elle a tout d'une star hollywoodienne des années 1950. Grace Kelly, pense Ineko, admirative. Merline est un peu fébrile : « Quand est-ce qu'il arrive, le Thomas ? » Elle a hâte de le rencontrer enfin, malgré des circonstances bien étranges. Elle aperçoit Rose dans un coin. On vient de la monter ici en fauteuil roulant.

La mourante se tient à l'écart, assise confortablement. Du moins, on l'espère. Nurse Vera Adams demeure à ses côtés et lui donne un peu d'eau de temps à autre. Au réveil, elle avait pourtant l'air bien. Les médicaments sont efficaces, mais ils ne peuvent pas faire des miracles. De loin, Rose sourit très bienveillamment à Merline, même si toute l'agitation autour d'elle l'agace, bien sûr. « On respire ! » crie Isabelle à la volée. Mais Rose ne peut pas respirer… Est-ce que quelqu'un se rappelle que c'est ici un lieu pour venir mourir… Gardner ne pourrait pas dire à cette insensible d'Isabelle de changer de disque ? Elle n'est pas dans un atelier conventionnel, avec des acteurs un peu nerveux ou déconcentrés. Rose est en train de tousser, bon sang ! Ces gens sont des imbéciles. Que vient-il foutre là, De Bruycker ? se demande Merline. Elle fait un petit clin d'œil à sa sœur qui, entre deux quintes de toux, lui répond d'un signe de la tête empreint d'une douceur puisée à même les souffrances. Tout en Rose semble dire : « Ne t'inquiète pas, ma sœur. Cela ira… tu n'as pas à penser toujours à moi. De Bruycker est important pour l'actrice que tu es et tu as le droit de vouloir lui parler même si… » D'un petit battement de cils ou d'un coin frissonnant des lèvres, Rose arrive à communiquer avec sa Merline. Quand elles étaient enfants, elles possédaient déjà cette complicité que les deux aînées n'ont jamais réussi à développer entre elles. Léonie et Alexandrine ont mené des batailles terribles qui les ont séparées. Depuis la maladie de Rose, malgré beaucoup d'efforts, elles n'ont pas vraiment réussi à se rabibocher... Néanmoins les voilà, à respirer à pleins poumons, côte à côte sur des poufs... Et Léonie louche du côté de Josef Lauer, qui embrasse la salle de sa mine bienveillante, adossé à un mur près des fenêtres. Léonie est mariée depuis des années. Jadis, elle adorait flirter. Cela la reprend-elle ? Elle a déjà été vaguement mannequin alors qu'elle poursuivait ses études de langue. Il y a tant d'années... Rose sourit à Merline, qui se sent autorisée à penser un peu à sa joie de rencontrer ce pédant de De Bruycker. Oui, après tout, la vie continuera, aussi moche et imparfaite soit-elle. Des choses lui adviendront qui n'auront aucun rapport avec la mort de Rose. Et c'est ce qui sera le plus étrange : cette continuité malgré la catastrophe. Au cours de sa carrière, elle n'a pas eu l'occasion de travailler avec Thomas. Comme tout le monde, bien sûr, elle en a rêvé... Elle a jadis tenu le rôle d'Agora dans une des pièces muettes de l'auteur dramatique, mise en scène par la Québécoise Louise Marriett. Une pièce inspirée du théâtre Nô. Merline avait à l'époque reçu un prix d'interprétation pour son travail. Elle s'était montrée tout simplement divine, oui, divine ! La critique avait employé ce mot réservé aux plus grandes et l'actrice en rougit encore... Mais le théâtre au Québec désormais la boude. Il la voit comme une snob qui aime mieux le travail avec les dramaturges étrangers. Ridicule! Il avait donc été question que De Bruycker tourne un film à partir de ce spectacle fabuleux qui était resté à l'affiche à la demande générale pendant des mois au Centre national des arts à Ottawa. À la dernière représentation, Thomas, pris à São Paulo, lui avait fait envoyer des fleurs. Il était en train de monter une grande comédie musicale avec Annie Lennox. Il avait écrit un mot à Merline pour la remercier de jouer ainsi Agora. Il n'avait pas trouvé le temps de venir au Canada, mais il avait pu visionner la vidéo du spectacle. Il assurait à son « actrice préférée » (c'est ce qu'il avait écrit, si c'était bien lui qui avait rédigé cette missive) qu'elle serait son Agora, sa seule possible Agora à lui et, bientôt, il ferait jouer la sublime Merline dans son film. Le projet cinématographique De Bruycker était tombé à l'eau, comme tant d'autres… Thomas De Bruycker est un de ces hommes qui mènent de front trop d'affaires en même temps pour pouvoir les faire toutes aboutir. Thomas n'avais jamais recontacté Merline. Pourtant la comédienne en Agora avait fait une tournée d'un an au Japon et en Corée. À l'époque, l'Asie s'était déclarée folle de De Bruycker. Maintenant, elle l'est un peu moins peut-être. Merline n'a jamais croisé le grand artiste. Mais elle apprécie bien évidemment son œuvre immaîtrisable, grouillante de formes. Elle se réjouit de l'exubérance de ses productions. Quel hasard que ce soit lui qui dirige les ateliers pour l'œuvre de mort qu'elle vient créer ici avec ses sœurs… On ne divulgue le nom des artistes accompagnateurs qu'au début de l'atelier. On n'a accès qu'à une liste de possibles. Alors quelle surprise ! Oui, Rose… Comment vais-je faire sans elle ? se demande Merline en regardant à nouveau sa sœur. « On pousse sur le diaphragme », murmure sensuellement Isabelle à son oreille en passant à côté de son pouf rouge. C'est elle la madame De Bruycker… On raconte qu'elle mène son mari par le bout du nez… Est-ce vrai ? s'interroge Merline. On a vite fait de condamner les femmes. Les De Bruycker sont vieux maintenant. Sur les photos qui circulent sur internet, Isabelle semble encore une jeune femme, mais tout le monde vieillit… Quelle ironie de la rencontrer ici !

Merline a vu tous les films dans lesquels Isabelle a tourné durant sa jeunesse, juste avant de rencontrer l'acteur De Bruycker, le metteur en scène De Bruycker, le cinéaste De Bruycker, le chorégraphe De Bruycker, le génie… Il a très certainement avalé tout rond la carrière de cette femme. En la voyant, on comprend bien la dynamique du couple. Il l'a fait jouer dans une de ses pièces, l'a épousée et lui a sucé le sang. Succube De Bruycker… Thomas Nosferatu. Elle a quelque chose d'exsangue, la Isabelle, même si elle donne le change durant ce moment de détente factice. Mais Merline le perçoit toujours quand quelqu'un cherche à surjouer. Elle a enseigné le théâtre pendant des années. Voilà le Thomas De Bruycker accompagnateur des mourants et de leur famille. Est-ce ce que l'on pourrait qualifier ce nouvel emploi de déchéance? La clinique a sans aucun doute les moyens de se le payer. Un mois, l'été, à suivre des moribonds et des mal en point, cela se doit d'être rentable, parce que franchement, l'expérience demeure glauque. Bizarre d'avoir monté tant de pièces de Shakespeare dans le monde et de se retrouver à aider les agonisants à en finir plus vite. De Bruycker fera passer cette évolution inattendue de sa carrière pour un geste de générosité, d'attention au monde, de *care*… Voilà le mot à la mode: le *care*. On est tous dans le *care*! On comprend qu'il soit en retard, De Bruycker. Il n'a tout simplement pas envie de venir réveiller les morts, de s'occuper des gens. S'il avait eu une âme caritative, cela se serait su. Gardner n'est pas contente du tout, du tout. Elle doit agir quand elle fulmine. La voilà qui marche droit vers Isabelle. Elle se contient bien. En quelques gestes et trois mots, elle fait comprendre à la complice de De Bruycker qu'il est temps, grand temps, plus que temps d'en finir avec la méditation. De toute façon, on n'aurait jamais dû commencer. Gardner veut débuter son intro à l'atelier. De Bruycker n'est pas là. Eh bien tant pis pour lui ! Son conseil d'administration l'attend et on présentera l'atelier en son absence.

La docteure, la responsable de la clinique, tient à livrer un discours ici avant d'aller dans l'autre aile. Ce discours de bienvenue et d'accompagnement, Clarissa y tient. C'est un rite de la maison. Elle en a touché un mot à Yoshiyuki et Ineko. Après de longs palabres, les documentaristes japonais ont prévu de filmer ce moment important. Elle a accepté bien sûr, puisqu'elle leur avait soufflé l'idée. Pour elle, ce genre de topo demeure un moyen de mettre de l'avant le travail extraordinaire de la clinique. Elle encadrera ainsi un peu les Japonais. Ils pourront aligner leur documentaire sur son exposé et ainsi ils saisiront mieux l'âme de Thoreau Heights.

Isabelle accepte de bonne grâce de laisser sa place, en assurant à la docteure Gardner que Thomas rattrapera ce retard : « C'est un magicien, un mage, vous savez. » Voyant l'air méprisant de Gardner, Isabelle se tait promptement et obtempère, demandant à tout le monde de respirer une dernière fois avant de se lever du pouf. « Namaste, namaste. Ohm…. Ohm… » Il faut faire vite, sans en avoir l'air. La docteure Gardner va s'adresser à la salle. « On respire et on remercie la vie, malgré la douleur et le désespoir. Ohm… et encore ohm… », ajoute-t-elle en remarquant enfin la présence de la mourante à côté de Nurse Adams qui lui tient la main. C'est un très beau tableau, presque théâtral. De Bruycker saurait exploiter cet instant. Oui, il y a des mourants ici, une tout particulièrement. L'atelier a lieu pour cette femme, pour sa dernière œuvre. Malheureusement Isabelle ne sait pas son nom, elle n'a pas consulté le dossier, qu'elle a refilé très vite à Thomas. Espérons que lui n'oubliera pas le nom de cette grande malade autour de laquelle tourne le travail ! Isabelle comprend qu'elle a perdu de vue le but de cette réunion, emportée par son art de faire attendre Thomas. Tant pis, elle s'est débrouillée comme elle a pu… On laisse Gardner faire pour le moment. Clarissa va en effet précipiter les choses : « On n'est pas dans un cours de yoga ici… Comme vous le savez, on paie les créateurs très cher, madame De Bruycker ! » Elle en impose, Clarissa, avec les larges épaules de son tailleur lilas en lin, très années 1980. Ce costume lui va à ravir et son chignon ne laisse échapper aucune mèche rebelle. Quelle distinction ! Les Japonais ont envie d'applaudir en observant la directrice de Thoreau Heights. Ils ne sont pas venus pour rien.

Campée sur ses sandales blanches à talons plateforme, la magnifique Clarissa Gardner quitte cette servile et inefficace Isabelle De Bruycker pour traverser la salle et se diriger vers Rose, sa patiente. Dans un geste manifestement théâtral, elle tend les bras à celle qui va mourir bientôt. Rose toute droite dans son fauteuil roulant tient nerveusement la main de Nurse Adams. Elle la dépose lentement sur l'accoudoir du fauteuil. Rose aussi possède le sens de la chorégraphie ou du tragique. Il faut lui donner cela. Deux des sœurs Leroy sont, après tout, des artistes. Les membres de l'équipe japonaise s'agitent. On filme, on filme. La technicienne de la salle allume un projecteur, et la psychologue haptonomiste et deux autres préposées avec lesquelles Rose pourra travailler durant son séjour se dirigent elles aussi vers la patiente. Tout le personnel sait combien la docteure Gardner tient à l'esprit d'équipe. Eva Lauer vient d'arriver. Elle était au chevet d'un patient qui a reçu la mort dans le calme. Elle s'est installée juste à côté de Josef contre le mur et ne peut s'empêcher de penser au fait que Clarissa demeure cette femme extraordinaire en laquelle tout le monde a confiance. Clarissa galvanise les foules. Elle fend le groupe en poussant le fauteuil de Rose et salue les autres membres de la famille Leroy en leur faisant signe de s'approcher. Arrivée au milieu de la salle, elle marque un temps, met sa main droite sur l'épaule de Rose et commence à parler : « C'est Rose que Thoreau Heights accueille ici, avec toute l'hospitalité dont le lieu est capable. C'est Rose qui ici importe, juste Rose et les siennes. Il faut rassurer

Rose, Léonie, Alexandrine et Merline. Toute l'équipe sera avec vous pour les prochains jours, et il faut voir l'œuvre que nous nous apprêtons tous et toutes à produire ensemble comme une possibilité inouïe de faire advenir l'énergie que l'approche de la mort suscite chez les humains, chez notre Rose. Comment mourir ? » dit très tranquillement la docteure Gardner en balayant la salle terrorisée du regard. « Ce que les psychanalystes appellent le travail du trépas est œuvre. L'œuvre de Rose et de sa famille qui vont accoucher ensemble d'une mort par la création. » Clarissa s'emballe : « La vie telle que nous la connaissons ne nous apprend pas à mourir. Le rapport dans nos sociétés au fait d'être mortel demeure scandaleusement pauvre. Il faut renverser notre conception de la mort, pour la voir comme un moment de vie tout à fait exceptionnel, fort. L'énergie psychique individuelle, familiale et collective va alors dans le sens de ces possibilités… On doit profiter de ce moment pour ressentir tout ce qui n'a pu être vécu jusqu'à présent. En accéléré, bien sûr, puisque l'urgence dans laquelle vous êtes déjà plongées toutes les quatre vous permettra d'établir un autre rapport au temps. Il faut comparer ce moment à celui que vivent les femmes enceintes avant de donner naissance. On raconte qu'elles préparent, épuisées, le nid pour leur enfant, font le grand ménage. Ici, Léonie, Alexandrine,

Merline et Rose, ma chère Rose (la docteure Gardner s'arrête un temps pour mettre ses mains sur les deux épaules de sa patiente), vous êtes en train d'accoucher de la mort de Rose. Ensemble, vous allez mettre au monde cette fin. Il ne s'agit pas ici de faire le ménage, mais de désencombrer la vie, de faire en sorte que la mort soit accueillie, qu'elle trouve sa place et une hospitalité dans l'œuvre… Nous sommes tous et toutes au service de ce travail, comme on le dit pour les femmes qui accouchent, que va exécuter Rose. Pas de forceps ici. Un accouchement naturel, mais ô combien difficile, exigeant. Nous vous avons choisi comme accompagnateur, après de longues discussions, Thomas De Bruycker, le dramaturge écrivain », dit Clarissa en apercevant un type un peu hirsute qui arrive des coulisses, ahuri qu'on ne soit pas en train de l'applaudir, lui. Les caméras restent sur Clarissa. « Mais peu importe qui sera là à vos côtés. Peu importe que ce soit Thomas, Isabelle ou Tartempion. C'est l'œuvre de la vie et de la mort qui aura lieu ici à Thoreau Heights. C'est la force de l'entièreté de l'existence de Rose qui décidera de tout. Je nous souhaite un magnifique travail. Rose va s'accomplir, finir ce qu'elle a su faire exister durant ses jours sur terre. Merci à Rose et à sa famille de nous faire confiance, de nous offrir cette mort. Je vous souhaite des jours de joie à Thoreau Heights… »

Clarissa prend les sœurs Leroy dans ses bras avant de partir en souveraine, sans se retourner. Thomas fait son entrée dans la salle. Le voici enfin arrivé… Oui, mais la docteure Gardner est partie et c'est elle qui manque déjà à tous et toutes. « Alors hop, au boulot ! » lance Isabelle à la salle encore sous le charme de la grande Clarissa.

CHAPITRE 9

Le moritorium

« Le moderne, se désespère l'écrivain Robert Musil, naît dans une clinique et meurt dans une clinique. Il faut donc que sa demeure ressemble à une clinique. » C'est par cette citation mise en exergue que commence l'allocution d'ouverture que Clarissa est occupée à écrire à son bureau. Elle semble satisfaite de ce début que lui a trouvé son assistante à la rédaction, une étudiante qui finit son doctorat de lettres à Harvard sur la représentation des hôpitaux en littérature et que la docteure Gardner codirige. Les études interdisciplinaires sont extrêmement à la mode dans les milieux intellectuels depuis quelques années, Clarissa est sollicitée pour participer à toutes sortes de projets de recherche et de jurys en sciences humaines qui la passionnent. On la considère très certainement comme une importante humaniste contemporaine, capable d'accoupler la médecine à la pensée par le biais des positions les plus étonnantes. La docteure Gardner présentera les résultats de ses travaux récents en août au congrès mondial de São Paulo sur l'aide médicale à mourir, où elle est invitée à présenter la conférence inaugurale. Elle doit donner le ton à cet énorme colloque qui regroupe tous les deux ans les chercheurs internationaux de la discipline. C'est un lieu de rencontres et d'échanges important pour un domaine qui connaît depuis quelques années une effervescence inouïe et des transformations inespérées. Sur la planète, les lois changent quant à la gestion et la philosophie de la fin de vie. Elles s'accompagnent d'une redéfinition de l'acharnement thérapeutique, de l'euthanasie active ou passive et bien sûr des soins palliatifs. La réalité oblige à penser autrement. En Europe, par exemple, quarante à cinquante pour cent des décès résultent d'une décision médicale. Clarissa a beaucoup œuvré à cette métamorphose des philosophies et pratiques de la mort sur tous les continents. Elle a été une pionnière du domaine tout en s'inscrivant dans la lignée du grand penseur du XVIIe siècle, Francis Bacon, qui dans *De euthanasia exteriore* et *De dignitate et augmentis scientiarum, libri novem* jetait les bases de la pensée moderne sur la question du mourir. Clarissa sait aussi que la place d'honneur qu'on lui offrira en août lui revient. Personne n'a été aussi reconnu qu'elle dans le champ de l'intervention en fin de vie. Elle est célébrée non seulement comme une chercheure émérite, mais aussi comme une vulgarisatrice et militante de premier ordre. Pourtant en ce moment, des Canadiens et des Anglais espèrent bien se hisser au rang qu'occupe Gardner. Rien n'est éternel. Clarissa le constate tous les jours et il faut jouer du coude afin de conserver son leadership encore quelques années. Après on verra ! Gardner se consacrera sûrement à la rédaction d'un roman ou produira un film. En ce sens, cette allocution au congrès demeure de la plus haute importance, comme se le répète la médecin en regardant son écran d'ordinateur, où les phrases de Musil la font sourire. Le soleil entre pleinement dans la pièce de travail. Décidément cette année le climat est magnifique, un peu chaud, mais magnifique, et les patients ainsi que leur famille peuvent profiter pleinement de la mer et de la montagne, tôt le matin avant la chaleur… Clarissa a du mal à enchaîner ses propres mots après l'exergue de Musil. *L'homme sans qualités*, quel merveilleux texte… Elle se concentre, rêvasse un peu, pense à ses promenades deux fois par jour dans les sentiers du mont Thoreau. Une joie de pouvoir profiter de ce lieu divin tout en travaillant… Dans deux minutes, elle sait qu'elle entrera en transe et que son texte s'écrira rapidement. Elle a toujours un peu de mal à débuter et puis ensuite elle ne s'arrête plus. Elle consulte une dernière fois ses notes de recherche mais son esprit s'attarde sur autre chose. Il fait si beau… Pourtant il ne faut pas lambiner. Les réalisateurs japonais dont elle se méfie veulent la filmer à son bureau, penchée sur son texte. Ils l'imaginent utiliser une plume et du papier, suppose-t-elle en riant. Ils seront surpris de la voir taper sur les touches à toute allure. Seul l'ordinateur va à la vitesse des pensées de Clarissa. Les documentaristes se manifesteront plus tard au début de l'après-midi. Elle a encore du temps pour laisser venir à elle ses idées. Josef a-t-il bien prévenu les femmes de ménage de ne pas se pointer à treize heures ? Il faut toujours voir à tout, ici. Yoshiyuki et Ineko tiennent surtout à enregistrer Clarissa prononçant sa conférence pour que la pensée de la très célèbre docteure Gardner puisse ainsi être entendue en voix off durant des moments clés de l'œuvre documentaire. La parole de Clarissa guidera le spectateur à travers la vie telle qu'il faut la concevoir à Thoreau Heights. La grande scientifique est après tout la maîtresse du lieu… Et son majordome au service de tous, a-t-elle eu envie d'ajouter quand Ineko l'ensevelissait sous les compliments. Elle a souvent l'impression de servir de bonniche à tout le monde. Clarissa doit donc avancer ses réflexions ce matin même, afin qu'elles puissent être mises en valeur très bientôt dans leur presque intégralité sur le site web de la production nippone. Et bien sûr dans un podcast de promotion qui titillera la curiosité du public. La production de tout cela mettra quelques mois. Pour le Brésil et par ricochet pour le Japon, Clarissa se propose de résumer sa philosophie sur les lieux de soin au XXIe siècle. Elle a décidé d'écrire le texte en français, comme il sera traduit en simultané durant le congrès, en portugais du Brésil d'abord. Il lui semble que la proximité des langues romanes garantit que le texte ne soit pas trop dénaturé. Elle adore écrire en français. Depuis ses études au lycée de New York, c'est une passion. Et sa mère s'est assez battue pour que sa fille, la petite Clarissa, connaisse cette langue qu'elle admirait. Pour ce texte, elle va délaisser l'anglais, qui est devenu sa langue jargon, sa langue instrumentale pour les travaux de recherche. Ici, il faut commencer doucement, afin de conquérir tout le monde, en faisant l'apologie de sa clinique, et puis après on annoncera une grande nouvelle. Cela plaît toujours, les choses inédites… Les congressistes ont alors l'impression d'avoir fait ce beau grand voyage qui mène à São Paulo, à Athènes ou à Séoul pour quelque chose. Après, quand la foule sera à la fois étonnée et heureuse, Clarissa l'assommera de ses recherches à travers des données qualitatives et quantitatives qui ont fini avec le temps par l'ennuyer. Depuis une décennie, Clarissa se voit davantage en écrivaine, philosophe, oratrice qu'en médecin… Ses livres, il faut l'avouer, se vendent très bien. Son travail de scientifique lui permet tant de choses. Elle a connu grâce à lui mille transformations et se promet de se mettre à ses mémoires dès l'an prochain. Cet ouvrage est déjà attendu, annoncé sur des sites… Oui, la création a su se loger au cœur de sa vie comme elle se retrouve au centre de l'expérience de la fin pour les patients. Mon dieu qu'elle n'aime pas ce mot, « patient » ! Elle a songé à « accompagné », « deuillant », « endeuillé de soi », mais rien ne sonne tout à fait juste. Elle a donc opté pour « patient-créateur » et « patiente-créatrice ». La phrase permet le féminin… « Patiente » tout court. La voilà qui écrit à nouveau ce mot. Elle n'arrive pas à se débarrasser de ce terme. Souvent dans les conversations, il lui échappe sans trait d'union… Il s'invite sous sa plume à l'improviste. L'étudiante polyglotte d'Harvard dont elle a oublié le nom et qui relit Clarissa méticuleusement le lui a maintes fois fait remarquer. La docteure Gardner n'a pas encore l'habitude de parler dans les nouveaux termes en accord avec le développement de ses théories et pratiques. Il va falloir imposer à soi et aux autres une langue plus appropriée aux réalités que les découvertes des chercheurs ont fait advenir. On convoquera à la clinique une réunion sur la langue à utiliser et on enverra un texte de résumé à toutes les équipes. Dans la modernité, l'hôpital est devenu l'espace privilégié pour accompagner les grandes étapes de la vie des humains. Dès le XIXe siècle, naissance, accouchement, maladie et mort s'y vivent. Musil s'en plaignait dans *L'homme sans qualités*, mais il avait tort, écrit enfin avec conviction et vitesse Clarissa…

Ça y est ! Elle vient de trouver son angle d'attaque… Elle ne doit pas oublier qu'elle déclamera ce texte avant de le revoir pour la publication. Alors, pour l'instant elle songe aux effets, aux inversions, aux surprises et aux silences qu'elle ménage. Elle a pris l'habitude d'émailler ses phrases de maintes didascalies. Élisabeth, oui, c'est le nom de la fille de Harvard, cela lui revient, lui a créé un code de couleurs afin que la médecin puisse bien se rappeler comment au bon moment jouer ses propres mots. Il faut savoir qu'il y aura plus de cinq mille personnes à la conférence, sans compter les deux mille spectateurs planétaires sur Zoom. Quelle actrice de théâtre peut se vanter d'une telle audience ?

Ça y est donc : « *(Commencer par une pause en regardant le public, puis appuyer sur les deux premiers mots en gras et l'adjectif.)* **La clinique** peut être un lieu **fabuleux**. Quand nous nous sommes installés à Thoreau Heights moi et mon équipe, Eva et Josef Lauer *(saluer les deux ci-nommés qui se trouvent dans la salle et surtout les applaudir jusqu'à ce que les spectateurs suivent, puis reprendre la phrase du début)*… Oui, merci… merci, je ne serais rien sans eux… Eva, Josef… Mes chers, chers amis… Je vais essayer de reprendre, merci, merci pour eux. Que d'émotion, mon dieu, que d'émotions vous me donnez ! Je ne mérite pas tant… Reprenons. Quand nous nous sommes installés à Thoreau Heights, moi et mon équipe, Eva et Josef Lauer, avions compris qu'il était grand temps de faire de ces établissements des espaces autres. Nous avions des exemples de par le monde et particulièrement en Suisse… Mais le sanatorium propre à guérir, à la fin du XIXe siècle et au début du XXe siècle, les victimes de ce que l'on appelait la peste blanche, la tuberculose, reste pour moi et ma chère équipe *(appuyer sur ces mots)* un mo-dè-le *(bien détacher)*… Il fallait à l'époque penser la clinique et le lieu de guérison. Autrement *(pause)*. Quel défi ! Oui, un lieu de guérison et non plus un laboratoire stérile, artificiel. Quelle tâche ! *(Monter le ton.)* Oui, nous voulions inventer et construire un espace en dialogue incessant avec la nature, ouvert à tous les paradoxes de la vie. De nos jours, alors que les mourants et les personnes âgées sont destinés à se rendre à l'hôpital pour y finir leur existence, il est plus que temps de penser le moment du terme de la vie dans des paramètres encore inédits et de bâtir des lieux d'accueil et d'hospitalité pour ceux et celles qui entretiennent un rapport de proximité avec la mort. À partir du sanatorium qui, étymologiquement, se veut espace de guérison *(demander à Lizzie de vérifier l'étymologie et de voir comment cela se dit en japonais)*, nous inventons le moritorium, espace de création, un lieu retiré pour apprendre à mourir et faire de sa disparition une œuvre… Thoreau Heights en ce sens, sis entre mer et montagne, avec son architecture héliotropique conçue par un grand architecte, Bertram, a de quoi rappeler aux femmes, aux hommes et à tous les êtres qui ne s'identifient pas à la division binaire du genre *(prendre un air soucieux d'éviter une offense possible)* la nécessité d'une alliance entre la science et la nature au moment de la métamorphose du corps. Un environnement sain et l'éloignement de la pollution des villes et des industries étaient pensés pour les sanatoria *(rire un peu de ce pluriel et du latin)* comme les conditions d'un possible retour à la santé. Ces établissements étaient aménagés pour favoriser l'entrée d'une lumière bénéfique et les effets du grand air. Nous avons bénéficié de leurs avancées scientifiques en matière d'hygiène physique et psychique. Mais ce n'est pas tant sur la convalescence, sur la guérison ou encore sur le lieu de cure que nous devons désormais nous pencher. Le challenge *(regarder quelqu'un au premier rang dans les yeux)*, vous m'excuserez d'utiliser un terme d'abord anglais, je m'excuse d'avance auprès des traducteurs et traductrices, le challenge, oui, est plus grand. Beaucoup plus *(prendre un air à la fois déterminé et effaré)*. Nous devons imaginer des espaces pour loger la mort, celle que nous portons en nous dès notre conception et que nous tentons à tort d'oublier. Nous sommes appelés à concevoir des institutions où les êtres vivants peuvent être accueillis dans l'i-né-luc-ta-bi-li-té *(détacher chaque syllabe pour ne pas trébucher sur le mot)* de leur fragilité et de leur disparition. Mais ce moment qu'est la fin, vous le savez, n'a jamais été pensé autrement qu'en termes de perte, de dépossession. Nous avons cruellement manqué d'imagination *(dire le mot très fort)* en voyant l'interruption de la vie comme un simple et complet appauvrissement du corps et de la psyché. La clinique de la docteure Gardner, comme certains d'entre vous l'appellent avec affection mais de façon erronée *(regarder la salle avec reconnaissance)*, puisque que je suis loin d'être la seule à mériter votre admiration *(peut-être protestation dans la salle, y répondre par un: Non, non, vraiment... vraiment!)*... Pour faire plus court, la clinique définit la mort autrement. Son approche est envisagée comme une chance inouïe de création, oui! Nous *(regarder Eva et Josef en faisant un geste vague et large)*, pour le moment, nous accueillons des patients et patientes qui à l'approche de leur fin de vie deviennent des artistes, des penseurs et penseuses, des philosophes avec la pleine maîtrise de leur potentiel esthétique et intellectuel. Cela vous étonne? *(Regarder la salle de façon accusatrice.)* Pas nous. Nous connaissons les patients-créateurs et patientes-créatrices *(peut-être un peu lourd à l'oral: en discuter avec Liz qui connaît bien les nouvelles sensibilités).* Nous travaillons avec ceux et celles qui sont en train de terminer leur existence. Soit, mais nous n'abrégeons pas seulement leurs souffrances, ce qui est depuis longtemps à la portée de tout hôpital du monde, de tout professionnel de la santé *(mettre au féminin ou utiliser les mots: personnes professionnelles)*, nous collaborons avec les mourants et leur famille afin de les rendre aptes à s'ouvrir à l'énergie vivante et productrice que l'expérience unique de la mort leur octroie… Nous voyons l'œuvre avant tout comme processus de mort, comme travail du trépas, pour reprendre les mots de grands psychanalystes, tel Michel de M'Uzan, qui n'avait pourtant pas pensé du tout à fonder une clinique comme la mienne, la nôtre… *(regarder la salle de manière que chacun se sente inclus dans ces derniers mots).* Le moritorium, contrairement au sanatorium, ne peut s'envisager comme un lieu de repos. Au contraire, bien au contraire… *(scruter la salle comme pour y chercher quelqu'un, faire semblant de reconnaître des têtes connues, complices… Silence, boire un peu d'eau)*… Le moritorium *(faire apparaître le mot en gras sur l'écran derrière moi grâce au PowerPoint)* sera un terrain exceptionnel pour le labeur que constitue l'art du mourir… Un espace sans précédent afin de faire advenir la tâche authentique qui prend enfin forme pour l'humain et l'humaine quand il ou elle arrive à sa fin. Or ce travail s'inscrit de toute évidence dans la pulsion scientifique et artistique. Le moritorium *(refaire apparaître dans une autre couleur ce mot avec sa composition étymologique ; ne pas oublier de répéter cela avec mes techniciens juste avant la conférence)*, le moritorium *(ici noir sur blanc)* est une terre d'hospitalité et de connaissance pour la mort… Oui *(je déclame : penser à hausser progressivement le ton, à appuyer sur les* ***si*** *fortement et à accélérer tout au long des propositions subordonnées pour décélérer au moment de la principale)*, si l'histoire occidentale a toujours voulu repousser la mort hors de son domaine, si la médecine telle que nous l'avons construite voit l'interruption lente ou progressive de la vie comme son échec, son ennemie, et si enfin on a laissé les mourantes et mourants en marge du système hospitalier comme des rebuts ou des renégats nécessaires mais disgracieux *(crier avec indignation ; ne pas oublier de trouver les références et insérer "comme l'ont écrit avant nous XXX et YYY", pour ne pas se faire accuser de plagiat ; ralentir énormément le rythme ici pour faire entendre l'essentiel)*, nous… devons… maintenant… de façon… urgente… nous… pencher… sur notre… rapport à la mort… C'est pourquoi, et je l'annonce en primeur ici, à ce congrès magnifique dont je remercie les organisateurs Lucinda Da Silva et Milton Berenguer, oui, applaudissons nos hôtes merveilleux *(prendre un verre d'eau dans la main gauche afin d'attendre la fin des applaudissements en tentant d'applaudir de la main droite sur la table)*, c'est pourquoi nous inaugurerons à Thoreau Heights un centre pour tous et toutes, un centre pour ceux et celles qui veulent s'approcher de la mort sans encore être touchés de façon médicale et extérieure par elle. *(Ici, demander à Eva et Josef et à notre équipe d'assistants d'applaudir pour que la salle, au cas où elle n'aurait pas compris de quoi il retourne, suive.)* Nous ferons des travaux de construction à trois kilomètres de la maison-mère qu'est la clinique. Nous établirons ainsi un terrain de jeux unique pour la réflexion et la pratique de la mort chez les vivants et les bien-portants, visant à généraliser l'aide médicale à mourir à tout le monde. *(Appuyer sur chaque mot en gras.)* Oui, **vous m'entendez bien** mes chers amis, ***à tout le monde*** et même aux bien-portants *(attendre que les applaudissements finissent)*. La **question** qui n'a cessé de m'animer durant mes études et mes pratiques d'anesthésiste et de psychanalyste et enfin d'écrivaine-artiste est la **suivante** : « Ne sommes-nous pas **tous et toutes** *(vérifier si le féminin sera bien là en japonais, trouver une façon de faire entendre la diversité)*, durant nos existences, **en soins**

palliatifs et ne doit-on pas considérer la **sollicitude** que nous nous montrons ou que les autres nous prodiguent dans une perspective **qui ne peut être seulement de guérison, mais bien d'accompagnement vers la mort,** puisque oui, nous vivrons tous et toutes la mort un jour ? *(Voir comment faire pour la traduction en anglais, il faut faire entendre les multiplicités des genres. OK pour le portugais.)*

« En France, de 1900 à 1950, ont été construits deux cent cinquante sanatoria. Nous nous proposons, avec votre aide bien sûr, d'en créer cinq cents *(répéter deux ou même trois fois le chiffre en parlant fort, mais en tentant d'afficher une certaine modestie).* Cinq cents, cinq cents moritoria d'ici dix ans à travers le monde, des moratoria destinés à des non-malades, si on peut parler encore ainsi… *(ici, il y aura des applaudissements, bien évidemment).* Oui, le langage lui-même est appelé à se transformer, de façon drastique. Arrive le temps de sortir du binarisme *(mot très important)* que la division de la vie et de la mort a depuis toujours souligné, perpétué comme un esclavagisme. Récemment des études ont été faites pour comprendre où est le meilleur endroit pour mourir dans le monde *(aller un peu vite, ce sont des données liées à des résultats de recherche, cela n'intéresse pas vraiment les gens, même pas les médecins).* Beaucoup d'entre nous avons *(ou ont ? demander à Lizzie)* reçu la visite des scientifiques du Centre d'études international sur la qualité des soins prodigués aux mourants et sur le professionnalisme. Un indice de qualité de la mort a été enfin établi. Cela faisait des années que notre association planétaire le réclamait. Nous avons pourtant appris ce que nous savions déjà comme professionnels de la santé et de la mort. Plus de cent millions de personnes dans le monde ainsi que leur famille auraient besoin de soins palliatifs ou encore de l'aide médicale à mourir chaque année. Le vieillissement des populations crée une demande par trop évidente pour ce type de soins. Or seulement huit millions en bénéficient. *(Hausser le ton, montrer une colère.)* Il manque cruellement de ressources et de réflexions en ce qui concerne la nécessité de certaines formes d'euthanasie... Nous le savons... Il faut redonner au mot « euthanasie » son sens premier, étymologique. Il s'agit de la bonne mort, la bonne mort, the good death, la buena muerte, a boa morte, la buona morte, Der gute Tod *(pour Lizzie, chercher cette expression dans une trentaine de langues et même en catalan, je veux créer un effet étourdissant).* Oui, la bonne mort pensons-y... *(Réserver un moment de silence, empêcher les gens d'applaudir, faire sentir que c'est un moment historique.)* Je souhaiterais désormais que notre association et notre congrès soient rebaptisés en ce sens : Association internationale des praticiens pour la bonne mort. La terre entière meurt dans des souffrances évidemment évitables et causées tout aussi bien par l'acharnement thérapeutique que par une soumission presque superstitieuse aux douleurs terminales. La science est loin de régner sur nos façons de mourir. Elle se trouve encore confrontée à l'imbécillité générale, à l'obscurantisme et à la puissance des États antiscientifiques. On l'a bien vu au moment des pandémies, quand il aurait suffi de rendre le masque obligatoire. Nous avons encore un travail immense pour libérer la mort du supplice moral et physique qu'elle continue d'infliger. Bien sûr… Cette tâche d'allègement de la fin, nous nous y sommes tous ici présents attelés. *(Là, après ces phrases clés, commencer moi-même à applaudir la salle, marcher à droite et à gauche du lutrin mis à ma disposition pendant une minute pour créer un moment de solidarité, d'appartenance à la grande communauté des soins de la fin, etc.)* Oui, **vous** *(appuyer sur le mot)* travaillez fort… Comment vous remercier ? Il ne s'agit plus de simplement accélérer la vitesse de la fin de la vie, d'abréger le déroulement des choses, d'accompagner les mourants vers le terme de leur existence. À Thoreau Heights, à la clinique de la docteure Gardner, nous avons compris quelle est la tâche sociale et philosophique à mener à bien… Vous savez que je suis une optimiste et cet optimisme se retrouve dans tous les aspects de mon travail de scientifique. Le monde change et continuera de changer. Le serment d'Hippocrate a été conçu vers 400 avant J.-C. dans la Grèce antique et il reste important, mais il est impératif *(hurler presque)* de le modifier pour que nos contemporains n'aient pas à faire face aux vieux dilemmes que poserait l'euthanasie... La bonne mort n'est pas un problème : c'est la médecine qui est malade *(applaudissements ; sur l'écran apparaît le slogan qui doit rester jusqu'à la fin de mon discours :* ***We have to cure medicine****).* Oui, la médecine trouvera sa propre guérison dans l'aide médicale à mourir telle que nous la connaissons. Les soins de la fin de la vie doivent lui donner un salut avant qu'elle ne s'enferme dans sa surpuissance narcissique et sa folie du prolongement démiurgique de la vie... Vive la mort ! *(Ici il y a un tonnerre d'applaudissements.)* Vive la mort bonne !...

« Je vois dans la salle des gens venus de partout à São Paulo pour cette conférence, quelle chance ce partage... Nous avons tous et toutes beaucoup à apprendre des communautés marginalisées, exclues et provenant de diverses origines culturelles. Nous devons travailler avec les voix que l'on a peu entendues à travers le monde pour comprendre combien le modèle médical occidental est perfectible, transformable, et j'ajouterais désuet. Il gagnerait à se faire imprégner de la sagesse de philosophies que l'on a perçues à tort comme superstitieuses. Merci de redonner vie à la médecine en lui permettant d'accueillir la mort. Je terminerais ici par quelques chiffres… »

Tout à coup, sans même cogner à la porte, une préposée au ménage originaire d'Amérique latine entre dans le bureau avec un aspirateur à la main. Clarissa lève la tête, courroucée… Quelle heure est-il ? Josef, j'avais bien raison, n'a prévenu personne. Il ne pense à rien ! Clarissa sans se lever demande en espagnol avec un accent et un sourire forcés à la femme de ménage de revenir demain. Celle-ci accepte de repartir de bonne grâce, en s'excusant, quand elle tombe nez à nez dans le cadre de la porte sur Yoshiyuki et Ineko, qui sont là avec leur équipe du son pour repérer les lieux avant de pouvoir commencer l'enregistrement. Clarissa se lève, va les accueillir, en poussant Dolores vers la sortie… Quel incompétent ce Josef Lauer ! Il n'a rien prévu… Mais comment s'en étonner encore ? Tout le monde arrive bien sûr en même temps… C'est ainsi qu'il organise les choses, ce nul ! La docteure est loin de posséder l'entièreté du texte de sa conférence, mais elle ne doit céder à aucune panique. Elle laisse les documentaristes voir aux détails techniques et va se réfugier dans sa chambre, un peu loin de la clinique, pour répéter son allocution, qu'elle sent excellente quoique inachevée.

« Oui, oui, on se retrouve à treize heures. Faites comme chez vous dans mon bureau. À tout à l'heure... J'aurai fini ? Oui ! Oui, bien sûr ! »

CHAPITRE 10

Rose Sélavy

Deux voiliers au loin, la mer bien calme. Des nuages placides en forme de hiéroglyphes, savants, indéchiffrables, comme suspendus au ciel, immobiles. Un vent badin soufflant sur ce tableau. Il s'amuse à passer entre les corps, à les rafraîchir gentiment… Wou ou ou. Il se pose ici et là, clément. Qu'il est bon de sentir encore cette exaltation de la nature! Le soleil déchirant du matin d'été: les yeux l'évitent. Derrière les corps, bientôt désuets, rangés les uns à côté des autres, les cimes décharnées des monts Pelés. Son esprit sait qu'elles sont là, dans son dos. Elle les sent. Mais elle n'y pense pas. Il ne faut surtout pas. Une idée, une seule, plantée près des rochers, là-bas juste à côté de la jetée: la joie du moment. On lui répète en chœur: «Restons dans cette joie vive du moment.» L'existence doit alors se réduire au regard. Pas de pirouette. Pas de digression, pas d'association libre, pas de coq à l'âne. Pourtant… C'est si dur d'adhérer à l'ici, au maintenant. Elle s'est toujours pensée en poêle antiadhésive : dans sa tête, rien ne colle. Sa mère disait : « Rose est encore dans la lune, Rose, la tête en l'air, Rose tête de linotte-nonotte. Mais où es-tu ma Rose ? Reviens sur terre ma fille, mais pas trop longtemps. Garde ton précieux don. Tu seras une artiste, comme moi. » Pourtant aujourd'hui, Rose comprend qu'il faut se faire gluante, lourde, s'imaginer en ventouse suçant le présent. Enlacer des amarres. Embrasser les grands rochers rassurants. S'y ancrer… Et l'océan s'offre aussitôt à la vue. La conscience alors s'engloutit petit à petit, même pas étonnée d'être ainsi happée par la vastitude de l'eau, là, juste là. La raison prend des formes qui lui semblent bien étrangères. Au début… Et puis, la métamorphose a lieu… L'âme est si malléable ; en elle on découvre une plasticité infinie. Oui, on sent la matérialité cruelle du monde se résorber. Les pensées rendent l'existence devant soi toute flasque. Elle n'a plus de consistance. La résistance du réel s'amenuise. L'univers s'apprête à être absorbé dans la sensation, à être dissous par les perceptions immédiates ainsi qu'une vulgaire verrue qui disparaîtrait avec de l'azote liquide.

Qui est en trop ici ? Ces confins maritimes que l'on peut discerner ? Ou celle qui se tient devant l'horizon ?

Ne plus se voir comme une ridicule protubérance, une minuscule saillie de la Terre qu'on lui extirpera à celle-là… Zou, et c'est fini! Amputé de la mourante, le cosmos ne remarquera même pas sa blessure. Il ne subira pas même une entaille, pas même une petite égratignure, juste un trou minable que pourrait creuser une tombe à la surface du sol, s'il y en avait une. Mais non, il n'y en aura pas. Rose partira en fumée. Les crématoriums sont faits pour cela. Pourvu que ses sœurs exécutent ses dernières volontés. Elle le leur a fait promettre, mais elles sont capables de tout, les filles. Elles ont besoin de leur deuil. Elles s'en drapent déjà. Voilà qui est bien normal… Mais il leur faudra néanmoins respecter les souhaits de la morte, de celle qu'elle deviendra dans la langue des autres quand elle ne sera plus. À Merline, cela semblera dur. Morte, Rose se métamorphosera en une chose fragile, qui s'érodera à toute allure, mais pas assez vite. Les sœurs devront penser à réduire la dépouille à néant, en un temps record. De toute façon, on retourne aux éléments. C'est ce qu'elle a choisi. Si tout va bien, si les sœurs sont dociles, durant toute son existence et même à son décès, Rose n'aura pas changé d'un chouia la surface de la planète. Il y a les imbéciles qui croient qu'avec l'empreinte carbone, on détruit tout… Mais il n'y a que l'humanité pour être anéantie. La Terre s'en relèvera, elle a tout son temps. Quelques degrés de plus, quelques forêts de moins, elle s'en fiche, la Terre. Elle saura comment faire quand nous aurons disparu. Oui, il continuera à ne pas tourner rond, ce monde. Mais Rose n'y prendra plus aucune part. Simplement plonger par l'esprit dans l'eau. S'imaginer liquide, fluide, mouvement. On voudrait y croire. Poussière, tu redeviendras poussière, dit une voix en elle. Non, ce n'est pas vrai du tout. De quelle poussière parle-t-on ? Pas à Thoreau Heights, pas avec ses sœurs. Elle n'a pas choisi le désert, après tout. Elle n'est pas le Petit Prince. « Tu as toujours aimé l'eau », se dit-elle. Mais est-ce elle qui parle? Et juste devant la mort, pourquoi cette voix persiste-t-elle, comme une promesse de continuité? Cela n'arrête pas depuis l'enfance de faire du bruit en elle. Cela jacasse. Des phrases qui s'enchaînent les unes après les autres, qui s'enroulent autour de ce qu'elles décrivent. Elle cessera donc peut-être, cette petite voix futée qui accompagne la vie et qui, même la nuit, continue de parler dans les rêves… Voilà Rose qui fait déjà un avec l'océan sans bouger pourtant, sans même cligner des yeux, sur son fauteuil roulant juste à côté de ses semblables, ses frères et ses sœurs… Que de femmes ici… « Tu seras noyée, absorbée par l'eau, commente encore la voix. Engloutie… » Engloutie, avec joie, voilà ce qu'elle espère!

La matinée se permet bien des choses et avale les heures. Neuf jours et ne plus rien voir. Rien du tout.

C'est comme cela qu'on dit. Se dissoudre dans l'obscurité ou dans la lumière. Le langage ne sait pas. Il bavarde, sans connaître. Un vrai poseur. Il propose des images. Toutes fausses. Est-ce ainsi que l'on meurt? Dans l'ignorance cannibale? Pas de révélation, bien sûr… Cependant quelque chose, mais quoi? « Tu es restée une enfant Rose, ma Rose! » La fin arrive et les lumières s'allument ou s'éteignent. Au choix, mais en fait, même pas. La mort s'amène et elle est bien moins que cela; sans tambour ni trompette, dit-on. Les ténèbres demeurent un conte pour les vivants et les lumières étincellent pour celles et ceux qui se comportent en petits bêtas. Ce qui s'annonce sera simplement rien, sans même le mot. Et il n'y a pas de présage, pas de roi mage, rien… Sans même ce mot. Rien sans rien… Oui, c'est à peu près ce qu'il faut essayer de comprendre. Ne plus pouvoir. Ne rien penser dans les phrases sentencieuses qu'on connaît et qui nous filent entre les doigts, en nous écorchant de leurs imprécisions mensongères. Aucun proverbe ne console, ne dit juste. Ne plus pouvoir penser, pas même l'inexactitude, le flou. Rien. Sans même le mot. Toujours sans le mot… Pour l'instant ne pas tenter de deviner l'après. S'agripper aux rochers-bouées, près de la jetée. Les enlacer très fort en pensée et en être toute courbatue. D'autres se sont perdus en conjectures. Les philosophes, les théologiens, les écrivains, les médecins, les charlatans. Et toujours, toujours, on ne sait rien. Alors, ils ont raison à Thoreau Heights : profitons du jour grandiose qui s'offre à nous. À gauche, en tournant légèrement le cou, on voit une cabane de pêcheurs factice. Décor aménagé il y a peu. De même la jetée artificielle en pierres, majestueuse image d'Épinal, qui invite à la maîtrise de l'océan… Une avancée sur la mer. Comme Jésus, nous marcherons sur l'eau… Pour aller où ? Au bout. Jusqu'au bout du bout. Rose est venue pour cela. D'abord à Thoreau Heights et puis maintenant sur la grève. Pour rencontrer la limite, en faire sa grande amie, son amante à perpétuité. Ondulations de l'eau, retrait de la marée. Il est doux ce bruit des vagues qui jouent aux coquettes et qui se retirent, avant leur retour, plus tard, dans quelques heures. « Seras-tu encore vivante ? » murmure l'infatigable petite voix du for intérieur. On pourrait lui donner un nom à cet organe totalement méconnu. C'est Rose qui se dédouble, la Rose à la puissance deux. Celle qui sait mieux que l'autre. Le soleil est vraiment fort, pour une journée qui à peine s'amorce. Elle n'apportera pas, Rose le sait, l'illusion d'une éternité. L'éternité… qu'a dit le poète à ce sujet ? Ah oui, cela revient, en effet, ainsi : « L'éternité, c'est la mer allée avec le soleil. » Ici, pourtant, rien que de l'éphémère, du transitoire déjà engouffré dans le compte à rebours. 9-8-7-6-5-4-3-2-1 et badaboum ! On est morte. *Nul orietur…* Tic tac tic tac, fait la pendule… Coucou coucou, répète la mort. Elle ne cesse de nous tenir le crachoir, celle-là, et crie : « Voilà si longtemps que je joue à cache-cache avec toi, ou au chat et à la souris, Rose, la souris Rose… Enfin j'arrive à mes fins, je vais te bouffer toute crue. Miam miam… Je suis la mort, que diable, la plus forte de tes sœurs… Tu ne sentiras rien ou presque quand je te tiendrai entre mes crocs. »

Les rochers restent là et l'Atlantique gémit dans son mouvement infini. Sentir encore, une fois encore, la douceur des flots qui s'allongent sur la grève, en un doux clap clap clap, qui caressent le sable et s'étalent lubriquement. « Voyez comme la plage nous appartient », semblent vouloir faire entendre les vagues jacasseuses. Ce matin, il fait merveilleusement doux, sur la terre comme sur la mer. Pourtant la descente vers ce bout de rivage aménagé par l'architecte de Thoreau Heights, un magnat du chewing-gum, apparemment, n'a pas été aisée… Les camions ont brinquebalé les dix prochains gisants jusqu'au bas de la falaise sur un chemin ardu. Dix gisants harnachés dans des fauteuils roulants. Dix gisants qu'on voudrait transformer en Lazare, mais qui vont tant bien que mal tenir le rôle des dix personnages d'un livre d'Agatha Christie. En mourant à la chaîne, un par un. Chacun son jour.

L'organisation de la clinique est impressionnante. On y va à la queue leu leu et plouf dans la mort ! Et on ne rigole pas. Tout est planifié, il ne faudrait pas ralentir le rythme… Allez, les ressuscités du jour de la docteure Gardner… Levez-vous, vous allez à la mer… Pour votre baptême de la mort. Oui, debout les damnés de la terre… Sans vos familles, sans vos familles bien sûr ! Ils ont besoin de repos, vos proches. Après tout, vous les fatiguez avec votre fin. « Debout », comme dit le clairon. « Soldate lève-toi, soldate lève-toi, soldate lève-toi, soldate lève-toi, bien vite… Soldate lève-toi, soldate lève-toi, soldate lève-toi, soldate lève-toi, bientôt. Si tu ne veux pas te lever, va te faire porter malade, si tu n'es pas reconnue, t'auras quatre jours de plus… » Maman aimait nous réveiller ainsi les jours d'école… Six ou sept jours de moins, cela semble possible. Ce décompte des jours devient insupportable. Surtout que d'ici là la vie est militaire. Il faut en profiter au maximum sans répit… Une galère ! La mort, ce sera demain, ou encore après-demain, ou dans cinq jours… Selon la place qui nous est réservée dans cette chaîne infernale. Thoreau Heights… Le fordisme de la mort. On peut comparer le lieu aux abattoirs de Chicago ou de Cincinnati à la fin du XIXe siècle. La docteure Gardner n'a rien inventé… Mais elle est drôlement maline… Jouissons donc d'un moment méditatif, de paix intérieure, devant la mer badine qui, aujourd'hui, mime la simplicité. Les morts en devenir ont été garés devant elle. Certains peuvent encore soulever un corps pesant. « Vous ferez bien quelques pas ? » dit Nurse Adams. C'est à peine une question. Un ordre. On ne va pas faire la grasse matinée avant de mourir, tout de même. Il faut vivre jusqu'au bout. Jusqu'au moment où on vous achève… « Allons… Sur la jetée… Nous sommes là pour vous aider. » Quatre biceps bien forts qui empêchent les échappées, les chutes et les effondrements. « Rose, dit une voix, ou est-ce l'Atlantique qui l'appelle d'un ton enjoué ? Rose, venez, il fait si beau. »

Pataugeons dans ces moments bénis, *Gaudeamus Igitur*. Rose a fait des études de latin et de grec dans sa jeunesse, alors elle sourit quand la voix en elle se fait savante… Devant la mort, les images du passé défilent, ainsi le veut la légende. Alors pourquoi les langues anciennes ne se mettraient-elles pas à parler encore ? Le temps s'est incrusté dans le cerveau. Il s'est fait un petit nid douillet… Plus pour longtemps… Mais où est l'Hadès, Nurse Adams ? Vous qui, depuis mon arrivée, avez réponse à tout. L'entrée des enfers… Ce monde souterrain doit se cacher dans quelque grotte à même la montagne, non ? Me lever, d'accord… Je ne sais si j'en ai la force, mais puisque vous insistez. Ça y est, je suis debout. Vous nous dopez si bien avant de nous abattre. Voilà que j'arrive à marcher et presque avec aisance. *Dead man walking*, comme d'autres disent ailleurs. Je suis bien moins mal en point que les autres mourants. Serais-je venue trop tôt ? D'habitude, les enfers sont de l'autre côté d'un fleuve. Il faut traverser une rivière… Jamais, moi, Rose, je n'avais pensé à la mer. Styx, Tartare, Achéron, Cocyte, Léthé, Flégéron. Je me récite mes classiques. Une dernière fois. Les Grecs n'avaient pas imaginé la mort atlantique… C'est à Gardner que l'on doit ce mythe. Je vais aller voir l'océan espiègle avec, à mon bras droit, Vera Adams, et à mon gauche, Drew Morgan. Mais celle-ci vient de nous quitter. Elle a constaté que Rose, la rose première et la rose au carré sont encore de solides gaillardes. Malgré les carrousels de chirurgies et les montagnes russes de chimio, Rose fait de grands pas et elle progresse allègrement. À croire que l'air du large revigore et rassérène. Nurse Adams, un peu sotte, ne se retient pas : « Mais comme vous allez bien, Rose ! » Il y aurait de quoi rire dans d'autres circonstances. Quelle comédie, la vie… Voici un jour parfait pour construire un château de sable, comme les sœurs en bâtissaient jadis avec leur père. Naguère, autrefois. Il était une fois, pas deux, jamais deux. L'île d'Oléron, reliée par un pont au continent. Quand on voyait la superstructure de métal, les vacances commençaient vraiment. « Oléron la lumineuse », disait Maman. « Oléron, l'île aux parfums », renchérissait Papa. Qu'est-ce qu'on a pu jouer là, sur la grève, nous les quatre filles dans le pays d'Aliénor d'Aquitaine et de son beau château. Aliénor d'Aquitaine. C'étaient deux vocables pour rêver, un nom de chimère fabuleuse « avec l'assonance en A », comme disait Maman. À un Noël, Rose avait reçu en cadeau une grande poupée rousse qu'elle avait baptisée Aliénor. En l'embrassant, elle lui murmurait, émue, des sons doux : son nom au complet avec l'assonance. Jailli elle ne sait d'où, de vacances d'enfance peut-être, revient à Rose le mot « kichenotte ». Maman entendait toujours « pichenotte », Papa poursuivait : « chiquenaude » et tout le monde se mettait à rigoler… « Kichenotte, kichenotte… » Mais qu'est-ce que cela pouvait bien être, une kichenotte ? Quelque objet trouvé sur l'île ? Je pourrais m'en souvenir, si je vivais assez longtemps. Un matin à l'improviste, je me lèverais en disant : « Mais oui… une kichenotte, c'est… Que j'ai été bête… » Oui, bien sûr. Il vaudrait mieux demander à Léonie. Ne pas oublier de la presser de questions dès que je la vois. Mais cela s'avérera sûrement impossible. On est passées dans un autre temps. Pas de prochaine fois. Toute cette histoire va si vite. Un vrai marathon… On touche bientôt le but… À force de vivre pleinement, ici, on se retrouve avec une série de moments inaboutis. « Kichenotte » de toute façon n'existera plus… Mes sœurs l'auront déjà perdu, ce mot. Je veux sauver ce vocable… Mais de quoi ? Le donner à mes sœurs ? Pourquoi ? Leur tendre un petit morceau de passé commun, quand Papa et Maman… Les clochers de Martinville, non, non, les arbres d'Hudimesnil dans *À la recherche du temps perdu*. Oui, cela me rappelle le passage que j'aimais tant. La chimio ne m'a finalement pas bouffé le cerveau. Ce que je n'apprends pas aujourd'hui, je ne le saurai jamais. Le narrateur voit les arbres. Ils lui rappellent quelque chose, ils lui parlent, en le prévenant. « Si tu nous laisses tomber, alors que nous cherchions désespérément à aller jusqu'à toi, toute une partie de toi-même tombera à jamais dans le néant. » J'ai toujours aimé ce passage. Je l'avais appris par cœur. Mais là, c'est du à peu près. J'ai encore bonne mémoire, malgré tout. Ce qui reste dans le fond de l'esprit est peut-être ce qui a été rabâché, remâché, les chansons, les maximes, les litanies, les prières, les mots comme des abracadabras. Sauf que j'ai oublié kichenotte. Léonie… L'aînée de nos sœurs croit se souvenir de tout. Si elle ne sait pas ce qu'est une kichenotte, elle inventera. Alexandrine la corrigera en tapant sur son cellulaire dans Google. Elle n'arrête plus d'être sur son appareil. Bref… On y arrivera. Kichenotte, Aliénor, chiquenaude, pichenotte, pitchounette, chouchounette. Bientôt, ces mots n'existeront plus en moi.

Ils contiennent l'intime, le vraiment personnel. Des grands fragments de vie sont enfermés en eux. Ses éclats du passé. Éclade, flion, tellines, bigorneaux. Des syllabes s'amassent au fond du cerveau. Il faut secouer le tout et la vase remonte. Combien d'autres surgiraient encore si seulement tout cela était autrement, si on ne mourait pas dans moins de dix jours ou tout à l'heure ? Ne pas penser à la bouche des enfers… Y a-t-il des stalactites et des stalagmites pour singer un chemin vers là-bas ? Petite, Rose adorait les grottes et les cavernes. Elle voulait devenir spéléologue, mais elle avait beaucoup de mal à prononcer ce long mot. Tout à coup, elle se rappelle avoir eu très peur dans les grottes du Bouil Bleu lors d'une visite, juste après avoir traversé les marigots… Que c'était bon ces frayeurs enfantines, quand Rose, protégée par ses parents et ses trois sœurs, s'amusait à rester enfant… C'est pour elles, les frangines, qu'elle est venue ici. Elle aurait préféré en finir à Québec, mais Merline et puis les deux autres aussi avaient besoin de ce voyage, de cette retraite funèbre à Thoreau Heights. Et Rose doit bien l'avouer, la mort ne compte plus pour elle. Alors ici ou ailleurs… Ainsi elle prend soin de ses sœurs, à sa façon bien ridicule. Mais quand est-ce qu'on va arrêter la machine à penser ? Ce matin, elle a écrit un courriel, un petit mot de rien du tout, qui sera envoyé à tout le monde cet après-midi. Au cas où… Si elle rentre à l'appartement, elle le mettra dans la poubelle de l'ordi… Ou pas. Difficile de savoir si on est à la hauteur de sa mort. Retrouver les rochers, ne pas traverser les temps, les époques ainsi. Il faut être sage. À quarante-neuf ans, c'est le moment. Rose se retrouve encore dans la lune. La voilà même qui décolle vers Mars. « Reviens sur terre, Rose… » L'esprit doit se faire lourd, s'engluer dans le moment… La plage n'offre guère de coquillages, pourtant le même Atlantique berce un rivage opposé, lointain que Rose connaît si bien. Comment rester près des escarpements maritimes de Thoreau Heights, en pensée. Elle n'y arrive pas ! Oléron est à combien ? quatre mille, cinq mille kilomètres ? Ces blocs pierreux échoués sur la grève près de la jetée enferment-ils des âmes ? Et si oui, combien ? Hurlent-ils de douleur les nuits de tempête durant l'hiver si froid ? D'Oléron, elle se rappelle la pêche à pied sur l'estran, les seaux rouges et bleus et les épuisettes magiques dans lesquelles les araignées de mer faisaient trembler d'effroi. Un monde fabuleux digne des contes de fées… Est-ce dans cette zone intertidale qu'en elle est née l'écriture ? Les récits fantastiques, les histoires extravagantes, les contes féériques qui l'ont rendue célèbre auprès des enfants. Rose Sélavy, un nom de plume pour être légère, légère. Rose Sélavy. Oui c'est ainsi que je me nommais, oui c'est ainsi que Maman m'appelait.

En hommage à son Marcel Duchamp. Notre mère après trois filles voulait à la rigueur d'un garçon… Mais qu'il se déguise en fille, comme le grand Marcel. Et elle m'a eue. Papa était en beau maudit… « Rose Sélavy, ce n'est pas un nom… » Bien sûr… Mais c'est la reine de la contrepèterie… « Au fond d'une mine, Rose Sélavy prépare la fin du monde. » Rose sait encore quelques calembours et aphorismes. Petite, elle les récitait fièrement à sa famille, qui lui avait offert un livre. Voilà que lui revient un des vers préférés de la mère : « Cancer mystique, chanteras-tu longtemps ton cantique au mystère ? » Quel à-propos montre cette fichue mémoire… Ce sera peut-être elle, ma Maman chérie, qui viendra me chercher. Au fond de l'océan, je m'allongerai en subissant une dernière métamorphose pour devenir sirène ou gros requin bleu. Tiens, je n'ai jamais écrit sur des créatures de mer. J'aurais peut-être aimé. Qui sait ? Maman, c'est ta Rose… « Mignonne, allons voir si… » Un drôle de prénom, qui hante la littérature et la vie. Tout dans le monde des enfants est couleur de la fleur. Couleur de fille, couleur de joie. Je me retrouvais partout et surtout en latin. *Rosa, rosa, rosam, rosae, rosae, rosa.* Rose, rose, rose, Rose arrose les roses. C'était l'exemple à l'école pour enseigner la phrase simple. Rose arrose les roses. Les camarades se moquaient, elles répétaient sans cesse la même litanie. Dans les cauchemars de Rose, ses copines s'époumonent : « Rose n'arrosera plus les roses. » Oui, le rose tourne au sale, il devient vieux rose, un rose ancien tout fané. À la forme négative, la phrase demeure simple. Le complément d'objet direct n'existe plus, mais il se réfugie dans la langue, comme moi. Ce sont les mots, mes rochers. Ils l'ont toujours été. Des pierres lourdes, parfois, qui m'amarraient au monde…

« Ramassons quelques galets, Nurse Adams… Aidez-moi, je vous prie… Vous n'auriez pas un petit sac pour mes cailloux, mes trésors et coquillages ? Je profite du jour, comme vous me le demandez. Non ? Tant pis ! Je mets cet autre si mignon dans la poche de mon pantalon. Et puis, encore un *Gaudeamus, gaudeamus*… Nurse Adams… Et nous voilà sur la jetée… » Je suis vraisemblablement la seule qui puisse marcher. Je mourrai en forme. D'ailleurs il le faut, on ne peut euthanasier que ceux et celles qui n'ont pas perdu la tête. Jusqu'à présent. Oui, car bientôt on tuera les fous et les déprimés. Mais pour l'instant, si j'étais vous, Nurse Adams, je ferais attention à tous ces grabataires sur la grève. Moi depuis mon arrivée, les médicaments, la formule spéciale de la docteure Gardner, la potion magique de la fin créatrice, j'ai retrouvé beaucoup de force. Comme appelait-on cela avant ? La lucidité terminale. Une rémission fugace. Un mieux-être temporaire avant le grand plongeon dans le néant. Plouf! Et l'on se noie... La recette secrète de la clinique. Elle nous offre quelques jours de joie... « Oui, j'aimerais aller au bout de cette très longue jetée. Non pas avec le fauteuil roulant! Continuons cette douce promenade. Je me sens très bien. Vous aviez raison, Nurse Adams. Profitons du jour magnifique qui s'offre aux mourants. Nurse Adams, vous connaissez *Le Petit Prince*? Ça va ainsi : « C'est le temps que tu as perdu pour ta rose qui rend ta rose si nécessaire. » *Le Petit Prince*, quel livre... Voilà mon modèle d'écriture. Toutes les grandes personnes ont d'abord été des enfants. Mais peu s'en souviennent. À côté de mon bureau, j'avais ce splendide dessin fait par Antoine de Saint-Exupéry. Il m'avait coûté très cher... Une folie... J'en ai fait tant. Vous savez, j'ai toujours pensé que pour aller rejoindre sa rose le petit gamin se suicidait. Vous relirez, Nurse Adams... Les enfants comprennent cela quand on leur lit l'histoire et ils ont bien sûr raison. De grands herméneutes. La mer devant nous à perte de vue, qu'y lisez-vous Nurse Adams? Vous aimez? Les autres mourants ne tiennent pas à s'aventurer ici, sur cette avancée dans la mer. J'aime le bruit de mes pas sur cette carcasse de pierres. Les rochers, juste là, à mes côtés, mes bouées de sauvetage. « Le sémaphore au bout de la jetée, allons le voir... Imaginez, Nurse Adams, un pont entre Thoreau Heights et l'île d'Oléron. Vous n'êtes jamais allée à l'île d'Oléron. C'est de toute beauté. » Vous y rencontreriez mon enfance, vous me verriez petite et si absolument moi, Rose. Et puis vous me rapporteriez une kichenotte, peut-être, si on savait ce que c'était… Le soleil est vraiment très puissant. Il nous nargue, le coquin, mais profitons-en. Profitons-en… L'eau autour de nous est bleu marine, couleur des grandes profondeurs, et derrière nous les montagnes. Voilà, je ne me retournerai pas pour les voir. Je n'ai aucune envie d'embrasser les cimes. J'ai toujours préféré l'océan, les abysses. Oléron et tout le bataclan. Oui, Nurse Adams. Nous voici à l'extrémité de la jetée, là, on ne peut pas aller plus loin. Le sémaphore nous fait signe… Que nous dit-il ? Que la terre est bien loin, que nous sommes déjà perdues au milieu de l'Atlantique. Il ne faut pas regarder derrière soi, Nurse Adams, vous êtes très jeune. Vous l'apprendrez. Les orages ont pu passer sur Rose Sélavy. « C'est sans rage qu'elle atteint l'âge des orages. » Comme Maman aimait cette phrase de Desnos… Elle était si contente quand Rose la disait d'un trait, toute enfant. Rose a-t-elle atteint l'âge des orages ? En tout cas, elle ne ressent aucune colère. « Il fait si beau, profitons-en ! » Et les rochers sont là comme des bouées de sauvetage. Il faut continuer de réduire la pensée à une seule idée. Celle du jour. *Carpe diem…*

« Vous iriez peut-être ma chère Vera (vous permettez que je vous appelle ainsi ?) me chercher un peu d'eau ?

Oui, la bouteille est restée sur la grève, mais vous resplendissez de santé, vos jambes vous déplaceront vite… Je reste là à contempler l'océan. Je m'assieds sur le petit banc pliant que vous avez transporté pour moi, au cas où… Quelle attention ! Merci pour cela, Nurse Adams. Vera ! »

Je reste là devant l'eau, l'eau bleue, et vous vous dirigez, en me tournant le dos, vers les mourants et l'équipe. Vous allez vite. Vous vous inquiétez pour moi. Je suis désolée de vous faire cela. Vous risquez une sacrée réprimande. Mais voilà, la mer est belle, si belle et je me dois d'y plonger. Malgré mes cailloux de Petit Poucet qui risquent de m'envoyer par le fond. Profiter du jour et de l'océan… Je me précipite vers le large, je vous entends crier. Chut… ce ne sera qu'un plouf ! Une kichenotte… Qui sait ?

CHAPITRE II

Après la mort

Après la mort, il y a encore la mort. Pas celle à venir, mais celle qui fait la ventouse, celle qui adhérera désormais à l'existence, qui s'y collera en la suçant, slouch, slouch, tant qu'elle pourra, jusqu'à la vider de toute joie. Après la mort, il n'y a que la mort ou à peu près et il faut composer avec elle. On peut passer le restant de la vie à pleurer, mais il est préférable de faire semblant de rire de temps à autre, de jouer un rôle, de sourire, de rigoler au bon moment et puis tout à coup un jour, on s'aperçoit qu'on est un peu moins triste, pas beaucoup, mais un chouia… Et que tout en soi sonne faux. Mais cela n'a aucune importance. Le personnage qu'on joue assez mal a pris le dessus sur notre ancien moi. On est malheureux d'avoir abandonné celle ou celui qui en nous se lamentait sans arrêt. Mais cette personne est elle aussi morte et enterrée. Elle a perdu toute substance.

Il faut la lancer par-dessus bord. Plouf! C'est fait. On réapprendra à vivre. Autrement.

L'annonce d'un décès est toujours surprenante à l'oreille de ceux et celles qui reçoivent la terrible nouvelle. Et elle ressurgit de temps à autre, inopinément, tout au long des moments de la vie qui s'entête à persister, la fidèle chienne.

À onze heures du matin, alors que Rose venait de se lancer dans l'océan, Merline fermait tout juste la porte de son appartement. Elle se rendait, insouciante, à l'atelier de création et semblait plutôt joyeuse dans les circonstances. Elle rejoignait ses trois sœurs pour travailler à l'œuvre collaborative qu'elle monterait sous la direction du grand De Bruycker. Ce n'était pas rien! Et cette tâche rendait le tout un peu moins terrifiant! Depuis la veille, les Leroy semblaient retrouver un entrain commun. Elles créaient une pièce ensemble! Rose, l'écrivaine, dictait des passages entiers, des récits improbables sur sa vie d'enfant. Alex et Léonie les commentaient et leur sœur ainsi rajustait le tir. Après tout, on traversait le parcours de Rose et de la famille, et les deux aînées avaient bien observé leur petite Rosie. Merline, elle, ne participait pas à cet exercice de mémoire. Elle prenait des notes de façon sporadique et se plaisait à entendre l'évocation de tant de souvenirs. D'ici un jour ou deux, elle veillerait à faire de tout cela une pièce. Elle aménagerait la structure de l'ensemble, et avec des dialogues, elle rendrait solide cette tragicomédie. C'est la forme que Rose désirait. Merline s'amusait donc à répéter des répliques décousues qu'elle attrapait et reformulait ici et là. Ce matin, à l'atelier, Merline se proposait d'intervenir davantage et d'enregistrer la voix de Rose. Celle-ci travaillerait ses intonations, malgré la maladie qui déformait tout et bouffait le souffle. Oui, Merline se dirigeait vers l'atelier, pensant participer activement à la création finale de sa sœur. C'était une drôle d'idée qu'avait eue là sa petite malade. Elle voulait faire revivre la gamine qu'elle avait été. Elle insistait pour que l'on fasse des montages des voix d'elle et de ses sœurs, des télescopages de récits, et que l'on fonde le tout dans un conte dramatique, destiné aux jeunes et plus vieux publics. La famille demeurerait ainsi vivante... Merline avait trouvé la proposition farfelue. Puis, elle avait pensé que résidait là quelque chose d'essentiel pour Rose : faire exister les siens à travers une incarnation amusante et enfantine. Pourquoi n'avait-elle jamais fait une œuvre sur ses sœurs ? C'est vers sa propre enfance que des décennies d'écriture pour les petits menaient finalement Rose. En fermant la porte de l'appartement, pour se rendre dans une autre aile de la clinique, Merline pensait aux techniques pour aider la malade lors des prises de son. Avec sa respiration si ténue, ce ne serait pas facile ! Mais Rose y tenait tant ! Merline ne voyait pas que sa sœur, en fait, n'avait absolument pas besoin d'une création de plus. Elle avait tout simplement songé à aider Merline qui devrait développer des projets et remonter sur les planches, pour ne pas se laisser submerger par le chagrin. Mettre en scène, jouer ! « Joue, même la joie, et un jour tu verras, la joie sera réelle. Tu le sais, Merline, tu as souvent été transformée par tes rôles. » Voilà ce que répétait Rose. Elle se moquait complètement d'assister à un spectacle quelques jours avant sa mise à mort, mais, et Merline demeurait dupe, Rose manigançait tout cela pour sa sœur. Alex et Léonie suivaient sans trop se poser de questions. Elles, elles voulaient simplement être aux côtés des deux petites de la famille qui vivaient avec la maladie ensemble depuis trois ans et qui méritaient un peu de légèreté. La présence de De Bruycker s'avérait en cela une véritable bénédiction. La sœur malade, la mourante, prenait soin de son aînée, elle lui indiquait des chemins sur lesquels s'engager après la mort ou plutôt pendant la mort, parce que celle-ci serait désormais toujours là… Dans les derniers jours, Rose avait presque convaincu Léonie de quitter définitivement l'Australie et de venir s'installer avec Merline au Québec. Elle essayait encore de trouver un avenir pour Alex qui avait toujours paru la plus accomplie des quatre enfants de Claire Leroy.

Mais à quel prix… « Tu rêves de quoi, Alexandrine ? De quoi ? » avait lancé Rose à sa sœur, alors qu'Alex lui disait bonsoir en fermant les rideaux de la chambre de l'aile est de Thoreau Heights.

Merline donc sortait de l'appartement avec en tête beaucoup d'espoirs pour l'atelier qui allait se dérouler. Ce n'était pas rien ! Elle voulait que Rose murmure très bas sa vie, en ajustant si possible sa petite voix d'enfant. Oui, la voix de Rose restait celle d'une fillette, avec un timbre cristallin, parfois désagréable ou en tout cas étonnant. Il fallait jouer là-dessus. Merline avait des envies de retrouver la Rose de leur jeunesse, juste le temps d'un enregistrement programmé. Les Japonais filmeraient ce *making of* et puis De Bruycker coacherait tout le monde. Quelle chance !

La veille, le matin du premier atelier, Merline, encouragée par Rose qui pourtant allait très mal ce jour-là, s'était présentée à De Bruycker. Le grand metteur en scène était arrivé en retard, arrogant, mais quand elle l'avait coincé pour lui parler, il s'était exclamé avec une gentillesse peut-être feinte : « Mon dieu, que c'est drôle ! Vous ici ! Mon dieu… Merline Leroy… En voilà une surprise, un enchantement. » Il avait détaché chaque syllabe de ce dernier mot, en appuyant tout particulièrement sur la deuxième. Il se disait ravi de faire enfin la connaissance d'une actrice si renommée, qui avait joué pour lui, dont il avait vu le travail magnifique sur vidéo mais qu'il n'avait jamais encore rencontrée. Quel dommage… Voilà que s'offrait la possibilité inouïe, providentielle d'un re-mar-qua-ble travail ensemble après toutes ces années, et il fallait profiter de ces moments bénis, fortuits et d'autant plus précieux, avait lancé Thomas, « oui appelez-moi Thomas, avait-il insisté, et tutoyons-nous que diable… Nous sommes ici en famille ma chère Merline, et quelle coïncidence, tout de même ! Les voies du destin sont impénétrables, ne trouvez-vous pas ? On va dans une clinique et malgré tout, malgré la mort, quelque chose de bon surgit. C'est éminemment théâtral tout cela. Un revirement de situation inattendu, une drôle de péripétie. Je croyais pouvoir me reposer ici. N'avoir affaire qu'à des amateurs moribonds, et je tombe sur vous et votre sœur écrivaine. Je sens qu'on va faire un truc du tonnerre. Ce qui se passe à Thoreau Heights ne restera pas à Thoreau Heights. Nous commençons assurément ici un projet d'envergure. Songez-y, Merline Leroy, nous débutons une tournée mondiale avec ce petit spectacle qui deviendra vite grand ».

L'actrice qu'était Merline savait bien que De Bruycker jouait la rencontre comme on le fait au théâtre. Il avait du talent ce bonhomme pour échafauder à partir d'un banal instant toute une pièce, et même pourquoi pas, une trilogie. Merline sentait néanmoins qu'elle allait consacrer à nouveau son existence à la scène après des années de vache maigre, de rôles nuls et de très, très longs mois passés au chevet de sa sœur. Elle était pleine d'espoirs. Qui était-elle devenue ? Que lui était-il arrivé ? Et lorsque Merline vit du bout du couloir la silhouette haute, solennelle d'Eva Maria Lauer se diriger vers elle, elle ne s'inquiéta pas immédiatement : elle allait à l'atelier, ce serait un moment intense. Rose l'encourageait dans cette joie qui jaillissait en plein désarroi, la présence de De Bruycker semblait un si bon signe, il fallait en profiter !

La docteure Eva Maria Lauer, flanquée de Nurse Vera Adams, marchait rapidement vers Merline qui venait de fermer la porte derrière elle. Les deux professionnelles des soins de vie et de mort s'avançaient vers la sœur Leroy, campée, elle, devant le seuil de l'appartement commun situé dans l'aile est de Thoreau Heights. Eva et Vera venaient dire aux trois sœurs que Rose s'était supprimée. Elle était devenue Atlantique, océan. Elle s'était résorbée dans le vaste monde. Mais il n'y avait là que Merline.

La médecin et l'infirmière devaient se faire messagères du tragique, et cela leur semblait bien lourd. Merline allait leur sourire, mais le désordre de la chevelure de la nurse, désordre éminemment remarquable puisque tout en contraste avec la rigidité du corps de Vera Adams, indiqua à Merline, pourtant bien insouciante ce jour-là, que quelque chose d'important avait eu lieu. Oui, la nurse était sous l'emprise d'un chaos capillaire que les vents marins et le suicide de Rose, durant un moment d'absence, avaient créé. Et Merline, qui n'avait pas encore connaissance de la mort de sa sœur, voyait bien que Nurse Adams était décoiffée à cause d'un incident d'envergure. Elle n'eut pas le temps de penser à la nature du problème. Eva se dirigeait encore plus rapidement vers elle. Elle insista pour que Merline rouvre la porte qu'elle venait de clore derrière elle. « J'ai quelque chose à vous dire, rentrons dans l'appartement ! » et elle invita Merline à s'asseoir sur le canapé bleu du salon avant de prononcer les phrases qu'elle connaissait par cœur.

C'étaient des mots d'un autre temps qui surgissaient à l'impromptu, des mots qui lui venaient d'une époque ancienne, quand Lauer avait commencé sa carrière de médecin et que la mort n'était pas prévue d'avance. On venait de voir le premier suicide dans l'établissement, une première infraction à la règle de la mort assistée, et voilà longtemps que Lauer n'avait pas annoncé un décès inopiné, n'avait pas dit quelque chose comme : « Votre sœur est morte, vraisemblablement morte. Nous avons tout fait pour la sauver, mais nous n'y sommes pas arrivés. Elle est vraisemblablement morte. Je suis désolée et je comprends votre peine. La patiente Rose Leroy s'est jetée à l'eau sans raison apparente, et nous avons tenté de la sortir immédiatement, mais les courants étaient très forts, la mer houleuse, une équipe maritime de sauveteurs a été dépêchée à la recherche de son corps. Nous avons agi et fait ce qui était en notre pouvoir sur-le-champ ! La mer demeure capricieuse. Il faut composer avec. On la retrouvera certes. Peut-être est-elle déjà repêchée. On va nous appeler... Je me sens bien attristée de voir que les choses se passent ainsi... Nurse Adams ici présente a tenu à m'accompagner pour vous prévenir, mais elle vous donnera les détails des derniers moments de votre sœur, dès que la docteure Gardner se joindra à nous. Elle arrive. Sachez cependant que Rose Leroy a déjoué la surveillance de notre personnel, que son acte était *vraisemblablement* délibéré. Nous excluons pour l'instant l'hypothèse d'un accident. Il s'agit pour nous bel et bien d'un suicide volontaire assez inexplicable. Nous y reviendrons. Il y aura enquête, soyez-en sûre. N'ayez crainte. Nous sommes très peinées pour vous. »

Dès les premiers mots de l'annonce de la mort de Rose par suicide, Merline frissonna, hilare. Eva continuait à débiter son petit laïus insipide alors que Merline était secouée d'un rire non seulement nerveux, mais hospitalier, grandiose. Il embrassait en un instant toute l'absurdité de la situation. « Vraisemblablement... Rose est morte… Vraisemblablement », entendait-elle et elle riait de plus belle.

La mort est toujours grotesque quand elle arrive, se disait Merline qui avait joué beaucoup de personnages à qui on annonçait leur fin ou celle des autres : Bérengère d'Ionesco, Phèdre de Racine et d'autres, oui, d'autres… Lesquels ? Là, elle oubliait. Cela lui reviendrait. Elle perdait pied… La mort arrivait à se présenter comme une véritable farce. Quelle comédie ! De quoi se bidonner. « Vraisemblablement ». Rose avait tant insisté pour venir à Thoreau Heights proclamant son désir d'en finir doucement dans cette clinique, entourée de ses sœurs. Convaincue de son plan, elle avait persuadé d'abord Merline, puis ses deux autres frangines de passer dix jours toutes les trois dans la clinique de la docteure Gardner, qu'elle avait choisie minutieusement avec Merline. Et voilà qu'au bout de soixante heures dans l'établissement de Gardner, elle se précipitait « vraisemblablement », « vraisemblablement » dans l'Atlantique, défiant « vraisemblablement » la surveillance de la Nurse Adams pourtant « vraisemblablement » bien attentive… Il y avait de quoi rigoler. « Vraisemblablement ! »

Rose avait-elle prémédité son geste ? La présence de Merline au Québec l'avait-elle empêchée de se donner la mort plus tôt ? Souhaitait-elle que les sœurs soient réunies dans un lieu magnifique pour vivre son suicide ? L'idée lui était-elle venue seulement le matin même, parce que l'opportunité de couper court à cette comédie mortuaire et familiale s'était présentée ? Rose avait certes trouvé le moyen d'épargner à ses sœurs des jours d'angoisse. « Rose a péri, vraisemblablement », venait de répéter Lauer. Ils avaient tout fait pour la sauver. Trop tard, c'était trop tard. On retrouverait « vraisemblablement » son corps très vite. Elle était déjà si faible. Comment avait-elle eu la force ? Elle avait complètement disparu sous la surface de l'eau. Les employés sur la plage s'étaient lancés de la jetée. De toute façon, quand Nurse Adams avait constaté la disparition de Rose, elle avait appelé les secours. Il était trop tard, trop tard.

« Vous vous trompez, docteure Lauer. Vous voulez dire trop tôt, non ? avait répondu Merline en riant. Trop tôt, n'est-ce pas ? Pas trop tard. Sa mort était prévue pour le 7 juillet, après un séjour de rêve de plus d'une semaine dans ce lieu divin qu'est Thoreau Heights, et voilà que les plans de tous et toutes, les nôtres comme les vôtres, sont "vraisemblablement", comme vous le dites si bien, chamboulés. Que faire des sept jours qui restent ? Que fabriquerons-nous à Thoreau Heights durant la prochaine semaine ? Allez-vous nous garder sans notre morte à venir ? Qu'ont prévu vos règlements ? »

Merline rigolait en défiant du regard Eva, qui se sentait mal à l'aise. Elle ressentait une vive émotion, une empathie profonde devant la tragédie que vivait Merline. « Nous attendons vos sœurs », enchaîna-t-elle pour gagner du temps, pour ne pas elle aussi plonger dans l'angoisse. Alexandrine et Léonie, que Josef Lauer était sûrement allé prévenir dans la salle de l'atelier. « Je les pensais encore avec vous, mais il avait raison de les croire ailleurs. Il va les ramener d'un instant à l'autre. La clinique n'a pas prévu de protocole d'intervention en cas de suicide du mourant, cela n'est jamais arrivé. » Eva le répétait fermement : « Jamais arrivé, jamais ! » Nurse Adams dodelinait de la tête en signe d'approbation. Merline continuait à rigoler en proclamant théâtralement : « Vous n'allez pas nous proposer un remboursement tout de même, pour le reste de la semaine ? Rose vous a "vraisemblablement" foutus dans la merde, non ? » Et elle s'esclaffait de plus belle.

Des fous rires comme cela, elle n'en avait qu'avec ses trois sœurs, quand elle évoquait leur enfance, et voilà que Rose avait trouvé le moyen de la faire se marrer comme une baleine et sans aucune de ses sœurs à ses côtés. Elle avait réussi sa mort, la petite Rose Sélavy ! Quel coup de maître, quelle grande pièce ! Une tragicomédie comme on n'en fait plus. Voilà la vraie œuvre du mourir ! De Bruycker, Léonie, Alex et elle pouvaient aller se rhabiller avec leur conte dramatique ! Rose Leroy se révélait une bien plus grande metteure en scène que Thomas. Elle avait orchestré si bien sa fin et les Leroy, Léonie, Alexandrine et Merline, joueraient le rôle que leur petite sœur très maline leur avait réservé. Quel génie ! Et quelle prestation folle faisait-elle jouer d'outre-tombe à ses sœurs qui tout à coup devaient composer avec une mort précipitée !

Josef Lauer ouvrit la porte de l'appartement et laissa passer devant lui, d'un petit signe de la tête, les deux sœurs. Elles arboraient une mine inquiète : « Pourquoi ne nous dites-vous rien ? Où est Merline ? Où est Rose ? » En voyant sur le canapé Merline en train de rire, les deux sœurs aînées de la famille Leroy prirent un air extrêmement étonné. Elles s'étaient préparées à un malheur et Merline pourtant se marrait. « Qu'arrive-t-il ? Pourquoi tout ce monde ? » Elles se mirent à rigoler, d'abord doucement, puis fort après un moment de silence, quand Merline cria : « Rose est vraisemblablement et sûrement morte : elle s'est jetée dans l'océan, les filles… Imaginez ! On la cherche dans l'Atlantique. Vous vous rappelez comment elle s'y baignait enfant pendant des heures… Elle a pris la poudre d'escampette et est déjà au paradis ou en enfer. Figurez-vous ça, les filles. On a une semaine à passer ici. Qu'est-ce qu'on va bien pouvoir faire ? Ce sera presque des vacances, non ? »

Alex et Léo se jetèrent sur le canapé en se tordant de rire. Elles s'attendaient à la mort de Rose, bien sûr, mais pas présentée ainsi, et c'était un si beau tour que leur avait joué leur petite sœur. Une clownerie de gamine qui en avait marre de patienter, qui en faisait toujours à sa tête. Ainsi s'était révélée Rose Sélavy jusque devant la mort. Une petite farceuse qui cachait aux sœurs leur brosse à cheveux, leur élastique, qui mettait des grenouilles dans les boîtes de serviettes hygiéniques de ses frangines pubères et qui ne voulait pas le soir quitter la plage. Oui, il y avait de quoi rire, et l'air fautif, sérieux des Lauer et de Nurse Adams, au teint rouge, qui selon toute apparence avait peur d'être blâmée ou mise à la porte, rendait les sœurs hilares.

Les trois soignants se tenaient debout devant les sœurs qui, affalées sur le canapé, se prenaient dans les bras et s'encourageaient à rire. « Quelle enfant chiante, cette Rose… » Josef Lauer murmurait en bon psychiatre que c'était le choc, que les femmes se trouvaient dans un état de stress aigu tel qu'on le décrivait dans les manuels. Il expliquait aux trois sœurs, qui n'écoutaient pas, que le coup psychique se manifestait par des états dissociatifs ou des conduites inappropriées. Cela passerait… Et on pouvait les accommoder avec quelque médicament. Nurse Adams pouvait aller chercher un calmant. « Vous voulez nous empêcher de rigoler ? demanda Alex en s'esclaffant. Bravo ! Vous êtes les champions de la mort ici, et les virtuoses de l'anesthésie ! Vous devriez être contents. »

Lauer ne répondit pas. Il fallait simplement éviter à tout prix une poursuite contre la clinique et donc accueillir la détresse comme elle s'exprimait. Eva réitéra aux trois clientes la possibilité d'un médicament, ce qui fit rire les filles de plus belle. C'est à ce moment qu'entra la docteure Gardner, dans un tailleur gris mauve excessivement seyant. Son élégance avait quelque chose de déplacé dans le désordre du moment. D'un ton posé, elle demanda à sa femme, à son beau-frère et à Nurse Adams de s'asseoir. Elle resterait, elle, debout : sa présence imposante eut pour effet de tempérer un peu le rire des trois Leroy. Elles ne bougeaient plus, elles se bidonnaient tranquillement. Gardner se mit entre les soignants et les clientes, en posant les mains sur une chaise qu'elle était allée chercher prestement sous la fenêtre. Elle commença après un moment de silence :

« Vous êtes en état de choc, Merline, Alexandrine et Léonie. Votre sœur vient de vous laisser tomber, de rompre un pacte qu'elle avait avec vous et la clinique. Elle vous a volé sa mort, vous a privées de lui tenir la main durant les derniers moments. Dommage… C'était bien sûr son droit. Mais vous aurez bientôt l'impression d'une trahison après ce grand sentiment d'absurde que vous ressentez là, dans l'immédiat, avec raison. Nurse Adams vous racontera ce qui est arrivé dans quelques minutes. Je ne sais pas les détails, mais je comprends que Rose a tout fait pour tromper la surveillance de son infirmière. Elle a choisi sa mort. Nous ne devons voir cela ni comme un échec, ni comme une faillite de votre famille et de notre clinique. Il s'agit plutôt d'une liberté que Rose, votre sœur bien-aimée, s'est donnée et qu'en fait Thoreau Heights lui a permis d'exercer. Je suppose même, mais elle en parlera d'elle-même, que Nurse Adams a facilité les dernières volontés de votre sœur, qui tenait à s'engloutir dans l'océan, pour des raisons qui demeurent entièrement les siennes. Rose se trouvait sur la jetée, à sa propre demande. Elle a prié Adams d'aller chercher à boire, Adams s'est exécutée, sachant peut-être de manière inconsciente qu'elle aidait Rose dans son projet personnel. N'est-ce pas, Adams, que vous n'avez pas été négligente, mais vous avez su prendre soin de votre patiente de façon inopinée, vous avez répondu à sa demande ? Bravo ! Ce qui se passe entre une mourante et une soignante, en silence, dans la chorégraphie des gestes est inimaginable et très puissant. Rose a agi comme elle a voulu et Nurse Adams l'a aidée à créer et à jouer sa mort comme son œuvre intime, à elle. Elle ne voulait pas travailler avec vous, avec nous jusqu'au bout. Prenons-en acte. Qu'elle ait choisi Vera Adams pour former ce moment parfait, nous devons le respecter. Vous pourriez bien sûr poursuivre la clinique, mais je ne pense que vous iriez là dans le sens des volontés de votre sœur. Pensez-y un peu ! Rose a eu le pouvoir de se donner la mort qu'elle voulait. Grâce à nous, grâce à vous... Vous devez, nous devons tous et toutes nous en féliciter. Quand vous aurez repris vos esprits, nous envisagerons ce que vous ferez de vos journées. Ce vide doit vous effrayer. Mais je vous propose déjà de rester à Thoreau Heights comme convenu. Votre sœur voulait que ses cendres soient lancées de la jetée, que vous avez sûrement aperçue en vous promenant et où elle a trouvé la mort. Elle voulait cela, vous le saviez. Pensons à faire une cérémonie au moment même où elle devait nous quitter et recevoir la mort tranquille de la médecine moderne. Les gardes-côtes retrouveront bientôt le corps qu'a laissé votre sœur de son plein gré. Je vous suggère donc de l'inhumer le 7 juillet à onze heures, dans cet Atlantique qu'elle aimait tant. D'ici là, vous profitez du lieu ! Il serait très important que vous terminiez votre œuvre en la modifiant. Bien sûr, votre séjour sera à nos frais. Nous vous rembourserons tout. J'insiste, il faut continuer vos activités et vos ateliers pour faire une œuvre commune, sororale qui parlera de votre Rose.

Je pense à vous, mesdames Leroy ! Il nous faut penser à vous. Rose vous a dit en quelque sorte de vous débrouiller. Vous verrez… Josef qui est aussi psychiatre sera de mon avis. Je ne force rien. Mais Rose a entamé un chef-d'œuvre avec sa mort… Il faut tout simplement être à la hauteur de son geste créateur, peut-être impromptu, peut-être prémédité, mais que dire ? Applaudissons la mort de votre sœur, et vous avez bien raison de rire ou de sourire, le spectacle auquel elle nous convie est très réussi. Soyons bon public et allons maintenant sur la scène qu'elle nous invite à occuper. »

Tout au long de la tirade de Clarissa Gardner, Merline avait peu à peu arrêté de rire. Elle se taisait maintenant. Elle trouvait la situation encore fort cocasse, drôle, affreusement drôle, mais les trois grandes sœurs vivraient désormais sans la petite. Merline ne se rappelait pas un moment sans Rose et elle ne se souvenait pas combien de décennies s'étaient écoulées depuis qu'elle n'avait pas été seule avec Alex et Léo. La vie va vite, on oublie les événements, leur succession et même leur existence. Elle savait que Gardner avait peur d'une poursuite et que son discours, celui de la grande actrice qu'elle était elle aussi (quels dons avait cette femme !), se voulait persuasif et grandiloquent. Mais elle n'avait pourtant pas tort, la médecin : Rose avait pris une décision. C'est du moins ce que confirmait le récit de

Nurse Adams, qui s'était fait demander par Rose de l'eau et qui avait dû constater très vite que sa patiente avait disparu dans l'océan. Oui, Rose avait préféré trouver la mort ainsi et ne pas dire adieu à ses sœurs, et il fallait saluer cet acte de courage, ce geste immense qui avait requis, malgré tout, une force inouïe. Elle avait certainement rigolé en son for intérieur de pourrir ainsi la journée de Nurse Adams, qui ne s'en remettrait pas de sitôt, même si elle espérait qu'avec un coup de brosse dans les cheveux, son âme retrouverait la forme rigide qu'elle aimait prendre. Et puis elle n'avait pas pu s'empêcher, la coquine de Rose, de penser aux mines étonnées de ses sœurs. Quel sale tour elle leur avait joué ! Elle les avait étonnées, non ? De cela, elles ne la croyaient pas capable. Mais sa mort, c'était sa mort et tant pis pour les trois frangines. Léonie, elle non plus ne riait plus, elle regardait les soignants tour à tour, incrédule, s'attardant sur Nurse Adams qui tentait d'être très précise dans son récit des faits du matin… De temps à autre, Alexandrine, elle, sentait un spasme parcourir son corps. C'était un résidu physique de ce rire incontrôlable qui l'avait secouée.

Quand Nurse Adams eut fini son compte rendu, Clarissa lui proposa de se retirer et de se reposer. Elle demanda aussi à Josef de partir. Josef, avant de quitter l'appartement, annonça qu'il était préférable de déménager les sœurs Leroy pour le reste de leur séjour dans l'autre aile de la clinique, là où l'on accueillait les artistes et les responsables d'atelier. Inutile de rester dans l'aile des mourants. On s'occuperait de tout et on récupérerait les vêtements et effets de Rose. Les sœurs feraient le tri plus tard. Le corps serait bientôt retrouvé. Le fils Lauer prit à son tour la parole :

« On suivra les volontés de votre sœur, bien sûr, celles qu'elle avait exprimées par écrit, on ne changera rien. D'ici là, vous pourrez participer aux ateliers de création, continuer vos activités et passer encore un peu de temps à accueillir le geste de votre sœur. Mais, vous verrez, cet événement disparaîtra bien vite de vos esprits. Il ne restera que ce grand vide que l'absence de votre sœur créera. Nous serons là pour vous expliquer comment en faire une œuvre. »

« Je vous le promets, finit par enchaîner Clarissa sur les mots de Josef qui s'en allait enfin. Mais nous vous laissons ici jusqu'à ce soir pour vivre votre peine. Je repasse en fin d'après-midi et nous irons nous promener dans les bois. On va vous faire servir un petit repas après la marche au grand air. Eva et Josef se joindront à moi. À nous six, nous formerons deux familles. Vous sentirez combien nos peines s'entremêlent. À tout à l'heure, mes chères. Nous vous laissons vous consoler les unes les autres. Il vous faut un moment entre vous et plus tard, nous serons avec vous. Nous avons tout annulé pour vous. À tout de suite. »

Et Clarissa s'éclipsa avec Eva, vraisemblablement très fière de ce qu'elle venait d'accomplir dans des circonstances tout à fait imprévues.

CHAPITRE 12

C'est mieux ainsi

C'est Thomas De Bruycker qui eut l'idée. Un vrai concept. Une œuvre d'amour et de réconciliation, quelque chose de thérapeutique, de fort. Une épreuve aussi : cathartique, tragique. Que dire ? Une esthétique d'avant-garde, bien évidemment. Du jamais vu. Une expérimentation collective à travers le jeu terrible de la vie et de la mort. Un travail qui ne peut avoir lieu que dans l'immédiat après-coup, dans l'amour, dans la haine, sur les lieux même de cette disparition violente, à Thoreau Heights. Bien sûr Thomas connaît son métier et le monde entier l'acclame. Qu'il soit génial n'est une surprise pour personne, mais tout de même ! Là, il se montra, dans cette histoire des sœurs Leroy qui faillit devenir sordide, il faut l'avouer, non seulement un grand artiste, un diable d'improvisateur, mais un être humain formidable, grandiose.

Oui, Thomas eut l'idée. Dans la journée même du drame, pendant le repas du midi, Josef l'avait mis au courant du regrettable suicide de Rose et des perturbations possibles pour la suite de la semaine. Sans la mourante, beaucoup d'événements prévus dans les prochains jours seraient annulés. Il fallait tout réorganiser. Sur la terrasse du restaurant de la clinique, Thomas avait écouté. Abasourdi par la nouvelle, par cette péripétie hautement théâtrale, il n'avait prononcé aucune parole. Ce n'était pas dans ses habitudes et Isabelle à ses côtés, en plein soleil par ce magnifique début d'après-midi, étonnée du silence de son compagnon et accoutumée à combler tous les vides, s'était montrée un brin loquace. Elle avait enchaîné quelques phrases un peu vides : « Que dire ? Que dire ? Tout était arrangé… Pourquoi a-t-elle fait cela ? Terrible pour la famille, pour nous tous et toutes. Mais mettons-nous à sa place, sa mort lui appartient après tout, à Rose Leroy. Non, on ne peut pas juger. J'en aurais peut-être fait tout autant. Il y a quelque chose du couloir de la mort ici. Surtout dans l'aile des mourantes. »

Isabelle avait même rigolé en proclamant qu'elle avait joué un sacré tour à la clinique, la Rose, mine de rien. Et elle avait ajouté, nonchalante et frondeuse : « Elle nous plombe la journée qui est pourtant bien belle et puis tout le séjour en entier, quand on y pense ! » À cet instant, Isabelle avait étiré ses bras pour bien offrir tout son corps à la lumière chaude du jour. Que c'était bon ! Quel site merveilleux ! Et comment pouvait-on ici imaginer la mort si proche ? D'un regard furieux, Thomas lui avait enjoint de se taire. Puis, il lui avait fait la leçon : « Mais c'est un lieu hautement métaphysique, propice à la réflexion sur la vie et la mort. Un lieu magique où la fin et le début se confondent amoureusement. C'est pour cette raison qu'une clinique de la fin de vie et de la création s'y est installée. Tu dis n'importe quoi, Isa ! »

Qu'est-ce qu'elle pouvait être déplacée, parfois, Isabelle ! Thomas, exaspéré, l'avait boudée, ainsi que toute la conversation. Il avait l'air pensif. Josef et Isabelle parlaient d'une possible excursion en mer avec les Japonais qui aurait lieu d'ici quelques jours afin que les équipes soignantes et artistiques puissent se changer les idées. Thomas s'était levé brusquement, abandonnant là sa bière et la moitié de sa salade. Il avait déserté toute la compagnie en laissant tomber négligemment, sans même se retourner, un : « Je vais voir ce que je pourrais nous préparer. Je dois y penser… »

Solennellement, Thomas s'était donc retiré dans l'immense appartement mis à sa disposition par la clinique. Il lui fallait se reposer d'une telle surprise qui, comme tous les événements inattendus, avait quelque chose d'outrancier, de grotesque et bien sûr de tragique au sens grec du terme. Quel dénouement ! Visiblement, de tout cela, il ferait quelque chose. Il en était convaincu, mais l'idée ne lui venait pas encore. Il fallait trouver les conditions de son apparition, le moment propice de sa venue au monde. Une idée allait se manifester ! Thomas avait pris une douche rafraîchissante et espérait pouvoir lire un peu une proposition de mise en scène. Parfois, les meilleurs plans se dévoilaient à lui lors d'un moment de distraction. Comment penser cette naissance des idées ? Cet état d'inspiration ? Il n'avait jamais su le faire. Il n'arrivait pas à formuler une théorie de la création cohérente. Il connaissait des techniques qui l'aidaient, il constatait des processus, mais de là à proposer une vraie philosophie de l'acte créateur, non ! Il laissait cela à d'autres, à ceux et celles qui avaient le temps d'écrire des textes bien peu esthétiques sur l'art d'inventer et d'improviser.

En s'allongeant sur la méridienne orange qu'il avait adoptée dès son arrivée à Thoreau Heights, Thomas avait lu avec intérêt durant quelques minutes une proposition de contrat, espérant que son esprit vagabonde dans une juste direction. En vain. Au bout d'un temps, impatient, très agité et bougon, il s'était précipité pour appeler Josef sur son cellulaire, saisi par une seule obsession. « Je veux savoir, dites-moi, c'est important : a-t-elle laissé un mot ? A-t-elle écrit quelque chose ? C'était une écrivaine, nom de dieu ! Une écrivaine de renom. Elle a dû vouloir offrir au monde une dernière pensée. Les artistes sont ainsi. Généreux, généreux… »

Josef semblait perdu ! Que répondre ? Oui, oui… Il venait de lire quinze minutes plus tôt sur son téléphone l'étrange courriel posthume de Rose, celui dont tout le monde parlerait pendant des jours. Il n'était pas le seul à avoir vu apparaître dans sa boîte de réception le nom de rose_selavy. Le matin, Rose avait programmé un envoi qui parviendrait à tous ses destinataires au début de l'après-midi suivant sa mort, juste après le repas, au moment où elle aurait plongé dans l'océan depuis plusieurs heures et où tous auraient déjà accusé le coup. Elle avait pensé à adresser au personnel de Thoreau Heights, à ses amis de Montréal et de Québec, ainsi qu'à ses sœurs ce petit mot laconique, qu'elle avait mis dans la case objet du message : « C'est mieux ainsi. » Sans autre explication et sans point d'exclamation. Juste un point ! Final, bien sûr ! Un titre prometteur, suivi d'un texte vide. Tous avaient expérimenté le même traitement : une phrase lapidaire qui semblait convier la vie à continuer sans se préoccuper de la mort de Rose. « C'est mieux ainsi. » Et voilà, tout semblait tout à coup réglé et emballé. On n'avait qu'à poursuivre sa route dans la satisfaction d'un relatif progrès. Josef avait consciencieusement répété à Thomas au téléphone cette phrase énigmatique et pourtant fort claire. Il en avait profité pour faire part à l'artiste des contrariétés de Clarissa qui était entrée furieuse dans le bureau de Josef, dix minutes plus tôt. Ce mot de la suicidée avait mis Gardner dans tous ses états :

« Elle se fout de notre gueule, Rose Leroy ! "C'est mieux ainsi." Comment peut-elle nous écrire cela ? Mais pas du tout : ce n'est vraiment pas mieux ainsi ! Quel culot ! Mais non, quelle idée fausse ! Nous, nous lui préparons une mort créatrice, une fin collective et bouleversante. Parce que nous donnons à tous nos patients notre expertise, notre savoir-faire ! Et la voilà qui nous méprise, qui nous bousille la semaine et le travail ! Comment faire une œuvre ainsi ? Comment conduire quelqu'un vers la mort tranquille dans ces conditions absolument indignes des professionnels que nous sommes ! Quelle fille mal intentionnée de s'inscrire à notre programme, de ne pas accepter les règles de la maison ! Elle a brisé notre entente, mis à mal notre confiance. Qui ? Qui a conduit l'entrevue psychologique afin de juger si la patiente et sa famille étaient dignes de nos soins ? Virez-moi cette personne. Ou plutôt envoyez-la-moi. Est-ce Jack ? Heather ? Jennifer ! Oui, quelle incompétence ! Il fallait qu'une telle chose arrive au moment où les Japonais sont là, alors qu'ils tournent autour de nous comme des vautours pour leur documentaire sensationnaliste... Quelle guigne... Vraiment la poisse ! »

Et puis la docteure Gardner s'était calmée rapidement, en lançant, pragmatique : « Mais au moins ce mot nous couvre, au cas où la famille voudrait nous poursuivre... Ce n'est pas un accident et cette crétine de Vera Adams a été manipulée par quelqu'un de très déterminé... Quelle dinde ! On va devoir quand même trouver une solution pour la suite des choses. On ne va pas laisser partir les trois sœurs sur cet échec. Il faut les suivre, ces patientes du deuil. Voilà nos nouvelles responsabilités. Faire un suivi. »

En elle, la médecin psychanalyste avait repris le dessus sur l'enfant capricieuse qu'elle avait été et qui réapparaissait de temps à autre. Elle allait prodiguer des soins. Les crises, elle en faisait souvent, mais penser à son travail rendait ces accès de colère vite caducs. Oui, les filles Leroy avaient subi un choc, quelque chose de l'ordre du traumatisme. On allait devoir inventer des soins pour les remettre d'aplomb. Comment faire en sorte que la démarche thérapeutique globale auprès de la famille Leroy ne souffre pas de ce scandaleux suicide ? « Avons-nous vraiment besoin de la mourante pour lui donner la mort dans sept jours et créer avec elle son œuvre ? » C'était une question que Clarissa ne s'était jamais posée. Mais il n'était pas trop tard pour voir le monde ainsi et contempler de nouvelles perspectives d'intervention médicales et artistiques.

Josef s'étonnait que De Bruycker n'ait pas reçu le message, mais après vérification, il avait vu sur son propre message qu'Isabelle et l'assistant Jean faisaient partie de la liste des courriels en copie conforme. Pas étonnant que Thomas n'y figurât pas, malgré les plaintes qu'il poussait : il n'avait pas daigné donner aux familles cette possibilité de lui écrire. « "C'est mieux ainsi". Oui, vous n'avez pas été prévenu, De Bruycker, mais ce sont les mots très exacts qui nous ont été envoyés. » Tout cela s'avérait bien gênant. Comme le disait et l'exigeait Clarissa, il fallait inventer, créer. « Et pensons à cette balade en mer, dans quelques jours, Thomas. Avec l'équipe nous pourrons débriefer et respirer. L'Atlantique est merveilleux en cette saison, quand on ne s'y noie pas, avait poursuivi Josef, goguenard, et Clarissa va nous sortir de là, elle a toujours une idée. »

Thomas, excédé par le fait que ni Jean ni Isabelle ne l'avait prévenu du courriel de Rose Leroy, avait maugréé en entendant que Josef raccrochait. Couché sur sa méridienne, il prenait la chose très au sérieux. Oui, Clarissa travaillait sur la question, mais c'était lui l'artiste. Il s'entendait dire à voix basse en s'endormant doucement : « Jean ne m'a rien dit. Il commence à devenir inefficace… Il est pourtant plus jeune que moi et qu'Isabelle. Où est-il d'ailleurs, cet enfoiré ? Son boulot, c'est d'être installé ici, dans la pièce à côté, à travailler pour moi. Ne perdons pas de temps à penser à ces incompétents. Isa, elle non plus, n'a pas pipé mot. Pas un texto de sa part… Je ne peux compter que sur moi. Il faut inventer et réinventer. Gardner, cette belle garce, a raison. On doit créer envers et contre tout… "C'est mieux ainsi"… "C'est mieux ainsi" ! » ; et Thomas s'était assoupi mécontent, dans ce qu'il appelait lui-même un état de sommeil inventif.

Pas plus d'une heure plus tard, boum, au réveil d'une sieste énergisante à laquelle il avait très souvent recours dans la journée, l'idée, la grande idée lui vint naturellement. Quelle évidence ! Il ouvrit les yeux avec un sentiment de triomphe. Rose devait lui souffler tout cela à l'oreille. J'ai compris… Il faut intervenir, faire quelque chose de cette catastrophe. On est là pour cela après tout et là, je sais comment. Oui, je sais comment. Je dois convaincre les Leroy d'abord, Clarissa suivra.

Thomas se leva d'un bond, alla passer de l'eau froide sur son visage, engueula Jean qui venait de revenir travailler à l'appartement pour tenter de jongler avec l'emploi du temps de son patron durant les trois prochaines années. Jean avait dû discuter avec un sous-ministre français d'une possibilité de direction de théâtre pour Thomas et avait préféré faire ce Zoom de la salle de conférences. Il n'avait pas à s'excuser ! Il travaillait comme un forcené ! Établir un calendrier, répondre aux invitations ne constituaient pas de petites tâches, quand on travaillait pour le grand Thomas De Bruycker, et Jean faisait dans la haute voltige. Il tenait à le rappeler.

N'écoutant que son excitation, Thomas se précipitait déjà vers l'aile des patients. Il avait encore Josef au téléphone, qu'il venait de rappeler pour lui expliquer son plan. Il faisait de grandes enjambées. Son assistant, penaud, étourdi, avait du mal à le suivre. Pour le courriel : Jean ne l'avait pas vu. Il était en conversation avec la France et quand il l'avait découvert, il avait tenu à préserver la tranquillité du maître. Il comptait lui parler de tout cela plus tard. Il avait peut-être eu tort. Mais en quoi cette histoire le concernait-il après tout ? La clinique lui donnerait leurs honoraires, quoi qu'il arrive. C'était écrit dans le contrat. Thomas ne répondait pas à ces remarques sans intérêt. Il courait dans les couloirs de la clinique pour se rendre à l'aile de la mort. Il avait pris son vieil amant en grippe depuis quelque temps. On ne pouvait rien y faire. Bientôt, il serait mis à l'écart comme l'avait été Isabelle. Il jouerait un second rôle dans la vie de De Bruycker. Il ne s'agirait plus de simples petites incartades de Thomas. Un gamin prendrait tout bonnement sa place. Jean garderait son emploi, certes. Il le savait, le futur élu ne pourrait devenir secrétaire particulier de De Bruycker du jour au lendemain. Il y avait tant à faire dans un emploi où les humiliations étaient constantes. Mais ses jours glorieux étaient comptés. Thomas parlait haut et fort dans les grands corridors. Il semblait glisser sur les planchers de marbre de la clinique immaculée et silencieuse. Il gesticulait en engueulant Jean. Une infirmière lui en fit la remarque en sortant rapidement d'une chambre. Elle s'avança vers lui en lui disant d'une voix douce, contrôlée: « On meurt ici, monsieur! Je vous prierais de faire moins de bruit... » Le metteur en scène fuit la scène de son crime pour la déplacer un peu plus loin au rythme de ses grands pas. « On meurt ici, on meurt ici, mais on meurt partout, madame », avait-il lancé sans s'arrêter. Et voilà qu'il frappait à la porte de l'appartement des trois sœurs Leroy. Comment allait-il les trouver?

Les trois sœurs étaient passablement sonnées par la mort de leur Rose. Merline et Léonie avaient pleuré durant toute une heure et là, pour un temps, les larmes étaient taries. Les Leroy ne savaient que penser, que faire. Les plateaux de fromages et de fruits que la clinique leur avait offerts n'avaient pas été touchés. Elles n'allaient pas bien du tout et Gardner et sa clique ne les laissaient pas tranquilles, malgré les promesses. On venait aux nouvelles de temps à autre, une infirmière proposait des choses, une autre frappait à la porte par erreur, disait-elle. C'était exaspérant! Les sentiments des filles Leroy étaient bien confus. Elles éprouvaient une grande colère contre Rose qui avait tout décidé en cachette. Rose, la petite Rose, pourquoi les avait-elle bernées? Et comment avait-elle trouvé le courage? Et pourquoi était-on venues ici alors? Le courriel ne laissait aucun doute, sa mort n'était pas un accident dû à la négligence de Nurse Adams (pourtant fort incompétente, c'était évident), mais bien une décision réfléchie préparée et même chorégraphiée dans les moindres détails. Quelle artiste, Rose! Le matin, elle n'avait rien dit, elle avait embrassé ses sœurs, en leur suggérant de vaquer à leurs occupations. Elle, elle allait à la mer, avec le groupe des malades… «À tout à l'heure, les filles, à tout à l'heure», leur avait-elle lancé, câline et douce. Elle semblait en grande forme pour son état. Les trois autres sœurs ne doutaient plus du bien-fondé de leur venue à la clinique. Nurse Adams était là pour Rose. Qu'avait-elle fait? Mon dieu, qu'avait-elle fait? Est-ce le manoir et son environnement dignes d'un cirque qui l'avaient poussée au suicide ou bien avait-elle préparé sa mort pendant des mois, en regardant les photos de la belle jetée sur internet et en se réjouissant de pouvoir s'éclipser là, précisément là, de la vie? C'était l'hypothèse la plus probable, celle du suicide prémédité! Les trois sœurs, gourdes et leurrées, voyaient leur Rose comme une gamine honnête, transparente, tenant à leur faire part de ses moindres doutes. Petite, elle ne mentait jamais à Maman. Mais quelle capricieuse ! Une immense tragédie, pensaient les sœurs… Mais après tout, comme leur avait écrit Rose en jouant à la grande sœur d'outre-tombe, la digne fille de sa mère, c'était peut-être mieux ainsi. Il fallait penser de cette façon. Tout paraîtrait moins douloureux. Cette lente mise à mort qui avait débuté trois ans plus tôt venait de prendre fin. « Elle allait mourir dans quelques jours, les filles ! Il n'y a pas de grande différence. Elle voulait nous épargner la fin, méthode Gardner. Bonne idée ! Quelle Nosferatu cette bonne femme ! On a de la chance, vous ne comprenez pas… Oui, Rose nous offre les clés de la geôle ! » Alex essayait de convaincre ses sœurs que leur petite Rose avait pensé à elles. Comme elle avait bien fait de ne rien dire, de cacher son désespoir et sa détermination ! Ainsi Rose avait évité à ses sœurs et à elle-même des adieux déchirants, terribles. Rose demeurait si pudique et elle avait toujours détesté les moments de séparation. « Même enfant, souvenez-vous, les filles, avait ajouté Alexandrine. Faut respecter son geste. »

« Oui, c'était peut-être mieux ainsi », se répétaient les deux autres sœurs Leroy en tentant de se consoler, en se prenant dans les bras et en faisant signe à Alex de venir les étreindre. Cependant, elles n'arrivaient pas tout à fait à avoir foi dans les quatre derniers mots de Rose. Ce suicide était-il vraiment préférable à autre chose, aux protocoles de la clinique ? Merline était particulièrement peu rassurée par ce « C'est mieux ainsi »... On aurait pu faire cela à Québec alors ! Qu'était-on venues foutre ici ? Rose voulait-elle que les sœurs se rendent à Thoreau Heights pour elles-mêmes, pour leur propre bien-être ? Quel ratage ! Ne pouvait-elle trouver la force de son geste que déracinée, loin du Québec, presque en voyage, déjà en partance ? On frappait à la porte. Encore ! La clinique ne lâchait jamais...

Alex alla ouvrir, visiblement mécontente qu'on ne leur foute pas la paix et qu'on envoie à elle et ses sœurs encore un psychologue de la cellule d'urgence pour les aider à débriefer, à respirer. C'était, selon elle, la comédie Thoreau Heights et peut-être qu'en effet c'était bien mieux ainsi ! Rose avait raison. Maintenant on pouvait plier bagage et éviter les ateliers de création et tutti quanti. C'était tellement mieux ainsi... Pourtant, elle parlait de poursuivre la clinique. Nurse Adams avait été négligente, il ne fallait pas en douter. Et la clinique demeurait un attrape-nigaud pour gens désespérés.

Thomas, essoufflé, se tenait dans l'embrasure de la porte. Jean était juste derrière lui. Le metteur en scène demanda vite le privilège d'entrer malgré ces circonstances épouvantables. Alex le toisa, prête à l'envoyer paître, mais Merline couchée sur le sofa, la tête reposant sur les genoux de Léonie qui lui caressait maternellement les cheveux, se releva tout à coup. Elle dit, un peu rassérénée par la vue du Maestro et de son acolyte : « Mais laisse Thomas et Jean entrer, Alex, laisse-les, voyons ! Ils ont la délicatesse de venir nous présenter leurs condoléances, c'est très gentil, très gentil ! »

Le grand metteur en scène remercia Alexandrine Leroy de lui ouvrir le chemin vers le sofa, d'où l'on pouvait admirer la mer et la fatidique jetée. La journée au loin était merveilleuse. Léonie voulut souligner l'absurdité de la vie, en montrant d'un geste agacé l'immense baie vitrée. « Un temps pour aller en mer, prendre le large », dit-elle. Puis elle se tut.

Thomas présenta en effet à Alex ainsi qu'à ses sœurs ses plus sincères condoléances, en prenant une voix tremblante, visiblement sous le coup de l'émotion. Il insista pour tenir un moment chacune des sœurs dans ses grands bras. « C'est important de se toucher », lança-t-il. Sous les yeux ébahis d'Alex, Jean fit de même. Il adoptait un air contrit qu'il n'arriva pas à conserver bien longtemps. Il ne voulait visiblement pas être là. Quel mauvais acteur ! On le devinait en le regardant bouger derrière Thomas. Tout en lui était emprunté. S'il n'avait pas été l'amant de De Bruycker, il n'aurait même pas pu décrocher les petits rôles que l'on gardait pour lui depuis des années. Thomas (« Oui, appelez-moi Thomas ! nous sommes tous dans le même bateau ») disait ressentir avec les sœurs la violence de la situation. Et la peine, l'immense peine qu'elles éprouvaient, il la vivait lui aussi. Le deuil avait été l'objet de beaucoup de ses mises en scène, comme elles n'étaient pas sans le savoir, et lui-même avait été frappé par le malheur. Il avait perdu quelqu'un, un suicidé. Les journaux n'en avaient pas parlé. Il s'était fait discret. Même maintenant, il ne tenait pas à s'étaler sur le sujet. Cela serait de mauvais goût. Mais demeurait en lui un profond chagrin. Jean pouvait en témoigner. Rien ne pouvait les aider entièrement, il leur manquerait toujours une sœur, bien sûr et Rose était irremplaçable. Mais il ne fallait pas qu'elles restent prostrées, les filles Leroy. Rose avait envoyé là-dessus un message bien clair. Sa mort violente allait dans le sens d'une possibilité d'amélioration de la condition de ses sœurs et du monde. « C'est mieux ainsi », avait-elle écrit à tous. Les suicidés ne laissent pas toujours des mots. Elle voulait que l'on comprenne quelque chose. Pour le moment, il fallait s'en tenir à ce mieux, utopique bien qu'atteignable. Et ce mieux se présentait à portée de main. Il l'avait compris durant son impossible sieste. Il avait eu une idée. Il lui semblait qu'il n'avait pas fermé l'œil : les mots de Rose avaient dansé dans sa tête. Son enthousiasme n'était que l'œuvre de Rose : il venait de cette phrase ultime, posthume. Une communication poétique et esthétique s'était-elle établie entre elle et lui ? Il n'était pourtant pas croyant. Toujours est-il qu'il avait vu la solution. Elle paraissait bien évidente. Pendant ce qui devait être des instants de repos, il avait cogité et avait été saisi par une pensée qui ne lui appartenait pas, dont l'origine était Rose. Elle émanait de son esprit créateur qui continuait d'apparaître là, par courriel. Il avait donc eu une illumination. Oui, une véritable illumination. Voilà comment ce moment s'appelait. Et il en avait vécu durant toute sa carrière, riche en moments féconds. Il avait perçu une lumière vive dans tout ce désastre, l'intensité de l'espoir. Jean pouvait témoigner de sa rapidité à venir les rejoindre. Il était porté par quelque chose. Il ne croyait pas en l'au-delà, il le répétait, mais l'esprit de Rose, inscrit dans ce « C'est mieux ainsi », demeurait. Voilà tout simplement le mystère de l'art. Le seul vrai mystère qu'aucune science n'arrivera à percer.

« Pourquoi la clinique a-t-elle besoin de nos services et de ceux de nombreux artistes, pas tous également doués, d'ailleurs ? Parce que même la grande docteure Gardner, la célébrissime autrice de la mort, la scientifique, sait très bien que la science doit s'incliner devant l'art. Les médecins peuvent bien nous donner une piqûre et nous envoyer dans le sommeil ou encore *ad patres* sans souffrance, ils et elles n'apporteront jamais un sens à la vie. Ils ne répondront jamais aux questions de l'existence. Seul l'art… » Thomas parlait trop, il le comprenait… Et avait-il seulement réussi à les convaincre ? Des artistes comme elles… Il conseillait donc aux trois sœurs Leroy de reprendre le travail immédiatement, le soir même. On convoquerait une cellule de crise dans la salle des spectacles, juste après le repas. On préviendrait Isabelle, qui arrangerait tout. N'avaient-elles pas compris elles-mêmes en recevant le message de Rose ce qui restait à faire ?

Alex, qui s'affairait depuis trois heures à envoyer des courriels aux parents et amis, n'en croyait pas ses oreilles. Que pensait-il, cet idiot d'artiste ? Pourquoi Merline, pourtant bien, bien triste, était-elle si admirative ? Elle avait piqué une crise de nerfs plus tôt et Alex avait failli appeler la docteure Gardner pour que l'on administre à sa jeune sœur un petit calmant. Ces gens de la clinique devaient savoir au moins donner des médicaments pour tranquilliser les nerfs. Ils n'en étaient pas à leurs premiers endeuillés, « ces gougnafiers », comme aurait dit Papa. Oh, elle avait oublié de prévenir leur père… Il fallait qu'elle le fasse. Ses sœurs le voudraient-elles seulement ? Alexandrine n'avait jamais parlé avec Rose de sa prise de contact avec le père Dorfman. Personne ne savait qu'elle l'avait revu. Peut-être était-il préférable de ne rien faire ? De ne pas lui écrire ? Pour le moment, en tout cas…

Thomas continuait d'exposer sa foi en l'art et l'étendue du miracle qu'avait permis la sieste. Avait-il dormi ou non ? L'histoire était très embrouillée pour Alex. Il lui rappelait son père, ce type, voilà pourquoi elle pensait à cet affreux jojo. Les filles avaient raison de le surnommer ainsi. Elles avaient même pris le nom de leur mère après le divorce. Thomas répétait avoir eu une grande idée… venant de Rose. Alex, incrédule, regardait ses sœurs. Merline demeurait ravie d'avoir à ses côtés le grand Thomas De Bruycker. Elle était quand même un peu faible, Merline ! Mais ne le sommes-nous pas toutes les trois à notre manière, se demandait Alex avec philosophie. Et moi ! pourquoi l'ai-je contacté, ce père tyrannique ?

Léonie interrompit gentiment le maestro pour lui demander s'il voulait qu'Alex lui serve un peu de thé. Il avait tant à dire. Elle enchaîna en l'interrogeant sur les tâches à accomplir. Elle ne voyait pas en effet ce qu'on pouvait faire de plus. Tous les arrangements étaient inscrits d'avance au testament. Les papiers étaient signés depuis belle lurette. La succession était en marche. Alex serait l'exécutrice testamentaire ainsi que la responsable littéraire de Rose. On ne vient pas à Thoreau Heights sans avoir la paperasse en ordre. Que voulait-il de plus?

« Mais non! il ne s'agit pas de cela », s'indignait Thomas. Rien à voir avec une administration en règle de la mort. Il était question d'une œuvre d'art. Oui! Malgré la fin de Rose... Oui! Merline savait de quoi il parlait, n'est-ce pas? Il se tourna vers l'actrice. Ils avaient travaillé ensemble. Ce dernier mot de Rose, ce chef-d'œuvre de brièveté et d'intelligence, cette phrase hermétique qu'elle lançait à la vie et aux vivants afin qu'ils la saisissent au vol, qu'ils l'attrapent fièrement, qu'ils la sculptent, la modèlent, il fallait s'atteler à en faire un objet d'art. « M'entendez-vous? Une œuvre! »

On se réunirait tous et toutes et chacun interpréterait la phrase de la défunte. Chacun décrypterait à sa façon, selon sa propre lecture, le sens caché de ces vocables, sans point d'exclamation, plutôt *matter of fact*. On se lirait les textes en atelier, on les réécrirait tous et toutes ensemble en imaginant ce que Rose avait voulu léguer. À partir de chaque commentaire sur cette phrase, on ferait un chœur de voix accompagnatrices de Rose vers l'au-delà. On travaillerait avec le fantôme de Rose, avec son absence comme guide.

« Mais comment parler d'absence quand on a reçu ces mots, ces mots si significatifs, si pleins de l'avenir? criait en s'emportant De Bruycker. Créer, mettre en scène, jouer, jouer Rose sans sa présence, mais à travers sa disparition. On est des artistes, que diable ! C'est ce qu'attendait la petite sœur réelle ou symbolique de celles et ceux qui restent. Rien de moins… "C'est mieux ainsi"… Quel pur génie ! Quelle précision. Elle n'avait plus rien à ajouter. Non, Rose ne pouvait pas mieux dire, elle avait mené jusqu'au bout sa pensée. Mais pour les autres, le boulot commençait. "C'est mieux ainsi." »

Oui, l'œuvre serait encore plus forte sans sa présence à elle. Rose demandait à ce que l'on n'arrête pas le travail entamé, mais que l'on comprenne que l'excellence de ce dernier dépendait de sa mort à elle. Elle ne se serait pas sacrifiée en vain. On allait l'entendre, ce dernier mot, le faire retentir à tout vent.

« Nous ferons ensemble un texte que nous monterons à travers un chœur de voix qui, elles, se répondront autour de cette phrase somme toute extraordinaire, infinie dans son interprétation : "C'est mieux ainsi." Sans point d'exclamation. Voilà d'ailleurs le titre de l'œuvre posthume de Rose et nous : *C'est mieux ainsi*. On va mettre les réalisateurs japonais dans le coup. Jean va les appeler tout de go, vite, vite. Oui dépêche-toi ! Ils veulent aussi entreprendre un travail formidable, un documentaire du tonnerre. Je me suis entretenu ce matin avec Yoshiyuki, un garçon étonnant. On ne savait pas encore pour votre sœur, mais je l'avais déjà prévenu de la nécessité pour lui, s'il voulait réaliser un film marquant, de venir dans notre atelier et de faire de celui-ci le centre de son reportage sur la clinique. Il semblait enthousiaste, mais là, il va être ravi, tout simplement ravi. Comme quoi… Rose veille sur nous. Nous allons lui offrir un travail de cocréation avec la mort. Il ne pourra avoir mieux. Merline, vous serez l'interprète principale de notre opéra tragique. Vous jouerez à la fois votre sœur et vous-même. J'ai des idées. Vous serez traversée par ce *c'est mieux ainsi*. Hier, pendant le premier et seul atelier auquel votre sœur a participé, je l'ai enregistrée. Je voulais avoir une idée de ce qu'elle pouvait donner ce matin avec vous. Oublions ce projet sur sa vie d'enfant et tournons-nous vers son dernier mot. Ne partez pas sans avoir mis au monde une œuvre ! C'était pour elle en effet que nous étions, que nous sommes là. J'ai cru bon de garder sa voix. Bien m'en prit. On fera un mix de tout cela. Je n'ai pas une idée, j'en ai mille. »

Thomas se tut, satisfait de lui-même.

Alex saisit le sourire niais de Merline et comprit que pour sa sœur l'esprit de Rose était peut-être vraiment parmi eux, dans l'appartement donnant sur la mer. Il se trouvait lové dans la folie créatrice qui s'emparait de De Bruycker. Rose réalisait par sa mort un des grands souhaits de Merline. Son suicide donnait aux patientes Leroy, et surtout à l'actrice, un prestige aux yeux de Thomas.

Rose se serait réjouie !

Elle avait peut-être tout prévu.

Qui sait ?

CHAPITRE 13

Une petite heure à l'eucalyptus

Une petite heure à l'eucalyptus, c'est ce que Merline voulait. Une petite heure dans les vapeurs chaudes, extravagantes d'un luxe qu'elle espérait miraculeux. Tout doucement, elle venait d'immerger son corps meurtri dans le grand bassin d'eau chaude où la brume enveloppante semblait mettre au monde des génies et des anges aquatiques, des êtres évanescents surnaturels et protecteurs. Comme elle avait besoin de soins en ce moment, de fées marraines et de démons bienfaiteurs ! Comme elle aimait cette odeur aux notes fraîches de miel et de citron. Elle avait si peu pensé à elle, à sa chair, à ses organes, depuis le début de la maladie de Rose. Elle avait vécu à travers le corps de sa sœur qu'elle scrutait à chaque instant, qu'elle avait fait sien afin de pouvoir le sauver. Quelle folie ! Tout cela pour en arriver là. Les humains vivent de leurres. Et voilà qu'elle se retrouvait brutalement avec son propre organisme, ce tas de chair et d'os, dont elle ne savait plus que faire, mais qui, jaloux et cruel, lui demandait violemment des comptes. Elle avait mal. Cela tenaillait toute son anatomie et elle rêvait d'une chaleur emmaillottante, d'une camisole de force bien voluptueuse qui contiendrait sa douleur, la rendrait plus tendre. Une petite heure à l'eucalyptus, dans les effluves, détendrait ces membres devenus pierre et dégagerait ses voies respiratoires. Elle avait l'impression d'étouffer depuis des mois, des années… Une petite heure à l'eucalyptus… C'est ce que lui avait proposé la docteure Lauer, avec qui elle avait pris le petit-déjeuner dans la salle à manger. Eva lui avait dit doucement : « Je ne veux pas vous dire quoi faire, mais vous êtes en train de devenir une roche. Vous vous durcissez depuis le diagnostic de cancer de votre sœur et avec ce qui est arrivé à Rose, vous vous concrétez davantage. Je sais de quoi je parle, je me transforme en statue de marbre à la moindre occasion. Je me drape dans le roc. Allez aux thermes qu'offre Thoreau Heights. J'y vais, moi, quand il m'arrive d'être découragée par des journées méchantes durant lesquelles, pour tenir le coup, tout en moi se transforme en cuirasse, en bouclier. »

Eva souriait en prononçant ces mots, voulant faire comprendre à Merline qu'elle n'accepterait aucune question sur ses souffrances et qu'elle se donnait en exemple simplement pour encourager la patiente à rechercher un bien-être. L'eau... Quelle amie... « Vous bénéficierez de l'eau chaude. Elle vous bercera mieux que quiconque et vous rendra légère. Et puis vous verrez, cet endroit a été construit comme une grotte. Elle a quelque chose d'utérin, de franchement réconfortant. J'ai participé avec les architectes à l'élaboration du spa en me rappelant ma mère et son amour pour les bains. Maman était de nature inquiète... Une petite heure à l'eucalyptus, voilà ce que la médecin Eva Lauer vous prescrit! » Merline avait suivi les conseils d'Eva, qui lui semblait une personne bienveillante et sensée, pas comme cette garce de Gardner, qui l'avait reçue encore aujourd'hui dans une séance de psychanalyse où pas une parole n'avait pu être prononcée. Le silence s'était fait lourd, inquiétant. Pourquoi Gardner ne l'avait-elle pas rompu? Ne sentait-elle pas la détresse de sa patiente? Merline avait regardé le soleil se promener et jouer à travers le bureau de Gardner sans être capable d'articuler un mot. Elle était restée hébétée, assommée. Il fallait traiter et panser ses plaies inscrites à même sa chair. Elle s'était donc rendue aux bains, comme le lui avait suggéré Eva Maria Lauer, et s'était empêchée de se jeter sans réfléchir à l'entrée du spa dans un bassin d'eau glacée dont elle cherchait la violence.

Depuis quelque temps elle aspirait à blesser davantage son corps, à lui faire subir de plus nombreux sévices. Voilà trois ans qu'elle se précipitait d'une façon ou d'une autre dans les eaux gelées de la vie, et quand elle allait trop mal, elle plongeait tête première dans un océan glacial, en choisissant toujours les tâches les plus exigeantes, sans prendre aucun repos. Elle s'infligeait les morsures d'un froid sédatif dans lequel on pourrait l'amputer de sa sœur sans autre anesthésie préalable. Depuis le diagnostic de Rose, elle avait l'impression que seul l'hiver québécois et sa rudesse la maintenaient en vie. Dès l'automne, elle mettait son âme et son corps en mode frigo pour passer à travers les épreuves sans sourciller. L'été et ses excès fiévreux la trouvaient terrorisée. Comment pouvait-elle aider Rose dans cette langueur qui la ramenait à sa présence physique dans le monde ? Le froid lui avait donné la force de continuer. Eva avait raison. Il fallait sortir de cette hibernation de l'être. Ce ne serait pas facile, mais… Elle irait désormais vers la chaleur, la relaxation des muscles et l'odeur lascive de l'eucalyptus. Les mots d'Eva résonnaient encore en elle :

« Savez-vous qu'une légende ancienne veut que l'eucalyptus ait réussi à assainir les marais d'Israël, endiguant ainsi la transmission de malaria ? L'eucalyptus est réputé pour ses valeurs purificatrices et vous avez besoin d'éliminer en vous des pensées marécageuses. Dans la pensée juive, le mikvé est au cœur de nos pratiques. La vie communautaire s'intéresse aux rituels de l'eau. Ma mère qui était peu religieuse avait transformé cette pratique sacrée en simple amour des bains. Tout enfant, j'allais avec elle aux thermes juste à côté de notre clinique. Ce n'est pas bien sûr comme le mikvé, mais la tradition s'installe là où elle peut, elle persiste en nous. Mes parents exerçaient la médecine, eux aussi, tous les deux… Je ne vais pas vous raconter ma vie. Mais sachez que, même pour les défunts, chez les Juifs, l'eau est importante. La tahara est une pratique dans laquelle le corps des morts est purifié par l'eau, et de préférence par l'immersion dans une mikvé, sous la supervision de la Hevra Kaddisha et d'elle seule. C'est l'assemblée sainte du dernier devoir. La tahara n'est pas une simple toilette funéraire comme on peut le dire en s'appuyant sur d'autres pratiques dans le monde, mais elle constitue une étape préliminaire à la libération de l'âme, c'est un accompagnement. On ne lave pas les morts, là n'est pas l'idée… Mais on se permet d'accompagner les défunts vers là où ils vont. Votre sœur, dit Eva en plantant son regard dans celui de Merline, qui finissait sans conviction sa salade dans la grande salle à manger lambrissée de la clinique de la docteure Gardner, n'a pas voulu que vous l'accompagniez. Non, elle ne voulait pas. Vous sentez qu'elle vous a privée de ce qui aurait pu vous aider. Elle est allée toute seule vers sa mort et a refusé toute main généreuse tendue dans sa direction. Cela vous fait mal, bien sûr, mais il faut respecter le souhait le plus cher de sa fin de vie. Elle tenait à être seule pour plonger son être déjà mort dans la mikvé qu'est l'océan. Depuis son corps a été brûlé, sans grande cérémonie comme elle l'avait décidé. Vous étiez là. Mais vous avez besoin d'accompagnement, pour vous et par là même pour elle. C'est ce que vous ressentez. Je ne suis pas votre psychanalyste, et le processus est très lent. Mais pour le moment, je suis votre médecin, je me veux très pratique et il faut faire vite. Allez aux thermes, vous verrez. Ce sera efficace. Une petite heure à l'eucalyptus, vous dis-je. »

Merline dans le spa venait de se réfugier sans trop froisser la surface de l'eau près de la cascade où un homme et une femme dans la vingtaine se tenaient. Qui de ces deux-là allait perdre bientôt un proche ou encore de qui étaient-ils en train de vivre l'absence, sous l'eau qui frappait leurs épaules et leur nuque ? Il lui semblait qu'elle avait aperçu ces deux êtres blessés sur la terrasse, un peu à l'écart de leur famille. Étaient-ils en train de faire difficilement le deuil d'une grand-mère à laquelle il ne restait que deux jours ? Ou encore se débarrassaient-ils ici d'un oncle tyrannique ? Va savoir. Leurs mines paraissaient très peinées et ils ne bavardaient pas entre eux. Que dire ? Parfois, il suffit d'être côte à côte.

Ils souffraient, oui, ils n'allaient pas bien. Ils ne se défaisaient d'aucun parent méchant dont ils ne voulaient plus. Ils étaient venus à Thoreau Heights pour un être cher. Ils demeuraient donc sous la cascade, dont ils appréciaient la force de l'eau qui tambourinait leur corps clos, raide. Ils semblaient vouloir laver leur peine à grande eau. La femme cherchait à saisir le bras de l'homme. Au bout d'un temps, il remarqua le geste et prit sa main pour la réconforter. Le jet devait être fort pour bien nettoyer leur cœur embarbouillé. Quel mort en eux accompagnaient-ils dans cette mikvé de pacotille ? Et que voyaient-ils, ces jeunes gens, en elle ? Une femme presque vieille qui était enfermée dans sa peine, certes. Se rendaient-ils compte seulement de sa présence ? Merline se sentait lourde, comme un gros rocher inerte, plus rien de vivant en elle. Un objet encombrant à contourner. Ils ne pouvaient la distinguer des pierres qui donnaient à cette piscine d'eau chaude l'aspect d'une caverne platonicienne. En effet, ici on pouvait oublier la réalité et être enchaînés aux apparences. C'était un lieu où étaient abolis la lumière naturelle et l'océan qui avale les corps en les recrachant. Il s'agissait de se laisser porter par cet espace factice qui possédait pourtant des vertus réparatrices. Le soleil des journées de juillet lui faisait mal. Il l'avait rendue muette dans le cabinet de la docteure Gardner durant la séance du matin. Quel petit bonheur d'être dans cette grotte sombre, dans ce lieu d'illusions faites d'eau et de brume. Une petite heure à l'eucalyptus…

La magie qu'opérait l'odeur de la plante sur ses sens redonnait vie à Merline. La jeune femme sous la cascade lui sourit alors que Merline s'approchait du jet. Elle ne lui répondit que d'un signe de tête peu engageant. Elle savait qu'elle avait tort, que l'eau lui apprenait à délier tous ses muscles et même son cœur. Elle aurait voulu exprimer une bienveillance, celle qu'elle savait ressentir. Mais c'était encore trop tôt pour elle. Il n'y avait que le travail avec De Bruycker pour lui redonner un peu de courage dans le monde des vivants. Elle voyait en ces ateliers où elle pouvait être actrice un cadeau par-delà la mort de sa sœur. Se montrait-elle vaine ainsi ? Pourquoi s'accrochait-elle à sa gloire passée ? À ce travail ridicule dans les circonstances ? Rose, elle-même, dans les trois années de sa maladie, n'avait jamais autant écrit. Chaque matin, elle se dépêchait d'entrer dans le monde de ses livres pour enfants. Elle n'était plus alors une sœur malade du cancer. Elle devenait les mots qui seraient lus un jour par des enfants encore loin d'être nés ou même imaginés… Alex avait-elle prévenu l'agente de Rose des derniers événements ? Quel serait le communiqué de presse officiel ? Fallait-il taire le suicide de Rose ? Une autrice pour la jeunesse qui se donne la mort, cela ne paraît guère vendeur… Les parents de gamins en bas âge sont des créatures exigeantes, terrifiées et surtout tyranniques. Il faudrait y penser, développer une stratégie. Bof ! L'agente de Rose s'en chargerait. Elle connaissait son affaire.

La jeune femme dans l'eau aux côtés de Merline venait de lui tourner le dos, blessée peut-être par le manque d'hospitalité de sa voisine. De toute façon, Merline ne voulait surtout pas engager la conversation. Les abîmés de la vie n'ont rien à se dire, en fait. La douleur est égoïste, elle tourne autour d'un objet singulier irremplaçable. Se savoir semblable à d'autres rend la peine presque vulgaire. Comment aller se présenter à quelqu'un et partager son chagrin ? C'est du moins ce que Merline se demandait et voilà pourquoi elle avait préféré ce simulacre de début de psychanalyse avec cette garce de docteure Gardner à une thérapie de groupe où les douleurs auraient été comparées, soupesées. On aurait joué à un jeu cruel ! Qui remporte le prix du plus gros deuil ? Peut-être bien les sœurs Leroy après tout. Avoir une frangine qui se suicide avant qu'on lui donne la mort, cela n'a rien de banal. Mais avec une tragédie de la sorte, on ne remporte qu'un prix de consolation : celui de la mort la plus étrange à Thoreau Heights.

Rose, elle, serait nommée l'enquiquineuse posthume en chef de l'été. Il fallait voir la mine courroucée et pourtant composée de Gardner quand elle était venue annoncer le suicide de Rose pour bien le comprendre. Oui, des prix ridicules, médiocres, voilà avec quoi elles repartiraient, elle et ses sœurs. Rien de plus, parce que des chagrins, il y en a toujours des pires. C'est le dicton et il paraît que de le répéter comme un mantra console. Quelle foutaise! Sa sœur Léonie, elle ne l'entendait pas ainsi. Elle avait apparemment trouvé du réconfort dans le partage de ses souffrances. Et en catimini elle avait décidé ne plus se confier à ses sœurs. Elle cherchait des amis au sein des autres familles en deuil: Pamela, oui Pamela, Merline se rappelait le nom de cette femme pourtant sympa, mais peu intelligente avec laquelle Léonie bavardait sur la terrasse. Pam était en train de faire ses adieux à une grande copine et s'en faisait assurément une autre: Léonie. Merline était cynique. Elle ne voyait pas ces acoquinements de clinique d'un bon œil. Elle ne pouvait s'empêcher de juger les besoins irrépressibles de Léonie de se faire de nouvelles relations. Elle devait se sentir seule à Newcastle. Alex allait bien sûr dans le sens de Merline. Mais Léonie, elle, devait sûrement lui reprocher son enthousiasme obscène pour le théâtre au beau milieu de la catastrophe et Alex évitait de pleurer en passant toutes ces journées sur son cellulaire, réglant les affaires de Rose. Chacun tente de survivre comme il peut.

L'eau était excessivement chaude dans le bassin qui se trouvait dans le spa de l'aile ouest de Thoreau Heights. Comme les deux jeunes gens venaient de quitter la piscine pour s'engouffrer dans un sauna, Merline faisait l'étoile et contemplait le plafond et les murs du lieu. La décoration qui reproduisait une grotte (italienne ? grecque ?) se donnait comme enveloppante, oui, utérine, un rien kitsch. Merline aurait pu aller se tremper les pieds dans l'océan si proche et si beau et nager dans les vagues douces ou encore elle aurait pu aller se rafraîchir dans un des ruisseaux joyeux qui traversaient la forêt. Mais elle avait préféré, suivant ainsi la recommandation de Lauer, la grotte artificielle, sorte de mikvé pour accomplir le rituel de l'accompagnement de la morte en elle. Elle voulait s'éloigner de la jetée d'où sa Rose s'était précipitée. Elle avait même demandé à changer encore d'appartement pour ne plus voir la mer et surtout l'espace où elle avait veillé sur sa sœur pendant les deux premières nuits de leur séjour. Josef en les déplaçant les avait encore mises devant l'Atlantique… Confus, comprenant vaguement le problème, il leur avait immédiatement proposé un appartement plus sombre donnant sur la montagne. Dans cette grotte, tout comme dans ses nouveaux quartiers, elle se trouvait à l'abri du soleil cruel. Elle avait la sensation de pouvoir se blottir, régresser un peu et panser ses blessures. Depuis presque trois ans, elle se promenait tôt le matin ou très tard le soir... Et là, depuis quarante-huit heures, depuis que Rose... Mon dieu... Elle préférait se tenir dans une obscurité presque totale. Elle n'avait pas quitté ses lunettes de soleil depuis qu'elle avait vu le cadavre boursouflé de sa sœur, qu'on avait vite repêché. Pourquoi Rose leur avait-elle infligé cela? La thanatologue Emma Slater avait fait de son mieux. Elle avait travaillé toute la nuit pour rendre Rose présentable. Voilà des années qu'elle rafistolait les morts, et elle était très attentive à l'effet des cadavres sur les proches. Elle avait parlé de la beauté de Rose: elle voulait rendre hommage à cette beauté-là juste avant l'incinération qui détruit toute trace de l'existence. Quand Rose et Merline s'étaient décidées pour la crémation, un après-midi à Québec, elles avaient simplement hâte de se débarrasser des formalités. Maintenant Merline se demandait si elle n'aurait pas préféré un enterrement. On allait dissiper les cendres dans la mer. Le 7 juillet... On resterait jusque-là. Voir sa jeune sœur morte n'avait pas été facile. Léonie s'était évanouie et c'est Alex qui l'avait retenue de tomber. Gardner, qui était juste à côté, l'avait immédiatement fait sortir et lui avait donné une petite piqûre... Quelle comédie! Un moment hilarant ! Voir Rose sans vie et boursouflée. Mais malgré le fou rire qui semblait vouloir la tenailler à travers les premiers moments de deuil, Merline était restée aussi raide que le cadavre de sa sœur. Le mode frigo opérait.

Dans la pénombre de la grotte, le corps entortillé dans les vapeurs chaudes, Merline éprouvait un bien-être physique rare. Son esprit, délié par la chaleur, pouvait enfin errer, vagabonder à travers des souvenirs tout récents ou anciens et passer par des émotions contradictoires. Il avait fallu assumer d'être forte, de devenir toute crispée. Rien de grave ou d'anormal, mais la chaleur de la grotte était si bonne tout à coup. Rose aussi avait dû se contracter il y a fort longtemps. Par la douleur et surtout par sa retenue. Depuis des mois et des mois en effet, elle ne pouvait rien montrer à ses sœurs. Merline le savait bien… Mais parfois elle se mentait et se plaisait à croire que sa sœur n'exhibait aucune souffrance parce qu'elle n'en ressentait aucune. Ce qui était faux, bien sûr… Mais le leurre demeure parfois si tentant. Nécessaire.

Le plafond de la piscine était peint dans une couleur sombre ; il forçait les pensées à rester dans l'eau et ses vapeurs. Les divagations de Merline l'enrobaient, lui redonnaient un corps. Gardner et sa secte avaient tout prévu. La Clarissa connaissait toutes les étapes par lesquelles passent les morts en devenir et les deuillants, et elle avait arrangé la clinique pour qu'elle puisse offrir à tous des moments comme cela, aux doux parfums d'eucalyptus. Gardner avait sûrement l'intention de transformer les familles en homards cuits à petit feu durant leur séjour à Thoreau Heights. À quelle sauce mangerait-elle toutes ces créatures prises au piège dans leur carcasse de deuillants ?

Merline, de mauvaise foi, pensait à sa colère contre Gardner qu'elle accusait de tous les péchés, sachant pourtant que c'est sur les conseils d'Eva qu'elle se blottissait dans la grotte et que Gardner ne lui avait jamais parlé de spa. Toute la colère contre la vie injuste se voyait destinée à la psy. Était-ce cela un transfert ? Alors, elle n'en avait jamais fait un, lors de ses psychanalyses précédentes. Ou alors elle se souvenait mal. À Merline, il semblait que ses poumons prenaient de l'expansion dans sa poitrine et que son dos, son dos si douloureux d'habitude, retrouvait sa forme ancienne, celle du plaisir possible. Que la chaleur était bonne. Oui, elle avait eu terriblement froid, même à Thoreau Heights. La première nuit sans Rose avait été glaciale. Trop froide, beaucoup trop froide même pour une Merline, fille du Nord, en mode frigo. Et elle avait décidé de dormir dans le lit de Léonie, avec sa sœur, qui n'avait rien dit lorsqu'elle s'était glissée à ses côtés. Léonie s'était même tournée vers le corps de sa petite Merline et l'avait enserrée dans ses bras. Au bout d'un temps, Léonie avait pleuré, « en cuiller » comme disait leur mère. Elle n'avait pas soufflé mot et sans jamais regarder sa sœur, elle s'était endormie ainsi dans ses larmes chaudes, qui l'avaient malgré tout apaisée. Merline, elle, n'avait pas fermé l'œil de la nuit, le corps sec et raide. Froid.

Dans la piscine d'eau chaude, elle sentait qu'elle pourrait se laisser aller aux larmes. Oui, elle pourrait peut-être. On verrait.

Entra dans le bassin bienfaisant, aux effluves d'eucalyptus, un petit homme presque cadavérique, qui semblait très âgé, mais il était difficile de juger ce corps tant il paraissait abîmé. Merline ne comprenait pas ce que faisait là cet homme, visiblement malade. Les agonisants possédaient d'autres lieux de soin et de relaxation. Gardner avait veillé à ce que le temps diurne des familles avec leurs mourants soit réduit, en prévision de la fin, de la grande séparation. Dans la journée on soignait les patients. Et les proches avaient, eux aussi, des soins de toutes sortes, mais bien différents. Merline avait beaucoup lu sur les théories et pratiques de la docteure Gardner. Si ici on privilégiait des moments communs autour de réjouissances et d'activités créatrices, les familles n'avaient plus le même accès à la douleur des agonisants. Dès qu'elles passaient le seuil de la clinique, les infirmiers et les médecins se chargeaient des patients le jour. Les endeuillés devaient pouvoir oublier la mort en travaillant ou encore en profitant d'une petite heure de rien du tout par jour, perdus dans les vapeurs de l'eucalyptus. Ainsi la vie infecte, nauséabonde devenait presque supportable. Cet homme chétif était bien un deuillant et c'était peut-être sa peine qui le rendait semblable à un cadavre. Oui, il n'y avait dans cette hypothèse rien que du rationnel. Et elle, Merline, à quoi ressemblait-elle ? Tout le monde la trouvait si maigre, et avec sa peur du soleil, son visage était devenu grisâtre, crayeux… En débarquant de l'avion, Léonie lui avait dit immédiatement : « Mais que tu as mauvaise mine ! » La mère des quatre sœurs aurait fait la même remarque désagréable. On avait éclaté de rire, en pensant à Claire Leroy qui survivait dans les remarques de ses filles. Oui, tout le monde avait rigolé, s'empêchant de commenter le fait effrayant que Merline affichait un visage terriblement amaigri et défait. Alex, elle, était arrivée les bras chargés de victuailles achetées à l'aéroport de New York. Elle avait avec elle des boîtes et des boîtes de chocolat Lindt que Merline adorait depuis l'enfance. Alexandrine avait bien vu sur Skype que sa sœur avait perdu un poids considérable dans les deux derniers mois, mais elle n'avait rien dit. Merline dans les dernières années s'était identifiée à sa Rose. Son corps avait fini par être le jumeau de celui de sa protégée. Oui, elle avait considérablement maigri, ses joues et ses yeux s'étaient creusés et sa peau était devenue très fine, sillonnée de rides. En jetant un bref coup d'œil à ses bras, ses jambes et son buste, Merline eut l'intuition qu'elle ressemblait à cet homme à l'aspect délabré, trop chétif. Arriverait-elle à laisser partir ce cadavre en elle, ce cadavre qu'elle était devenue ? Il lui fallait non seulement accompagner Rose vers la mort, mais escorter la malade et la morte qu'elle incarnait maintenant vers un territoire autre. Elle devait laisser s'échapper hors d'elle ces corps embarrassants qui se dissoudraient peut-être dans la brume chaude de la piscine. Pour cela, la roche qu'elle était avait besoin de se faire poreuse et de laisser entrer l'eau. Il fallait s'éroder vite, vite. Devenir une terre glaise que la grande eau saurait dissoudre.

Merline pensait à nouveau au corps de sa sœur, tel qu'il avait été présenté dans le salon funéraire de la petite ville adjacente à Thoreau Heights. Elle avait tenu à toucher une dernière fois Rose et l'avait embrassée sur le front. Petite, elle se rappelait avoir couvert sa sœur de baisers. Elle la dévorait d'amour, et leur père lui avait ordonné d'arrêter tout de suite et pour toujours ce manège. Faire des suçons à sa petite sœur, quelle idée ? « C'est sûrement québécois », avait-il hurlé affirmant que tout cela était ob-scè-ne. Merline s'était sentie sale d'embrasser ainsi sa sœur. Elle regrettait maintenant de ne pas avoir pris plus souvent Rose dans ses bras. Durant la maladie, le mode frigo avait fonctionné. Les deux sœurs se couvaient des yeux, mais Merline avait réduit ses gestes de tendresse à ceux que la maladie et les soins rendaient légitimes. Il y avait eu à la naissance de Rose chez Merline des envies cannibales. C'était son bébé après tout et elle l'aurait mangée toute crue. Quand elle avait vu le corps de Rose entrer dans le four crématoire, elle avait compris que sa sœur morte serait dévorée par les flammes. Elle avait ressenti une jalousie enfantine presque inexplicable. Le père Dorfman, le tyran, aurait peut-être dû laisser la petite Merline bouffer sa Rosie. On n'en serait pas là, dans le bassin d'eau chaude à essayer de survivre à la mort d'une sœur. Alex avait dû le prévenir. Les sœurs se doutaient bien qu'elle avait repris contact avec lui. Ne serait-ce que pour le narguer avec tout son argent… Alex lui avait sûrement caché ses amours avec des femmes. Elle avait toujours voulu être la parfaite fille de son papa et elle avait réussi… Beaucoup mieux que ce minable… Un médecin. Il avait mis tous ses espoirs en Alex. Il connaissait peu Rose. De toute façon, il s'en moquait.

Quand Merline sortit de sa rêverie, elle vit que l'homme maigre avait déjà quitté le bassin. Lui aussi s'était probablement réfugié dans le sauna. Elle pensa que même les endeuillés trouvaient sa présence glauque et lourde. Elle se mit à rire. Elle aurait voulu raconter à Rose le vide qu'elle créait dans les piscines. C'était pratique, non ? Rose aurait aimé cette histoire. Elles auraient rigolé ensemble. Rire, pleurer pouvait se réapprendre ? Dans la voiture vers Thoreau Heights, les sœurs s'étaient fendu la poire. L'eau chaude faisait des miracles. Merline demeurait en étoile dans le bassin, flottant à sa surface. Elle sentait son corps s'abandonner à la chaleur et ses pensées partir dans tous les sens. Elle imaginait ce que ce serait de se noyer ici. Comme Rose avait dû avoir mal : l'eau qui remplit les poumons, on étouffe et puis plus rien. Il fallait l'espérer, du moins. On mettait combien de secondes avant de perdre connaissance ? Oui, si elle, Merline, jouait à la noyée ici, la Gardner en ferait, une tête ! De quoi ruiner sa clinique… Rien que pour cela, le jeu en valait peut-être la chandelle. Mais il n'était pas temps de voler la vedette à Rose. Merline irait vers son destin à elle. Elle devait continuer sa vie. Il ne lui restait pas tant d'années. Peut-être trop… On aviserait.

Merline Leroy sortit de l'eau très lentement, s'enveloppa dans la grande serviette blanche et le peignoir que la docteure Gardner avait dû choisir pour le corps de ses patients. Tout était si impeccable, si pensé ici. Elle regarda le bassin chaud à regret, elle venait de laisser là une partie d'elle-même : un possible suicide. Demain elle reviendrait. Et ce serait un autre fragment d'elle qui se détacherait grâce à la chaleur. Il suffisait, après tout, pour pouvoir continuer, de quelques petites heures à l'eucalyptus.

CHAPITRE 14

L'heure du thé

Elle aurait dû prendre un thé, oui un thé, c'est simple et on ne peut pas le rater. Il suffit de mettre de l'eau chaude avec un sachet. Les feuilles de thé n'ont pas à être bonnes ou singulières, juste pas trop desséchées, c'est tout ; et même à partir des feuilles ou des sachets racornis, voire flétris, ou d'eau trop chaude, un thé est toujours convenable. Que l'on respecte ou non le temps d'infusion, le thé garde quelque chose de réconfortant. À Newcastle, elle a pris l'habitude de s'en tenir au thé, par prudence. Les descendants des colons anglais savent, après tout, s'acquitter avec beaucoup de grâce de la préparation du thé. Bien sûr depuis quelque temps des cafés *third wave* se sont installés dans la ville et à travers toute l'Australie, mais Léonie préfère commander des thés dans son pays d'adoption. On ne sait jamais. L'art du café appartient peut-être après tout à quelques nations. Pas à beaucoup. Et le génie australien ne réside pas dans le café. À tort, elle a pensé que dans le Maine, au cœur du village qui se trouve à quelques *miles* de la clinique de Thoreau Heights, elle allait tomber, comme au Québec, sur un bon ou encore un pas trop mauvais café. Elle n'a pas songé que ce coin de pays ne possède pas un goût particulièrement raffiné pour cette boisson stimulante qui procure, quand elle est bien concoctée, un plaisir sans pareil. À Newcastle, elle ne trouve pas les grains qu'elle veut et elle achète donc sur internet du café à moudre pour savourer chez elle, en toute tranquillité, cet arome corsé qu'elle aime tant et qui demeure si bienfaisant.

Oui un fortifiant, voilà ce qu'elle aurait aimé trouver aujourd'hui dans un excellent café. Mais on lui a servi ce truc infect. Elle aurait dû y penser et commander un thé ici. À la clinique, le café n'est pas trop mauvais. Un espresso ou un macchiato un peu ennuyeux, simplement fade. Alors elle espérait qu'ici, enfin, elle pourrait assouvir cette envie folle d'un très bon café.

Léonie regarde autour d'elle, elle se résigne à demander à la serveuse un Earl Grey avec un peu de lait chaud à côté. Elle ne finira pas cet exécrable café. On devrait savoir faire ce genre de choses ici, non ? Et puis elle va commander un scone. Elle a aperçu les pâtisseries tout à l'heure en rentrant, elles lui faisaient de l'œil sous d'énormes cloches de verre. Leur forme rondelette inspirait confiance. Elle s'étonne d'avoir grand-faim tout à coup et de vouloir dévorer un petit gâteau brioché. Voilà des jours qu'elle mange à peine... Depuis son arrivée en Amérique du Nord. Sa sœur n'allait pas bien et puis... Tout cela la rendait nauséeuse. Mais là, un scone avec du beurre ou encore avec une bonne crème épaisse devrait la réconforter. La vie en elle revient. L'appétit aussi. Le Maine et les scones, cela crée certainement un mariage gagnant. La Nouvelle-Angleterre doit bien trouver le moyen d'être à la hauteur de son nom et d'entrer en compétition pour les scones et le thé avec la mère patrie ou ses colonies du Commonwealth. Le petit resto ici se nomme Scones Goddess. Toute une promesse. Elle va prendre un truc à la lavande... Il est amusant de découvrir ce genre de biscuits à la lavande ou à la rose. Mais pour les saveurs à la rose, elle n'essaiera pas tout de suite... Le nom de sa sœur : une douleur... On attendra. Elle ne sait si elle doit se réjouir d'être prise d'une telle fringale. Il y a dans le gel des sens et de l'esprit que produit le deuil en l'humain quelque chose de rassurant. Le corps ne songe plus à se protéger, il veille simplement sur la peine, se nourrit d'elle, la gobe.

Léonie se retrouve seule à une table à l'abri du soleil dans un coin du petit établissement qui donne sur la rue principale de Lexington. C'est la première fois depuis son arrivée en Amérique du Nord, il y a huit jours, que ses sœurs ne lui collent pas aux baskets, mais c'est surtout la première fois depuis le suicide de Rose qu'elle passe une heure ou deux sans personne à ses côtés. Non seulement la clinique exerce une surveillance à peine cachée sur ses clientes traumatisées en leur proposant à tout moment des médicaments, des repas, des collations, des séances de relaxation ou de psychanalyse et des ateliers épuisants, mais Alexandrine, Léonie et Merline ne cessent de s'épier entre elles. Elles se retrouvent en observation, tentant de détecter dans la moindre parole d'une des leurs un appel à l'aide ou encore un malaise inexprimable. Chacune craint qu'une des deux autres Leroy aille mal et décide *ex abrupto* de mettre fin à ses jours. Et hop ! un petit plongeon dans l'Atlantique avec quelques cailloux dans les poches et une Leroy se trouve balayée de la carte. Une femme à la mer ! Et pourquoi pas une autre, après tout ? La petite sœur a déguerpi sans crier gare. On n'est jamais trop prudentes. Quel choc, ce suicide de Rose qui a déjoué tout le monde ! Quelle mauvaise surprise qui rend dorénavant toute attitude ou tout geste suspect ! On en devient parano… Pas possible de faire autrement. Les sœurs Leroy se sont avérées de bien piètres lectrices des signes émis hypocritement par leur Rose dans les derniers jours. Rosie a joué au sémaphore et tous les bateaux, petits et grands, se sont lamentablement échoués. On ne compte plus les naufrages. Des épaves jonchent le littoral… Et la docteure Gardner continue à faire semblant de rien. Les Leroy n'y ont vu que du feu. Rosie les a vraiment bernées : « Oui, oui, cela ira bien, ce sera super ! J'ai décidé de mourir tranquillement, avec ma tribu à mes côtés. Vous serez là. Allons à Thoreau Heights. Nous produirons une œuvre commune, cela vous aidera et si vous ne le faites pas pour vous, sacrifiez-vous pour Merline qui, elle, en a besoin. Elle s'occupe de moi depuis trois ans. Oui, je veux mourir là-bas, cela vous paraîtra moins glauque… »

Moins glauque : tu parles… Quelle Circé… Tout le monde est capable de mensonges, et même une petite sœur parfaite qui promet de mourir tranquillement. Mes frangines me tiendront la main, cela constituera un moment unique. Quelle grosse menteuse, la Rose Sélavy. Voilà la leçon apprise. Maman le savait. Elle nous avait prévenues. Rose n'était alors qu'une enfant : « Ne laissez pas Rose toute seule, même quand elle vous dit que ça ira. Elle aime faire des bêtises. On ne l'abandonne pas sans surveillance. Jamais… Compris, mes grandes filles ? »

Où est la serveuse ? Ah ! la voici ! Elle revient avec l'addition, mais non ! « Je ne m'en vais pas, lui annonce

Léonie agacée. Je veux un scone à la lavande et un thé Earl Grey servi avec un nuage de lait chaud dans un petit pot à côté. Et puis… mettez-moi un second scone… Je vais prendre… Attendez… Je vais prendre celui au citron, oui ce sera parfait. Votre crème est bonne, non ? Pas comme le café ? Infect ! Vous pouvez rajouter tout cela à mon addition. Je reste ici encore un petit moment. Et ne faites pas bouillir le lait, je vous prie. »

Alex a demandé à aller au village pour passer à la poste. Un document recommandé nécessitait apparemment une telle démarche. Léonie ne se souvient plus si cet envoi d'une enveloppe épaisse, qu'Alex a brandie comme preuve de l'urgence de trouver un bureau de poste, s'inscrit dans les tâches de sa sœur au travail ou s'il s'agit de courrier concernant la succession. Alex a fourni à Merline beaucoup trop de détails sur cette enveloppe et Léonie a préféré ne pas écouter ce boniment. Elle soupçonne sa sœur d'avoir voulu simplement quitter la clinique, qui commence à paraître bien sinistre. Mais elle n'a rien dit. Merline semblait convaincue. On se demande comment à l'époque des courriels et des documents numérisés signés électroniquement Alexandrine Leroy, la femme d'affaires au fait de toutes les avancées technologiques, aurait encore besoin de la poste. Peu importe, Léonie s'est tout de suite portée volontaire pour accompagner sa sœur là où le devoir l'appelait.

Quitter Thoreau Heights leur ferait le plus grand bien à toutes les deux. Il a fallu demander la permission aux autorités de la clinique. Les disciples de Thoreau n'ont pas bien assimilé les leçons du maître. La désobéissance civile comme idéal, Gardner et les Lauer ne connaissent pas. Alex, plus pragmatique, leur a lancé que toute cette procédure n'était absolument pas légale. Une vraie prison ce lieu. Rose a préféré mourir en mer plutôt que de les laisser la tuer. On peut la comprendre. La clinique assure une surveillance bien efficace pour la protection des patients. Vraiment? Tu m'en diras tant… Du blabla. Rose leur a fait un beau pied de nez, à ses geôliers. Ah ça! ils l'ont eu dans le baba, les membres de l'équipe chevronnée de la très célèbre docteure Gardner. Une mourante leur a filé entre les doigts. Elle ne tenait pas debout, Rose, et pourtant… Leur vigilance… Une vraie foutaise… Personne n'a une envie folle de s'éterniser à Thoreau Heights. Alex et Léonie, après le lunch, sont donc montées dans la Jeep blanche garée par une jeune femme devant l'entrée de la clinique. Alex s'est immédiatement mise au volant. «Tu conduis du mauvais côté, ma chère sœur. Je n'ai pas envie que tu détruises la bagnole de Merline ou que tu nous tues. Tu imagines la tête que ferait Merline?

Elle a assez de soucis comme cela. » Léonie, sans répondre et se retenant de rire, s'est installée devant, à la place du passager, là où Rose se trouvait la dernière fois qu'elles étaient dans l'auto, quatre jours plus tôt. Cela faisait quand même tout drôle ! Merline, elle, a préféré rester à Thoreau Heights et se réfugier dans le cabinet de la docteure Gardner pour sa séance du jour. « Je ne suis pas prête pour un retour au monde, a-t-elle lancé à ses sœurs. Pour le moment, je dois me terrer un peu… » « Sauf pour les ateliers, bien sûr », aurait voulu répondre Léonie, mais elle s'est retenue de commenter. Elle ne voulait pas blesser sa sœur, qui s'est occupée de Rose pendant trois ans et qui a sûrement besoin de se jeter dans le travail… Et en ce moment, la complicité dans la taquinerie est absente des rapports avec Merline. Tout lui fait mal… Quand la voiture a quitté la propriété de la clinique, Alex et Léonie se sont immédiatement senties mieux. Elles ont échangé un regard complice, mais elles n'ont pipé mot. Que dire ? C'est qu'on étouffe à Thoreau Heights, surtout après le suicide de Rose. Maintenant qu'elles n'ont plus à penser à la mort prochaine de leur sœur, elles constatent la tristesse du lieu, où les morts se suivent à la queue leu leu. Une par jour… Un vrai holocauste. Bien planifié. Gardner joue la gardienne des enfers. On ne sait comment l'équipe peut vivre là. Un petit tour au village un peu plouc, qui respire le bon goût de la Nouvelle-Angleterre, ne fait pas de mal. Alex est partie à la poste et enchaînera avec la visite du petit musée que les guides touristiques lui ont conseillé. On trouve là apparemment quelques belles ancres de bateau et des toiles intéressantes. Des marines… Alex n'aime guère les musées, mais là, elle a besoin de se divertir et de se retrouver un peu seule. Léonie, fatiguée, et partageant tacitement ce besoin de solitude, s'est installée dans cette échoppe où l'on sert ce truc imbuvable qui enlève à tous et à toutes l'envie de boire du café. Vivement que sa boisson arrive avec les scones… Ce sera bon ! Léonie se réjouit déjà de goûter à ce thé qu'elle transformera en London Fog en y ajoutant un peu de lait.

Elle se souvient d'un séjour effectué au sein d'une famille d'accueil à Londres. Elle n'était alors qu'une adolescente, mais elle avait découvert dans la ferveur le rituel du thé. Elle avait adoré son voyage ! Elle avait seriné ses aventures londoniennes à ses sœurs pendant des mois. Elle était déjà passionnée par la langue anglaise et vouait un culte à la famille Brontë, à Charlotte, Anne, Emily et Branwell. À l'époque, la tribu Brontë lui rappelait sa propre fratrie féminine. Léonie avait, étudiante, lu toutes les œuvres des quatre écrivains. L'Australie n'est pas l'Angleterre, mais Léonie a pu vivre là son amour de la culture britannique, bien qu'elle ait passé sa vie à enseigner le français. Comme elle va se sentir seule à Newcastle maintenant que Rose est morte ! Rien n'aura changé, bien sûr. Ses deux sœurs demeureront à la fois aussi présentes et éloignées que par le passé et elle parlait peu à Rose même avant la maladie. Mais Léonie sent bien qu'il faudra du temps pour retisser des liens à trois. Pour le moment, les sœurs ont du mal à se séparer et demeurent agglutinées jour et nuit. Pourtant chacune a besoin de vivre l'absence de Rose par un certain retrait de la sororité ou en tout cas hors de cette communauté qui, en ce moment, leur paraît violente, construite autour d'une horrifique absence.

Alex a eu le courage de proposer d'aller à la poste. Oui, le courage. Ce n'est pas facile de ne plus faire un seul corps, même amputé. Le corps des quatre sœurs Leroy a été très accidenté il y a quelques jours. C'était prévu, mais pas ainsi. Alors on ne peut s'empêcher de sentir dans cette mort-là une grande brutalité. Et les membres qui restent du grand ensemble fusionnel Leroy ne sont pas du tout intacts. Lacérés, meurtris, ils doivent se reconstruire hors de cette organicité perdue.

Le thé arrive, quelle joie ! Oui, Léonie connaîtra de petits moments de bonheur dans la vie : du thé, un scone à la lavande (quelle idée, la lavande dans les pâtisseries !), un scone au citron, légèrement acidulé, mais c'est bien d'essayer de nouvelles choses, malgré la déception possible. Rose lui dirait de penser à elle et de revenir en Amérique comme elle en a souvent exprimé le désir. Les garçons sont élevés. Lors d'une des dernières conversations où elles évoquaient l'avenir de Léonie, il a été question de quitter la vie là-bas et du coup le mari avec lequel elle ne partage plus rien depuis belle lurette. Il est pourtant bien gentil. Tout le contraire du père Dorfman.

Il y a dans le café une faune de touristes en mal de scones. Cela piaille, cela crie… Ils se prennent un petit truc pour la plage. Ils vont partir très vite, sinon Léonie devra se lever et aller manger ses scones sur un banc dehors. À Newcastle, les hordes de voyageurs envahissent les cafés. C'est une ville côtière, à moins de deux heures de Sydney. Les gens viennent pour les plages où surfer et les piscines, parfois par intérêt pour la culture autochtone et les prisons. Mais elle espérait que dans le Maine… La planète est monotone, se dit Léonie. Heureusement, lui répliquerait Alex, autrement on aurait l'impression de manquer quelque chose… Là, partout où l'on se trouve, on tombe sur la même histoire qu'ailleurs, les mêmes touristes, les mêmes hôtels. On n'a rien à regretter. Alex a toujours paru la plus cynique des quatre sœurs et par conséquent, elle a su faire fortune. Elle connaît la vie et trouve Léonie très fleur bleue, et surtout très pauvre. Les deux aînées ont toujours eu du mal à s'entendre, mais quand il s'est agi de déguerpir de la clinique cet après-midi, elles ont retrouvé une complicité gamine. Alex ne cesse de dire à Merline que Léonie doit abandonner Gary. Leur histoire est finie depuis longtemps, elle peut refaire sa vie. Qu'elle laisse le hasard créer son existence. L'imprévu en affaires demeure toujours très intéressant. On essaie de tout contrôler et puis arrive un moment où l'on doit faire confiance à l'accident, en profiter. Léonie se demande si la mort de Rose est un accident dans la vie des sœurs. Un accident terrible que le suicide aurait rendu davantage manifeste. Un accident qui pourrait avoir un sens. Cela demeure inimaginable, effrayant.

Léonie trouve le thé délicieux. Il faut dire que le café avait un si mauvais goût que du jus de chaussette gagnerait à la comparaison. Elle observe les gens autour du comptoir qui s'affairent et commandent des glaces. Léonie n'a jamais aimé manger froid. Et elle aurait dû leur dire de faire réchauffer les scones… Ils ne pensent à rien. Bof, elle ne va pas renvoyer son assiette maintenant. Tant pis! Et la crème est divine.

Tout à coup, Léonie aperçoit Alex qui entre dans le troquet. La voilà qui fonce directement vers la table où sa grande sœur est installée. Sa main droite tient une tasse pleine de café. Un horrible café américain, fait presque uniquement d'eau comme l'indique ce grand récipient qu'elle a attrapé dans un autre restaurant. Alex aime le mauvais café, ou plutôt elle se moque de ce qu'elle avale : le café n'a aucun apport calorique. Cela constitue déjà une qualité. Elle n'en demande pas plus. Et dès son arrivée à New York, elle s'est habituée à de très mauvais cafés qui macèrent longtemps dans des percolateurs bruyants et qui reposent dans des pots de verre pendant des heures. En voyant Léonie, Alexandrine jette un regard amusé sur son énorme tasse en *styrofoam* et sa boisson dégueulasse. Elle voudrait que sa sœur l'engueule sur son manque de goût et de respect pour l'environnement. Léonie lui a fait cette remarque à chaque fois qu'elle allait se chercher un café aux haltes routières, sur la route menant à Thoreau Heights : « En Australie, tu n'aurais rien eu à boire sans ta propre tasse. » Mais Léonie se tait. Elle a l'air d'une enfant, avec ce café, ces deux scones et ce thé posés devant elle sur la petite table blanche. La mère des sœurs Leroy disait toujours de Léonie : « Elle a les yeux plus grands que le ventre. C'est la plus gourmande de mes filles. » On change peu. Alex aurait souhaité que sa sœur ait envie de lui reprocher ses choix de boisson et de vie, comme elle a l'habitude de le faire, mais Léonie pour le moment ne tient visiblement pas à se disputer. On se chamaillera quand on ira mieux. Pour l'instant on évite les dissensions. Les deuils déchaînent les émotions. On se retrouve prises alors dans des querelles folles. Quand Claire Leroy est morte, ses filles ont failli se bouffer. On ne va pas recommencer. Avec Merline, ce matin, il y a eu un accrochage et puis on a évité le pire.

« Je suis venue te dire que le musée est fermé, mais je vais faire un tour dans les boutiques. Tu ne regardes jamais ton cellulaire. Je t'ai écrit tout cela. C'était peine perdue. Tu te serais inquiétée, pourtant. Tu veux venir avec moi ou tu préfères rester ici dans le café à te goinfrer de crème ? Tu sais que tu as l'air d'une enfant goulue. On ne peut pas croire que tu sois l'aînée. En fait, je pense que j'aimerais mieux être un peu seule. Je te laisse avec tes gâteaux, cela te va ? » Léonie n'a pas le temps de répondre que voilà un type qui s'approche de la table, visiblement gêné. Il se plante néanmoins à côté d'Alex déjà toute prête à partir et prononce un « bonjour » discret en français. Elle ne laisse même pas l'homme se présenter et déguerpit en lançant : « Je serai là dans une heure trente, deux heures. Je repasse te chercher. Regarde ton téléphone de temps à autre ! On ne sait jamais. Je pourrais trouver le grand amour dans le village et ne jamais remettre les pieds à la clinique… Je t'enverrais un texto dans ce cas-là. Désolée, monsieur, mais je dois partir… » Alex a déjà fui, sans que le type, un importun, ait pu dire un mot. À la fois décontenancé et amusé, l'homme sourit gentiment à Léonie, mais décide d'être plus ferme cette fois dans son approche.

« Bon, laissez-moi me présenter, je m'appelle Tom Lapierre. On s'est croisés à la clinique, dans les couloirs et puis hier sur la terrasse du toit. Je vous vois avec vos sœurs et je vous ai entendues parler français. » Léonie l'aurait salué devant la clinique un peu plus tôt, alors qu'elle attendait la Jeep tout en tâchant de prendre l'air. Mais bien sûr, elle ne se souvient absolument pas de ce mec. À Thoreau Heights, elle se sent dans un autre monde, confinée dans son deuil et sa douleur. Elle s'est quand même fait une copine, Pam, avec laquelle elle a échangé un peu. Ici, pendant deux heures, elle se permet d'être un tout petit peu plus légère. On retournera à la clinique à la fin de l'après-midi. On subira un autre atelier, mais pour l'instant, il y a deux scones, un thé et un Tom qui parle un français impeccable. Léonie hésite un moment, pourvu que cet homme ne lui apporte pas la poisse de Thoreau Heights, mais il a l'air sympa, avenant, et voilà si longtemps que Léonie n'a pas discuté avec un inconnu dans un café. Elle enchaîne tout haut : « Je ne sais pas si on a le droit de bavarder ensemble, en secret, sans être entourés de membres du personnel de la clinique et si la docteure Gardner permettrait ce genre de rencontre entre deux endeuillés, cher Tom !

Vous êtes bien un endeuillé, non ? Ou un endeuillé à venir ? Si vous étiez un mourant, vous ne seriez pas là. Pas la force… Et vous arborez une mine resplendissante. Mais asseyez-vous avec moi. Oui, oui, je vais faire de la place. La table est ridiculement petite. Vous vous étiez assis ailleurs ? Allez chercher votre goûter et revenez. On pourra bavarder… »

Pendant que Tom, perplexe devant l'accueil bon enfant de Léonie, se dirige vers sa table pour y ramasser sa théière et sa tasse, Léonie l'observe. Non, elle ne se rappelle absolument pas avoir croisé ce grand type. Il est pas mal, ce gars. Il doit à peine avoir cinquante ans. Il aurait fait un beau parti pour Rose, mais celle-ci est morte, et puis elle ne voulait plus partager sa vie avec un compagnon depuis son divorce. Les sœurs à tour de rôle lui cherchaient un prétendant. Elle poussait des hauts cris. « Je n'ai besoin de personne », répétait-elle…

« Vous avez pris du thé, asseyez-vous, oui du thé. Bonne idée ! Le café est très mauvais ici. Vous devriez aller regarder les cloches de verre là-bas et commander des scones ; je vous offrirais bien un peu des miens, mais je les ai déjà tripotés, oui, j'ai foutu mes mains sales dedans, j'aime tâter la pâte… J'évalue la fraîcheur. Non, je ne suis pas critique culinaire, mais je vous recommande le citron. La lavande me semble délicieuse, mais on s'y fait lentement, à cette saveur. On n'aime pas cela d'emblée. » Tom fait signe qu'il n'a pas faim, mais discute avec Léonie de son amour à lui des cupcakes. Les scones sont OK, mais Tom, après la France, est parti vivre à Nottingham, au Royaume-Uni. Alors, les scones, il en a soupé. Il préfère les cupcakes red velvet, plus *middle class* en quelque sorte avec du glaçage à la vanille sur le dessus. Les cupcakes font festifs. Et il les avale en trois bouchées. Il y en a d'excellents juste en face ! « Il faudrait que vous goûtiez, poursuit-il. Je suis à la clinique parce que mon amie Margaret se meurt. Elle m'avait demandé de ne pas venir, mais je tenais à être là. Nous nous connaissons depuis nos études. Nous créons une pièce chorale. Je ne connais pas grand-chose à l'art, mais nous travaillons à un minuscule opéra et j'ai fait du chant durant de nombreuses années, jeune, j'étais membre d'un groupe. Parfois je pense qu'en s'acharnant ainsi à créer une œuvre, nous frôlons le ridicule, et parfois, je sens tout le contraire et me dis que nous sommes géniaux de nous donner tout entiers à cette tâche impossible. Margaret a une formation de violoncelliste et je veux lui faire plaisir. Je me permets de passer une semaine à ses côtés, dans cet espace de folie que donne la mort prochaine. Je n'ai pas rencontré la docteure Gardner, mais elle m'a l'air d'un bourreau de travail et les bourreaux de travail sont toujours des tyrans… Je m'excuse, je semble bien décousu. Je dois vous avouer quelque chose, mais je n'y arrive pas, alors je tiens le crachoir. En fait, je voulais vous parler et j'aurais préféré que votre sœur soit là. En fait, oui, en fait j'aurais souhaité vous rapporter cette histoire plus tôt, mais vous savez combien Thoreau Heights est un lieu étrange où on ne fait jamais ce que l'on veut. Oui, je tenais à vous dire à vous, les sœurs Leroy… Oui, je connais votre nom, tout se sait à la clinique, vous êtes Léonie et voilà votre sœur, Alex ou Merline, la femme qui m'a fui… Léonie, n'est-ce pas ? Oui, j'adore ce prénom. Ce serait plus simple de vous parler en la présence d'une autre sœur. Écoutez, je n'ai pas de révélation à vous faire, rien, mais j'ai entretenu une conversation avec votre sœur le matin de sa mort… Dans le grand hall, elle attendait sa nurse. J'étais assis là, je pensais à la journée qui s'amorçait. Je l'avais entendue parler français plus tôt, je lui ai donc souri. Elle s'est présentée à moi, je n'aurais pas osé aborder une patiente. Nous avons parlé de tout, de rien, de Margaret, de son entrain, de ma colère contre la clinique. Elle a ri en murmurant : "Oui, il y a de quoi être en colère, mais il ne le faut pas…" En fait elle ne m'a rien communiqué d'important. Je ne suis pas un messager des dieux, mais je peux vous dire qu'elle m'a paru bien ce matin-là. "Je vais faire un tour sur la plage, m'a-t-elle annoncé. J'ai hâte de sentir le vent du large." Votre sœur m'a lancé :

“Oui, ce matin, il fait merveilleusement beau et je ne raterai la balade que me prépare Nurse Adams pour rien au monde. Pas commode, cette femme, et elle est en retard. Il faudrait se plaindre. Comment oser ne pas se présenter à l'heure aux rendez-vous avec les morts ? Alors je vous quitte, cher monsieur. Soyez heureux. Il fait beau !” La nurse s'approchait et votre sœur a ri en la voyant. Elle lui a dit, je m'en souviens très bien : “Mais ne faites pas cette tête-là, Nurse Adams. Vous êtes en retard comme d'habitude, soit, mais oubliez cela tout de suite. On va s'amuser ce matin, vous verrez, ce sera franchement rigolo !” Et votre sœur m'a fait un petit signe de la main. Je ne sais pas pourquoi je vous raconte cela, mais il le fallait. Cela me soulage de vous le dire. La police ne m'a pas interrogé. Je n'ai pas déclaré cette conversation. J'ai dû vous couper l'appétit, n'est-ce pas ? Votre sœur semblait bien, heureuse ce matin-là, juste, juste avant… Elle riait, badinait. Je ne dis pas qu'elle s'est amusée jusqu'à la fin, mais elle rigolait là et savait qu'elle jouait un tour à la pauvre infirmière. Elle était espiègle, votre sœur. Vous ne dites rien ? Je vous ai bousculée, n'est-ce pas ? »

Léonie sourit à la vue d'un gros morceau de scone à la lavande qu'elle vient d'enduire d'une couche épaisse de crème anglaise. Elle ricane avant d'avaler sa bouchée bien dodue. « Écoutez Tom, on mange mes scones ensemble et après on va s'acheter des cupcakes. J'écris à Alex. Elle viendra me chercher à la boutique Red Velvet plus tard et on vous raccompagnera à la prison de Thoreau Heights en soirée. J'ai envie de me goinfrer. Vous êtes partant ? Et je suggère que nous allions boire un verre. Je boude l'atelier. Vous aussi. Alex aussi. On fait l'école buissonnière et on s'amuse un peu. Ce ne sera pas une bamboula, mais on va célébrer un peu notre escapade. Bon, alors Tom, parlez-moi des cupcakes d'en face, je vous écoute. »

CHAPITRE 15

Quel beau temps !

« La météo avait prévu du beau temps. Oui du très, très beau temps ! » C'est ce que Josef répétait à Clarissa et aux trente passagers dans le salon principal du magnifique et imposant yacht *Emerson* où ils venaient de s'entasser tous, pêle-mêle, nauséeux et peu rassurés. La météo avait prévu du beau temps : il ne fallait pas s'inquiéter ! Ces grosses bourrasques ne pouvaient être que passagères. Rien que du beau temps. Et le capitaine ce matin avait vérifié et confirmé. Mais en ce moment il se trouvait avec son équipage bien occupé à défendre le yacht contre l'étonnante tempête qui s'était levée sans crier gare et qui semblait venir de nulle part. Le ciel bleu s'était tout à coup chargé d'énormes nuages noirs. Josef tentait d'en savoir plus, mais le capitaine, interpellé à l'interphone du bateau, ne répondait pas. Lauer, paniqué, venait de demander au steward d'aller aux nouvelles au poste de commandement, mais se rendre jusque-là s'avérait difficile. Le bateau tanguait, ivre, hoquetant sur cet océan démonté. « On va rester ici tous à l'abri, criait Lauer. Couchez-vous sur le sol. Près des murs, mais loin des objets qui pourraient tomber. Protégez vos têtes. Nous n'avons vraiment rien à craindre, sauf le poids des choses autour de nous, et puis le commandant Wright fait le nécessaire. Nous rentrons tout de go. Nous serons bientôt là. Nous avions déjà commencé à rebrousser chemin vers Thoreau Heights. Nous atteindrons la terre ferme dans une petite heure, sains et saufs. La météo avait prévu du beau temps ! Alors la tourmente ne peut pas durer. C'est évident. »

Il avait fait en effet magnifiquement beau durant les deux premières heures de navigation. La mer était d'huile et le bateau batifolait avec l'Atlantique placide. L'océan semblait vouloir gorger ses trente passagers de lumière et de grand air salin. La terre d'Amérique avait disparu. On profitait du sentiment grisant que procure la haute mer. On sirotait des cocktails au bar, on se campait dans de grands transatlantiques et les huit membres japonais de l'équipe du documentaire *La montagne magique* s'activaient dans la plus grande bonhomie. Alexandrine, contrairement à ses sœurs, avait voulu prendre part à cette petite croisière sur l'Atlantique. Sur le pont, elle venait de faire la connaissance d'Ineko, la réalisatrice, et elles parlaient toutes les deux de New York, du monde de l'argent sur lequel Yoshiyuki et elles pourraient faire un documentaire un jour, à partir de romans critiques du capitalisme américain. On commencerait dès le début avec Upton Sinclair, ce Zola américain relégué aux oubliettes, et on irait de l'avant avec *Le bûcher des vanités* de Tom Wolfe et *American Psycho* de Bret Easton Ellis. À ces propos, Alex riait. Elle insistait pour expliquer à Ineko, rejointe par son comparse Yoshiyuki, que montrer, comme ils voulaient le faire, pour l'invalider, un monde luxueux et les dessous de l'argent ne fonctionnait pas du tout. Les images de la richesse fascinaient. On ne pouvait rien y changer. Elle ne s'entendait pas en art, Alexandrine, mais elle savait que la dénonciation ne passe pas par une représentation réaliste. Il ne fallait pas aller là. L'esthétique des riches, véritable dispositif de propagande, avalait toute contestation, fût-elle extrêmement forte. Les spectateurs s'y tromperaient. À tort ou à raison. Alex n'était pas marxiste, loin de là, mais elle avait donné beaucoup de son temps jadis à défendre les femmes réfugiées politiques. Elle se considérait comme une fille pragmatique. Elle ne perdait pas son temps à militer, mais elle posait simplement des gestes. Elle avait appris que les gens n'ont aucun jugement. On leur présente des nantis abominables et sans scrupule et ils ont envie d'être comme eux. Même en cour, les membres du jury restent admiratifs des grands de ce monde, criminels et mécréants. Elle avait longtemps œuvré comme avocate des vulnérables avant de pactiser avec le diable. « Vous ne connaissez pas les humains, mes amis ? » avait-elle demandé aux réalisateurs un peu bousculés. Alex, en habituée des négociations et des subterfuges, avait conduit la conversation là où elle le souhaitait. Avec brusquerie, pour les désarçonner, elle avait interrogé ses deux interlocuteurs sur leurs intentions quant au documentaire sur la clinique de la docteure Gardner. « Un éloge des pratiques de la création et de la mort, vraiment ? Je me demandais si… »

Ils étaient venus poussés par leur fascination pour le travail à Thoreau Heights, clamaient-ils de concert. Oui, cela, elle le savait, mais l'admiration ne pouvait-elle pas laisser la place à la critique ? N'était-elle pas faite pour cela ? Ces deux jeunes lui répondaient-ils en sincères groupies de Gardner ou faisaient-ils semblant ? Que pensaient-ils du suicide de Rose ? Cela ne les troublait pas ? Ils étaient au courant, non ? Alex voulait leur faire avouer leur possible comédie. Mais voilà qu'une bourrasque très violente et maligne avait, patatras ! fait tomber une chaise longue sur le pont, renversé Josef Lauer et contraint Alexandrine, Yoshiyuki, Ineko et le reste des passagers à se cramponner aux rampes ou aux bords du yacht et à marcher à quatre pattes jusqu'à un lieu plus sûr à l'intérieur. Les objets se trémoussaient sur le pont ou se voyaient soulevés par les vents. Les bouées de sauvetage se transformaient en frisbees et les canots cherchaient eux aussi à prendre le large. C'est comme si le ciel déchaîné voulait emporter le bateau en le gobant dans ses entrailles.

Le pont avait été vite sécurisé par le steward, le barman et tout le personnel de l'expédition. Là on était dans le salon. Josef s'époumonait à redire à la volée: « La météo avait prévu du beau temps. Cela ne sera qu'une petite tourmente de rien du tout. Il fera à nouveau beau, très beau dans quelques minutes. Et puis l'équipage, qui n'en est pas à sa première tempête, est en train de dérouler son plan d'action. Tout ira bien. »

Au début de l'après-midi, on avait pris la mer avec joie et entrain sur le pont. Clarissa n'était pas chaude à l'idée d'une balade en yacht. Elle détestait prendre le bateau, préférant la marche dans les montagnes. Elle s'astreignait à de grandes enjambées qu'elle exécutait dans les sentiers en s'inspirant de Thoreau. C'est donc à reculons qu'elle avait consenti à faire partie de l'expédition. Elle n'avait guère le choix: le documentaire continuait à l'inquiéter, et à bord de l'*Emerson*, elle garderait un œil sur les prises effectuées par les techniciens. Les documentaristes voulaient des plans de la mer. Clarissa avait été filmée regardant sa clinique, du large, pensive, imaginant l'avenir… On avait tourné quelques scènes dans lesquelles on voyait Thoreau Heights, très majestueux, dominant l'océan et semblant le défier. Gardner se retrouvait, elle, en contre-plongée sur un transatlantique, les montagnes juste derrière elle, visuellement presque à ses côtés, en train de parler avec quelques parents et amis des mourants. La montagne magique tout à coup devenait pour Yoshiyuki et Ineko gigantesque, mythique. Elle englobait la mer qu'elle dominait et le ciel qu'elle déchirait. Par la cime des monts Pelés et par les hauteurs de Thoreau, l'océan Atlantique se voyait dompté, soumis. Ainsi serait mise en évidence la puissance de la clinique sur la mort. C'est en ces termes que les deux Japonais avaient présenté leur demande d'excursion maritime à Josef et Clarissa. Mais depuis que cette étrange tempête s'était levée, venant semblait-il de nulle part, la docteure Gardner regrettait amèrement cette sortie en mer. Elle aurait dû l'interdire. Dans le chaos général, le cameraman et le preneur de son s'agitaient. Ils profitaient du désordre et de la panique pour filmer certaines scènes d'angoisse ou de désorganisation sociale. Les documentaristes sont, malgré leurs paroles réconfortantes, des voyeurs, des vampires. Ils sautent sur la moindre occasion pour immortaliser l'imprévu, l'éphémère, ce qu'ils prennent à tort pour la réalité.

Comme aux journalistes, il faut leur laisser très peu de marge de manœuvre. L'équipe japonaise, très heureuse de cette balade sur l'Atlantique, semblait peu préoccupée par les soubresauts du bateau. Il n'était question que de stabilité de la caméra et du son. Le débordement des éléments ne dérangeait pas outre mesure les techniciens en train de filmer couchés, le ventre au sol. Qu'est-ce que ça pourra bien donner tout ça? se demandait Clarissa en se dirigeant péniblement vers Yoshiyuki. Il fallait qu'il range son matériel pour la sécurité de tous. Mais Yoshiyuki n'écoutait pas les ordres pourtant clairs de Gardner. Deux des spécialistes qui l'entouraient avaient participé à un tournage avec Herzog sur des volcans cracheurs de lave et ils en avaient vu d'autres. Clarissa, elle, ne pouvait guère se fâcher en public. Elle devait garder une façade impeccable devant ces vautours et elle avait souri au documentariste, témoignant ainsi d'une grande maîtrise d'elle-même. De toute évidence, Yoshiyuki trouvait ce moment de chaos formidable. Il vivait un grand instant de cinéma documentaire. La docteure Gardner n'aurait d'autre choix que d'en parler aux juristes de son équipe dès que le bateau arriverait à bon port, afin que soient interdites dans le film ces images de désordre. La clinique ne pouvait en aucun cas s'aventurer à présenter les imprévus et les scènes de tumulte. Même la nature se devait d'être représentée comme hospitalière et bonne. Les mourants venaient à Thoreau Heights, parce que précisément tout y était prévu d'avance. Elle aurait dû spécifier l'importance du calme et de la routine dans le contrat destiné aux documentaristes. Il y avait trop de choses dont elle s'occupait en ce moment et elle ne pouvait voir à tout ! Et ses avocats, que foutaient-ils ? Des incompétents, comme ce Josef ! Ce dernier parlait encore du beau temps. Il aurait été préférable de partir en promenade avec Eva et l'autre groupe sur les sentiers bien dessinés du mont Thoreau. Il n'y aurait eu qu'à annoncer aux Japonais que le yacht nécessitait des réparations, mais cet idiot de beau-frère était si fier de son jouet, ce yacht si dispendieux, qu'il proposait une balade en mer au tout-venant. Eva Maria, au moment même où Clarissa affrontait les éléments et surtout l'équipe de documentaristes, profitait sûrement de la fraîcheur des arbres en compagnie d'une vingtaine de deuillants que la nature douce et tranquille allait rasséréner. Josef Lauer avait préparé deux excursions synchrones. Et Clarissa s'était retrouvée dans la mauvaise, elle qui aimait tant pratiquer les chemins de montagne et donner des leçons sur le transcendantalisme aux bandes de marcheurs ravis ! Quelle horrible chose que l'océan ! Le pied ne peut se poser sur rien de stable. L'esprit ne peut que vaciller. Thoreau avait bien raison de privilégier la marche à tout autre sport. La pratique de la promenade créait une véritable communion avec la nature. L'humain gardait ainsi un certain contrôle sur le monde, tout en s'abandonnant à la beauté des lieux. Clarissa aurait dû insister et envoyer tout le monde sur les sentiers pédestres. L'infatigable équipe japonaise aurait peut-être ainsi capitulé ou se serait vue contrainte à filmer des arbres et des deuillants bien sages, à la queue leu leu, écoutant du Thoreau durant les moments de pause et de repos. On n'en serait pas venus à devoir empêcher aux cameramen certaines prises de vue et à s'occuper du vomi des autres passagers, qui décidément se révélaient de petites natures.

* * *

« Reposons-nous ici un instant. Oui, et mettez-vous plus à droite, voilà, voilà ! Tom et Léonie au fond, avancez un peu. Vous m'entendrez mieux ainsi ! Merci… Madame De Bruycker, Isabelle, oui Isabelle comment va votre cheville ? Rien de grave j'espère ? Vous voulez de l'eau ? Nurse Adams peut vous en donner… Jean, vous veillez sur elle, n'est-ce pas ? Oui, oui il ne faut pas se déshydrater. Voilà deux heures que nous avançons à travers les merveilleux sentiers pédestres du mont Thoreau, et alors que nous commençons à vivre la plénitude de la forêt, nous allons faire demi-tour. En ce moment étrange où vous vous trouvez à la moitié de votre balade, à mi-chemin, là où nous sommes très précisément, je vais me permettre de vous entretenir de la promenade et de la marche. La docteure Gardner m'a demandé de vous parler un peu de Thoreau Heights et de l'esprit de ce lieu extraordinaire que nous avons le bonheur de parcourir par une journée idéale. Ni trop chaude, ni trop froide. Le soleil est peut-être un peu fort, mais sous les grands arbres, ces bienveillants sapins, la brise est douce. Nous reprendrons ainsi notre souffle et nous pourrons sentir pénétrer en nous les bienfaits de notre activité. Respirons, comme Isabelle De Bruycker nous l'a appris.

« Alors je commence… C'est lors d'une conférence en 1851 que le penseur Henry David Thoreau, dont vous voyez le nom partout ici, a présenté son apologie de la marche dans l'optique d'une communion avec la nature. Thoreau se promenait au moins quatre heures par jour dans les bois, par les collines et par les champs. Or il constatait avec dépit que la moitié de la promenade consiste en général à revenir sur nos pas. Thoreau incitait à entreprendre chaque randonnée avec l'idée d'un non-retour possible. C'est dans cet esprit que Clarissa Gardner, Josef Lauer et Eva Maria Lauer, Eva comme on dit, dont nous avons la chance d'apprécier la présence aujourd'hui au sein de notre petit groupe de marcheurs et que je salue ici, ont créé la clinique. Chaque jour dans la vie, nous effectuons un retour vers les nôtres, nos foyers, nos amis, nos parents, nos frères, nos sœurs, nos enfants, vers ce que nous croyons à tort ou à raison constituer notre être. Nous devrions à travers la pratique assidue de la marche saisir que le chemin de la vie ne comporte aucun retour. Un jour l'aventure ne mène à aucun endroit connu. Nous ne revenons pas sur nos pas. Cette philosophie de la marche et de la vie vues comme un sentier qui tout à coup bifurque vers l'inattendu est la nôtre ici.

« Aujourd'hui, nous nous sommes arrêtés pour faire demi-tour, et nous rebrousserons chemin dans quinze minutes, mais il vous faudrait imaginer que vos proches qui ont vécu ou vivront leurs derniers instants à la clinique continueront cette promenade en forêt et ne reviendront jamais à la maison. Nous-mêmes un jour, promeneurs et promeneuses du retour, nous connaîtrons le bonheur unique et inquiétant de ne pas nous préoccuper de la marche arrière. Chers amis, pensez à cela, quand nous reprendrons la route vers la clinique. Il est toujours possible de s'enfoncer en forêt et de refuser de regagner ses pénates, quand le temps viendra. »

* * *

C'est Alex, que cette tempête par « beau temps » enchantait, qui remarqua son absence. Elle se réjouissait franchement de l'anarchie sur le bateau et de la brutalité de la mer. C'est qu'elle pensait à Rose qui s'était jetée dans l'océan pour en finir plus tôt que prévu, en s'abandonnant à l'Atlantique. Avant de plonger dans l'eau, elle n'avait pu manquer d'accueillir en elle le chaos que produit inévitablement la prise de conscience de l'irrémédiable finitude humaine. Elle s'était offerte à l'immensité du monde. Voilà bien autre chose que l'expérience anodine d'un petit phénomène météorologique impétueux. Bien qu'Alexandrine ne fût absolument pas croyante, elle imaginait en riant intérieurement que sa sœur tenait à foutre le bordel dans l'excursion en mer de la clinique et peut-être, peut-être envoyer tout le monde par le fond. Chacun pourrait goûter ainsi aux joies incomparables de la noyade et ne pas tenir la fin de Rose comme exceptionnelle. L'océan était bien capable d'emporter dans sa colère le roc que représentait Thoreau Heights. En tout cas, s'il n'engouffrait pas les monts Pelés, il pouvait faire une bouchée de la clinique, en créant un désordre que les Japonais utiliseraient éventuellement contre Gardner, qui sait ? Durant ces bourrasques violentes, Alex ne craignait pas pour sa vie, ou si peu. Elle savait avoir le pied marin. Avec une copine de la haute société de New York, elle avait fait du bateau pendant de trop longues années. Un voilier, bien sûr, demeure infiniment plus maniable qu'un gros bateau à moteur, mais il ne faut pas oublier que les tempêtes sur les yachts se révèlent souvent à la fois spectaculaires et dérisoires. Elle était en train de songer à Myra, son ex, qu'elle avait si bien fait de quitter, et à Rose qui continuait à se venger, elle l'espérait, de la Gardner et de sa clique, quand tout à coup elle pensa à cette crapule de De Bruycker, qu'elle chercha des yeux dans la foule échevelée du salon. Il n'était à l'évidence pas là. Or, elle lui avait parlé en montant à bord et il semblait très heureux de cette balade en mer que Lauer avait proposée. Sa femme et son assistant Jean avaient, eux, préféré la promenade en montagne, mais lui se vantait d'avoir été jadis matelot. Il avouait avoir besoin de s'aérer après des ateliers tout aussi fantastiques qu'exigeants. Quel boulot, mais que du bonheur ! Alex se rappelait l'avoir aperçu plus tard sur le pont en grande discussion avec Lauer puis Yoshiyuki. Il avait été filmé longuement, tentant de déclamer en anglais des phrases insipides sur la création et la mort. Où était-il passé maintenant, cet hurluberlu ? Alex devait-elle informer Lauer et Clarissa de son absence ? Peut-être ? Peut-être pas ! Elle riait ! Avait-il trouvé le moyen de se réfugier dans une autre partie du bateau ? Ou était-il simplement passé par-dessus bord au moment de la première et terrible bourrasque ? Alex se réjouissait toute seule de la disparition du grand metteur en scène qui anéantirait à jamais la réputation de la clinique. Mais après un dernier tour d'horizon de la salle, elle se décida à aller parler à Gardner, qui serait décidément très, très contrariée par cette nouvelle. Et pour rien au monde Alex ne voulait rater la réaction de la docteure. Après Rosie, le metteur en scène connu mondialement s'était noyé ! Les journaux en feraient des gorges chaudes. Clarissa se trouvait à l'autre bout du salon, contre le mur, en train de s'agripper dignement à une échelle de service. Alex, malgré la difficulté qu'elle éprouvait à traverser la foule et le salon à quatre pattes, finit par arriver près d'elle.

En entendant Alexandrine lui demander si on avait perdu De Bruycker dans la tempête, la docteure devint verte. Elle écarquillait les yeux un peu plus à chaque mot prononcé par la plus insupportable des sœurs Leroy, si on ne comptait pas cette enquiquineuse de suicidée. Il fallait absolument retrouver De Bruycker. Où se cachait-il ? Pas dans le salon, en effet ! Gardner non plus ne le voyait pas. Était-il déjà noyé dans l'océan ? Gardner faisait un effort mental pour parcourir à rebours les deux dernières heures. Elle croyait se souvenir d'avoir vu cet artiste prétentieux à la proue du bateau, quelques minutes avant la bourrasque. Il prenait des photos. Quel imbécile ! Il aurait alors pu être emporté par une vague et le vent. Ce serait une catastrophe ! Terrassée par l'éventualité de la mort de De Bruycker, Clarissa eut le réflexe de lancer posément à Alex : « Il ne doit pas être loin, je vais le faire chercher par le personnel, mais ce ne serait pas une bonne idée d'aller immédiatement sur le pont, le bateau penche dans tous les sens. Alexandrine Leroy, merci de m'avoir avertie, mais gardons cela pour nous jusqu'à ce que nous en sachions plus. Faisons cela discrètement ! Les gens et particulièrement l'équipe japonaise paraissent déjà très anxieux. La tempête… Inutile d'en remettre. » Gardner mentait visiblement et Alex, amusée, le savait, mais elle se contenta d'acquiescer nonchalamment, en feignant de comprendre la sollicitude de médecin que voulait montrer Clarissa. Quelle grande comédienne celle-là, elle n'avait rien à envier à Merline… Elle aurait dû faire une carrière au cinéma ou au théâtre ! Clarissa s'en alla très prudemment vers Lauer et les infirmières qui s'agglutinaient dans un coin du salon autour de lui. « Sais-tu où se trouve De Bruycker ? » demanda-t-elle à Josef tout de go, mais à voix basse. Lauer prit un air étonné, voire offensé, et tenta de répondre par l'affirmative en désignant le chaos de la salle du regard. Clarissa l'interrompit brutalement en murmurant : « Non, il n'est pas là. Inutile de faire cette tête-là : vous allez faire peur à tout le monde. Quand l'avez-vous vu pour la dernière fois ? Où peut-il être fourré, ce type ? Espérons que la houle ne l'a pas emporté ! D'autres gens manquent-ils ? Nous avez-vous comptés ? Ce serait plus utile que de parler du beau temps ! Avons-nous des nouvelles du capitaine ? Que disent les radars ? Elle va bientôt finir, cette tempête ? On ne peut pas aller sur le pont maintenant, on risque d'engendrer d'autres catastrophes… Ce serait terrible pour la clinique ! » Clarissa enfilait les questions et les remarques acerbes dans une précipitation qui angoissait Josef : « Que faire ? Que faire ? Il faisait si beau ! »

Alors que Clarissa Gardner finissait une autre série de questions, la tempête se calma d'un coup. Comme par magie. Lauer se mit à se détendre. « Je vous l'avais bien dit ! Ce n'était rien ! La météo était formelle. » En un rien de temps, le bateau retrouva sa paix et son ordre, et le soleil pointa le bout de son nez dans le salon. Le yacht avait visiblement quitté la zone de tempête. Il fallait donc s'atteler à trouver De Bruycker. « Vous voyez, la météo n'avait pas tort », cria Josef à la volée avant de se précipiter sur le pont pour suivre sa belle-sœur.

* * *

« Donner la mort n'est pas une mince affaire. » Ce sont les mots exacts qui trottaient dans la tête d'Eva Maria.

Sur le sentier pédestre, au moment du laïus rituel du retour, alors que la guide, Jennifer Logan, débitait avec un air emprunté le texte écrit et relu par la docteure Clarissa Gardner, Eva Maria Lauer laissait son esprit vagabonder. Elle songeait à la dernière altercation avec Clarissa, qui datait de la veille au soir. Pourquoi sa femme n'était-elle pas venue se promener dans les bois et avait-elle préféré l'excursion en mer, prétextant qu'elle n'avait pas le choix ? Il fallait veiller au grain et empêcher les documentaristes de faire des bêtises. La conversation avait vite mal tourné et il avait été question encore une fois de l'incompétence de Josef. Eva avait élevé la voix et Clarissa s'était refusée à parler à une furie. Ce matin, quand Eva s'était levée, Clarissa se trouvait déjà au sommet d'une montagne, se préparant à terminer sa promenade matinale et à vaquer à ses occupations. Les choses allaient bien mal entre les deux femmes, et Eva, après un coup de téléphone en Suisse, avait donc accepté de passer quelque temps dans la clinique de ses parents. Elle avertirait sa femme de cette décision, en jouant aux inquiètes. « Moi aussi, je vais surveiller les Japonais là-bas. Ils enquêtent sur notre passé, il faut se méfier. » De toute façon, Eva avait l'habitude deux fois par année d'effectuer un séjour dans son ancienne clinique. Elle donnait un coup de main et supervisait les activités des propriétaires, qui se réclamaient encore des techniques de l'aide médicale à mourir de la vieille famille Lauer. Son absence passerait presque inaperçue… Ou en tout cas, elle la présenterait comme anodine. Et puis là-bas, elle verrait si elle resterait… Oui, la version officielle dirait qu'elle devait veiller sur le récit que feraient les documentaristes du passé de Gardner et de ses acolytes. Oui, c'est comme cela qu'on la nommait, elle: une acolyte! On murmurait dans son dos des choses désagréables et on parlait même de secte pour désigner la communauté de Thoreau Heights. Une acolyte dans une secte, elle, Eva Maria Lauer! Alors qu'elle avait dédié sa vie à la science et au confort des mourants et que son père, sa mère et même son frère Josef avaient sacrifié leur existence pour être au service de ceux et celles qui allaient mourir. Elle devenait une complice de la folie des grandeurs d'une médecin paranoïaque qui exerçait une violente forme d'autoritarisme! Quelle foutaise, ces discours sur Thoreau que répétait Jennifer, la guide de la promenade, une autre assistante que la grande docteure Gardner adorait en ce moment… La jeune femme s'était transformée en bonne à tout faire, alors qu'elle était promise à une brillante carrière d'anesthésiste. Mais Clarissa avait expliqué à sa protégée qu'il fallait tout connaître à la clinique, tout savoir faire et donc pourquoi pas la guide touristique quand la directrice devait s'absenter? Jennifer Logan s'était même inscrite à un programme de doctorat en bioéthique pour plaire à Clarissa, qui prétendait défendre cette discipline à la mode qu'elle méprisait en secret. Eva elle aussi avait accepté jadis d'être la servante de la célébrissime docteure : elle voulait tout apprendre d'elle. Et puis voilà… Elle ne regrettait pas d'avoir poussé à l'ombre de Clarissa. Eva Maria Lauer, malgré la réputation et la reconnaissance mondiale de ses parents, avait toujours tenu à rester loin des feux de la rampe. Sa famille avait insisté sur le retrait nécessaire du personnel soignant. L'accompagnement des mourants ne pouvait s'effectuer que dans un mouvement vers la pénombre où l'effacement de soi était considéré comme une éthique. Non, Eva Maria ne déplorait pas la réserve dans laquelle elle s'était maintenue. « Donner la mort n'est pas une mince affaire. » Est-ce de ses parents qu'elle tenait ces mots ? Sûrement pas de son père, qui lui parlait en allemand, peut-être de sa mère, ou alors c'était tout simplement elle-même qui maintenant formulait les fondements de son métier. Elle voyait combien le succès montait à la tête de sa femme et là, elle n'en pouvait plus. « Donner la mort n'est pas une mince affaire. » Pas une mince affaire du tout. Et dans un monde si peu spirituel, cet acte sacré appartenait-il vraiment à des médecins ou des éthiciens formés à la va-vite, sans de longues études de philosophie ? Eva finissait par se le demander. Elle remettait en question cette mort sur demande prescrite par des scientifiques vaniteux ou tout simplement incompétents. Elle voyait bien comment cela se passait dans le monde. Certains pays allaient bientôt autoriser d'un même geste la mort assistée et le don d'organes ! Quel formidable commerce que celui de la mort ! Tout cela sous couvert d'éthique ! La mort planifiée des uns servirait la vie des autres. L'ensemble s'intégrerait dans un discours conséquentialiste évaluant les actions en fonction des effets escomptés. Une mort pouvait-elle être utile à tout coup ? Eva avait besoin de retourner en Suisse pour voir si les préceptes moraux de ses parents avaient survécu à la nouvelle gestion de la clinique. Elle se proposait aussi d'écrire un livre sur les limites évidentes de l'aide médicale à mourir. Pourquoi pas un titre comme *Le don de la mort* ? Elle verrait. Ses éditrices l'aideraient. Elle avait parlé de ce projet à Clarissa, qui lui avait ri au nez. « Voilà que tu te rebelles contre tes parents. Il n'y a pas à dire, toi et ton frère, vous êtes des enfants. » C'est ce que Clarissa avait trouvé à répliquer.

Et la Jennifer Logan qui maintenant parlait du texte sur la désobéissance civile ! Quelle sotte celle-là de livrer ainsi les discours de Clarissa. Seule Gardner savait faire passer des vessies pour des lanternes grâce à son aplomb, son charisme et son intelligence. Mais la Logan se ridiculisait en défendant la liberté contre l'État et en faisant l'éloge de la clinique. Le discours s'embrouillait. Les marcheurs étaient prêts à repartir, pour éviter ainsi une défense du libertarisme. Eva hésitait. Allait-elle ou non prendre la parole, non pas pour sortir Jennifer Logan de son embarras, mais par respect pour les proches des mourants qui venaient de faire un tout petit pèlerinage sur les monts Pelés et qui rêvaient donc de parvenir à accomplir un Saint-Jacques-de-Compostelle symbolique.

Eva Maria Lauer s'avança machinalement et coupa tout à coup la parole à Jennifer. Si elle tenait à rester en retrait, pour continuer son œuvre comme médecin, sa tâche était aussi de créer les conditions de l'ombre. Il fallait donner une place à celle-ci quand la clinique brillait de mille feux au détriment des patients. Elle se mit donc à parler :

« Ce matin j'en suis encore bouleversée, j'ai aidé une femme, Mrs. Campbell, à mourir. Comme vos proches, chers marcheurs, Yvonne Laetitia Campbell avait décidé d'en finir. Elle venait de fêter hier ses quatre-vingt-quatorze ans en famille. Les siens ont pour l'occasion créé une fresque qui retrace beaucoup de moments de son existence à travers un gigantesque collage. Mais peu importe cette œuvre. J'ai envie de vous parler de ma douleur, de mon travail, de votre peine, du boulot que vous abattez en ce moment alors que vous veillez sur vos agonisants. Je me suis demandé en expliquant à Yvonne comment en terminer avec sa vie, si ma démarche aidait ma patiente ou non. Et quand j'ai vu le sourire d'Yvonne et la reconnaissance dans ses yeux fatigués, j'ai compris que je faisais bien. À chaque fois que je donne la possibilité de la mort à un être humain, je me demande si je fais bien et j'espère pouvoir apercevoir dans le regard de celui ou celle que j'aide à mourir un tout petit signe de reconnaissance, de connivence. Cela demeure un minuscule moment, mais j'en ai besoin. Je n'accomplirais pas ce travail exigeant si je ne voyais pas ce signe. Et quand il m'est arrivé de douter d'avoir aperçu ce petit mouvement final, j'ai douté de la suite des choses pour moi. On ne peut exactement savoir si l'on fait bien au sens moral d'accompagner les gens vers la mort, cependant on peut se demander si l'on ferait mal (au sens moral) de ne pas le faire. Vous, proches, amis des malades, de ceux et celles qui agonisent, vous devez penser souvent que vous préféreriez que les choses soient autrement. Vous regrettez parfois, souvent, de vous retrouver là. Mais il est mieux d'être là pour les siens que de ne pas y être.

Je voudrais m'adresser ici à Merline et Léonie Leroy, qui ont perdu leur sœur il y a quelques jours. Par discrétion, je ne veux pas revenir publiquement sur les circonstances de la mort de Rose. Sachons qu'elle avait choisi de venir à Thoreau Heights et d'y finir d'une façon ou d'une autre ses jours. Nous nous devons d'imaginer qu'avant de mourir, Rose avait en elle cette lueur de reconnaissance pour vous, ses sœurs, qui l'avez conduite ici pour qu'elle puisse mourir comme elle l'entendait. La vieillesse, les maladies terminales enlèvent tout pouvoir sur sa vie. Rose, elle, a décidé de partir comme elle le souhaitait, grâce à vous. Pour cet accompagnement-là, celui qui doit faillir pour que Rose puisse partir selon ses souhaits, il faut vous remercier tous et toutes, chers accompagnateurs. Nous devons, vous et moi, parfois faillir dans nos accompagnements. Ainsi nous sommes fidèles aux volontés de nos mourants. Rentrons donc à Thoreau Heights par cette magnifique après-midi d'été. Nous ne rebroussons pas chemin. Thoreau a tort. Nous ne retournons pas à l'endroit d'où nous sommes partis. Vos vies, la mienne aussi ont été, sont ou seront radicalement transformées par cette promenade faite de réflexions et de recueillement. Nous retournerons donc dans un lieu que nous ne connaissons pas encore tout à fait, celui de l'après. Celui où vous cessez de tenir la main à ceux que vous aimez pour continuer seuls. »

CHAPITRE 16

Toute bonne chose a une fin

Toute bonne chose à une fin. Les mauvaises choses aussi finissent par se terminer. Les livres arrivent à leur point final, les phrases à leurs points de suspension et les mots au silence. Les êtres périssent, les espèces disparaissent, les montagnes s'érodent, les glaces fondent, les rivières s'évaporent, les forêts finissent en fumée, le soleil lui-même s'éteindra d'ici cinq ou sept milliards d'années. Il deviendra une géante rouge qui ne veillera plus sur la vie terrestre. Tout finit par une extinction. Le monde se révèle apocalypse. La catastrophe est programmée dès la naissance, et la violence destructrice de l'espèce humaine ne peut, malgré ce que l'on dit, être responsable de l'ensemble. Tout, tout mourra, ou, pour le dire autrement, avec précision, chaque présence au monde changera de forme, ira vers une configuration autre qui inquiète les petits humains que nous sommes. Nous tentons de ralentir la marche inexorable du temps, et la science nous accompagne. À nos côtés, elle entrave le mouvement des jours. Depuis ses débuts, elle a voulu prolonger la longévité des créatures vivantes ou inanimées. Mais la voilà qui apprend à participer à la précipitation vers la mort, afin de soulager les humains. Elle comprend que la fin ne constitue pas notre seule ennemie. La collaboration à l'activité entropique de l'univers précipité vers ses termes et ses métamorphoses participe à l'apparition d'une nouvelle sagesse. La vie court vers sa mort, elle court, elle court qu'on le veuille ou non, que nous ayons ou non la folie de croire que l'on sauvera la planète, celle-ci va vers sa chute. La Terre continuera d'exister, elle saura se transformer quand elle se trouvera gobée par le Soleil. Les physiciens le prédisent et le disent, nous ne pourrons pas y échapper. Les bêtes humaines que nous sommes finiront par disparaître. Cet avenir ne relève pas d'une volonté collective ni d'un ordre divin. Il s'agit d'un fait. À plus ou moins long terme, nous serons remplacés par d'autres particules toutes aussi merveilleuses, toutes aussi insignifiantes. Nous devons faire preuve d'humilité, que diable ! Pauvre vie terrestre si vulnérable, si organisée vers son terme. Ses molécules et ses atomes seront à la fin dispersés dans l'univers. Cela constituera un spectacle grandiose ou tout simplement un événement dont personne n'aura connaissance.

Thomas De Bruycker n'a pas péri en mer. Il a réussi à retarder sa fin en s'enfermant dans un placard à balais. Le salon où tout le monde s'agglutinait ne se trouvait pas à proximité. Il prenait des photos quand la tempête a sévi. Il a aussi pris la tasse et s'est mis à l'abri d'une mort idiote. Quelle frousse ! Mais il ne serait même pas mort jeune. Il est sorti de sa cachette juste à la fin de la tourmente. Clarissa piquait déjà une colère noire ! Quelle joie pour elle d'éviter ainsi un scandale... Thomas De Bruycker est apparu bien vivant : il ne perd rien pour attendre ! Il mourra d'ici quelques années d'une crise cardiaque sur scène en jouant le roi Lear ou encore il souffrira durant des années d'un cancer de la vessie ou des poumons. Il fume tant. Il ne lui reste qu'une poignée de jours et de nuits. Il le sait bien, il est vieux, mais quelque chose en lui espère l'immortalité. Instinct de survie ou ignorance profonde de ce qu'est la vie ? Qui sait ? Faut-il se réjouir pour lui de le voir ainsi errer parmi les vivants et agacer sa femme et le monde du théâtre ? Les souffrances à venir lui font signe, il se précipite vers un destin tragique. Il préfère l'oublier. Fait-il bien ?

Au bout de la jetée où elle a plongé dans l'océan Atlantique pour y embrasser brutalement la mort, les trois sœurs s'apprêtent à disperser les cendres de leur petite Rose Sélavy. Le temps est splendide. Une journée destinée à être passée à la plage. Pourtant, il était prévu qu'en cette matinée du 7 juillet, Rose mourrait dans un lit à Thoreau Heights, entourée des siennes. Elle aurait trouvé la paix que lui aurait administrée gentiment la docteure Clarissa Gardner. Rose et ses sœurs auraient remercié la clinique. Mais nous n'en sommes pas là. Rose a bouleversé tous les plans ou elle a plutôt simplement accéléré le cours des choses. Elle s'est noyée il y a une semaine en échappant à la surveillance de Nurse Adams. Les Leroy n'ont pas porté plainte contre la clinique. Un miracle... Là encore Clarissa Gardner l'a échappé belle. Ce matin, Léonie, Alexandrine et Merline peuvent déjà sortir la matière que constitue le corps incinéré de Rose et la lancer à la mer. Grâce à la mort précipitée de leur sœur, elles quitteront plus tôt que prévu Thoreau Heights. Comme toujours, durant ces moments-là, le vent renvoie une partie des cendres vers le rivage, et les visages des sœurs Leroy sont couverts de particules grises. Elles ne semblent pas se préoccuper outre mesure des diktats d'Éole. Elles se sentent envahies par une tristesse terrifiante. C'est la fin. Il n'y aura plus rien à faire. Rose est morte et enterrée. À sa manière, il faut le dire, à sa manière. Lancée dans l'océan et le vent. C'est la deuxième fois en huit jours que cette entité appelée Rose, sous sa forme humaine et sous sa forme minérale, se retrouve au bout de la jetée. Alex dit quelque chose là-dessus pour faire rigoler ses sœurs qui, en effet, se mettent à se bidonner. Elles, elles se voient là pour la première fois. Elles n'ont pas eu le courage de venir marcher sur la plage avant. Magnifique vue. Rose a eu raison. Si l'on veut. Encore quelques cendres… C'est fait, c'est fini. *Cueillez dès aujourd'hui les roses de la vie*, dit un poème que Maman répétait avec ses filles, en chœur et surtout en riant. « *Cueillez dès aujourd'hui les roses de la vie* », a crié Léonie. On a ainsi le mot de la fin. Les sœurs le disent ensemble trois fois, comme un mantra. C'est fini… La cérémonie s'achève. Elle aura duré cinq minutes. Le plus dur aura été la peur, l'angoisse avant. Alex lance dans l'océan l'urne vide, elle se décomposera bien vite. Alex l'a choisie pour sa capacité à l'autodégradation rapide, elle est composée du sable fin des Îles-de-la-Madeleine, où Rose espérait aller se balader un jour. Mais jamais elle n'a fait le voyage. On s'invente des futurs qu'on avorte immédiatement. On préfère rester dans les songes et les impossibilités. C'est fini ! Rose ne rêvera plus de vacances et de moments heureux. Les instants malheureux aussi viennent d'être anéantis. Ces trois années de douleur paraissent bel et bien terminées. Les sœurs regardent vers le large. Elles ne savent pas où aller. Leur vient l'idée saugrenue de se lancer toutes les trois de la jetée dans l'eau pour rejoindre les baleines et leur sœur. Elles n'ont pas besoin de parler pour sentir qu'elles pensent toutes les trois au même geste commun, dérisoire. Clarissa, un peu plus loin, irait-elle elle-même les repêcher ? Il y a des années, quand la mère des filles est morte, elles ont eu toutes les quatre l'envie de clore le chapitre Leroy, pour toujours. Et puis elles ont continué. Alors on continue ? Il faut bien continuer ! Oui, on en finira plus tard, cela ne tarde jamais vraiment. La fin arrive toujours à temps. Il faut un peu de patience, quand cela semble possible, quand on ne souffre pas trop, bien sûr.

Léonie dit, en se retournant vers le rivage : « Il va falloir en finir aussi avec ça. » Elle montre avec ennui Clarissa, Josef, De Bruycker, sa femme, l'amant, le personnel de l'hôpital sur la plage et l'équipe de tournage japonaise. Ils attendent tous gentiment les sœurs et la fin de la cérémonie qui n'en est même pas une. Les Leroy ont insisté pour marcher seules sur la jetée et s'occuper du rituel de la dispersion des cendres. Clarissa a tout simplement approuvé d'un signe de tête. Elle ne veut pas empêcher les sœurs de faire comme elles l'entendent. Elle a encore peur d'un procès. Rose s'est suicidée. Sa famille aurait pu organiser une grande cérémonie. Mais Clarissa n'a rien dit. Tout cela sera bientôt fini. Les frangines vont quitter Thoreau Heights cet après-midi. Quel soulagement! On en aura terminé avec cette histoire si malencontreuse.

Eva ne s'est pas jointe à l'équipe sur la plage. Hier soir, juste après la présentation de l'œuvre commune, ce magnifique spectacle conçu par De Bruycker, elle est venue faire ses adieux aux sœurs Leroy. Elle était visiblement émue. En tout cas, elle s'est longtemps excusée de la tournure des choses. Elle part pour la Suisse s'occuper un temps des affaires là-bas. « Nos chemins se croiseront peut-être à nouveau, a-t-elle dit hier soir, et puis elle a ajouté en souriant: Mais il ne faut pas l'espérer. Après tout, ici nous sommes des anges ou des démons de la mort pour les familles. Et particulièrement pour la vôtre. Je suis si désolée! Je penserai à vous et surtout à Rose, la seule vraie et seule suicidée de Thoreau Heights. » Son avion décolle au milieu de l'après-midi et pendant la cérémonie, elle s'assoupit un instant dans la limousine qui la mène à Boston.

Yoshiyuki et Ineko sont restés avec les techniciens, très sages, durant la cérémonie des cendres. Les sœurs leur avaient interdit toute image, mais là, c'est fini. Oui, f-i-n-i! On peut tourner quelques scènes avec les trois femmes sur la plage, vêtues de noir, malgré la chaleur et le soleil, le vent s'engouffrant dans leurs cheveux. L'équipe a été très heureuse hier soir durant le spectacle final. On a réussi à faire des prises de vue très fortes.

Le documentaire avance à grands pas. Il suit la famille Leroy et son œuvre. Formidable que les sœurs aient dit oui à tant de choses. Pourquoi d'ailleurs ? On l'ignore, mais on ne demande pas d'explication. La partie du documentaire filmée à Thoreau Heights a été menée à terme… Il reste à tourner celle en Suisse. Ce ne sera pas la même chose… Le rapport à l'histoire de l'aide médicale à mourir devra être développé. Ineko s'occupera de tout cela. Yoshiyuki, lui, ne partira pas à Genève. Il se rend dans le Connecticut, interviewer des amis et camarades de jeunesse de la docteure Gardner. Il n'a rien dit à Clarissa. Inutile de l'inquiéter. Qu'apprendra-t-il ? Pas grand-chose. Et puis il ne tient pas à faire de scandale. Pas du tout. Il veut créer un beau film. Recevoir un prix. Clarissa lui fait la vie dure. Comment la convaincre qu'il n'y a aucune raison ? Genève, on y va pour les paysages, pas pour des documents sulfureux à présenter au monde entier. De toute façon le temps presse. On doit tout avoir bouclé pour un festival dans trois mois. Il faut mener l'affaire rondement. Si on ne joue pas trop avec le feu, on y arrivera, bien sûr. Oui, on y arrivera. On finira.

La plage est invitante, les sœurs enlèvent leurs chaussures, elles vont mettre leurs pieds dans l'eau. Elles n'avaient pas remarqué la magnificence de l'océan depuis leur arrivée. Elles se trouvaient auprès de leur morte, en pensée, à travers ce travail sur l'œuvre. Maintenant c'est bel et bien derrière elles. La pièce basée sur un chœur de voix qui répètent et chantent « C'est mieux ainsi » leur a semblé plutôt réussie. Merline en fera quelque chose… Plus tard. Une actrice adolescente est venue du Québec jouer un des personnages de jeune fille que Rose a immortalisés : la petite Pauline. Merline a inventé un texte pour que Pauline puisse célébrer la mort de Rose, sa créatrice : c'était très drôle. Bien fait. Thomas semblait ravi. Il criait : « Sublime, sublime ! » Tout le long de l'atelier, Alex voulait se rebeller contre l'idée même de la création, mais Merline a tant envie de travailler avec ce pitre de metteur en scène qu'elle n'a rien dit. Elle et Léonie ont même accepté le documentaire. En fait, elles se fichent de tout cela. « C'est mieux ainsi », ont-elles entendu dire sur tous les tons. Non, ce n'est vraiment pas mieux ainsi. Mais que peut-on faire ? On aimerait que Rose soit encore vivante. Mais dans les circonstances, avec la toute petite marge de manœuvre que laisse la vie, c'est en effet peut-être préférable que Rose se soit suicidée et n'ait pas eu à vivre avec ses sœurs sa mort. Elles sont lourdes les filles Leroy, et elles le savent. « Rose avait besoin de nous abandonner pour mourir, répète Alex. Eh oui, c'est mieux ainsi. » Alexandrine a donné hier un texte senti, une longue plainte. Elle prenait la voix de Rose pour enfin énoncer que ses sœurs l'avaient exaspérée tout au long de sa maladie. Merline en a pris pour son rhume… Elle n'a rien dit, mais elle était blessée. C'est fini ou ça va bientôt finir ! Alors on ne va pas commencer ou recommencer à se chamailler. Oui, Rose a peut-être trouvé lourd de se coltiner sans cesse sa famille, alors qu'elle était malade ou qu'elle agonisait. Pour mourir, on a besoin de solitude. En tout cas, Alex a prévenu tout le monde : « Je veux crever seule, vous pourrez passer, mais il faudra me laisser tranquille quand ma vie tirera à sa fin. » Léonie a ri. Elle connaît sa sœur et Merline a essuyé quelques larmes. Elle a pourtant de quoi se réjouir. Isabelle De Bruycker lui a offert il y a trente-six heures de venir avec Thomas, elle et Jean à Amiens, pour s'occuper des spectacles de l'école de théâtre dont le gouvernement français a offert la direction à Thomas dès septembre. Isabelle sait que le boulot lui retombera sur le dos, que le grand De Bruycker jouera souvent à l'absent et qu'elle en aura plein les bras. Il n'a pas envie d'être un fonctionnaire, l'artiste, alors Merline s'avérerait une excellente collaboratrice. Elle pourrait prendre en charge des classes, donner une orientation plus globale à la création à l'école. Elle a fait des merveilles pendant l'atelier et quelle grande actrice ! Pour un temps. On ne sait jamais. Isabelle a convaincu Merline : « Vous ne pouvez retourner à Québec maintenant. Votre sœur vous manquerait trop. Venez à Amiens six mois, un an. Je vous ai vue jouer et diriger les gens pour le spectacle, vous possédez comme votre sœur un talent pour l'écriture, alors… Amiens n'est pas loin de Paris. Léonie m'a raconté que vous y aviez vécu enfants, vous, les sœurs Leroy. Ce serait formidable de vous avoir avec nous. Et franchement après tout ce que nous avons traversé ensemble, nous nous devons bien cela. »

Merline ne croit pas aux débuts, en ce moment en tout cas, mais elle se force à accueillir bienveillamment les paroles convaincantes d'Isabelle. Elle les laisse résonner en elle. Elle ne va pas recommencer sa vie, non ! La poursuivre, certainement… de peine et de misère. Mais retourner à Amiens enseigner après tant de décennies, cela bouclerait une boucle. Un cycle finirait en beauté ? Elle peut voir les choses ainsi, en se mentant un peu. Merline continuera son analyse. Pas avec Clarissa. Nom de dieu, non ! Ç'a mal fini, cette affaire-là ! Mais avec quelqu'un d'autre. Retrouver un divan jaune à Amiens où elle enseignera ? Oui, pourquoi pas ? Un an ? Deux ans ? Trois ans ? Dix ans ? Et après, après, on songera à la suite ou plutôt à la fin qui arrive. On le sait maintenant.

L'océan chatouille les pieds des trois sœurs et Isabelle a elle aussi décidé de tremper ses orteils dans l'eau. On aurait dû faire les ateliers sur la plage, cela aurait été autre chose, mais bon, les documentaristes archivent l'ensemble. L'œuvre finale, c'est eux qui la feront. On verra quelle place y prendra la mer.

« Écoutez, je vais remonter avec Josef et les équipes », vient dire Clarissa aux filles Leroy en s'approchant d'elles. Comme toujours, elle est si élégante. « On doit avancer et finir des trucs. Je vous laisse entre vous. J'emmène avec moi tout le monde, et même Isabelle, venez ma chère, et surtout l'équipe japonaise qui n'arrête pas de vous filmer : il faut que cela cesse. Vous avez besoin de vous retrouver toutes les trois. Un temps pour vous au bord de l'eau. Si vous voulez, Jennifer peut aller vous chercher des sandwichs et des jus. Elle vous installera une nappe de pique-nique en moins de deux. Prenez le reste de la matinée. Et puis on se voit à quinze heures au moment de votre départ. Je serai devant la clinique pour vous dire au revoir. Autrement vous savez où me trouver. »

Clarissa sourit bienveillamment, on sent à peine dans sa voix posée qu'elle a hâte de se débarrasser de cette famille d'emmerdeuses. En effet, elle a mille choses à faire, et ce matin elle doit administrer une mort. Elle ne peut traîner. Avec le départ précipité d'Eva pour la Suisse, pour elle ne sait quelle raison, elle doit abattre encore davantage de boulot. Il n'y a pas de fin à ses tâches. Des vies se terminent autour d'elle, mais elle demeure dans le mouvement de l'existence. Elle veille sur Thoreau Heights. Il le faut. Elle ne va pas très bien aujourd'hui. Elle a dû rater sa promenade matinale. Eva s'est levée avant elle pour une fois, et a exigé qu'elles parlent. « Je n'en peux plus, je n'en peux plus », criait-elle. Clarissa a cru que cette colère concernait l'équipe japonaise en Suisse. Mais non ! Eva Maria a dit vouloir rester là-bas, en Europe. Elle imagine une possible séparation et a dressé une longue liste de reproches. Comme si on en finissait parce que les choses ne vont plus ! Quelle faiblesse de caractère ! Au contraire, il faut rester pour tout arranger ! Quelle idée de vouloir mener ce mariage vers sa fin. Et puis strictement parlant, d'un point de vue financier, ce ne serait pas bon pour la clinique. Ou alors, on devra imaginer un plan de dévoilement de l'information avec le chef des communications et encore une fois Josef ne sera pas à la hauteur. Jamais Clarissa n'a pensé que ce qui les unit, Eva et elle, pourrait connaître une fin. Clarissa n'a rien d'une romantique, mais elles ont bâti quelque chose de solide. Le contrat n'était-il pas établi pour toujours ? Se sépare-t-on pour des impressions fugitives ? Peut-être, peut-être pas. Clarissa n'a pas le temps de se pencher sur la question, elle a d'autres batailles à mener, d'autres vies que la sienne à terminer. Elle ne sait pas ce qui adviendra. Elle espère que sa femme retrouvera un peu de bon sens en Suisse. Pourvu que ces préoccupations vaines n'empêchent pas Eva Maria de bien surveiller l'équipe japonaise. Voilà ce qui préoccupe Clarissa. Et Josef? Il restera avec elle, Clarissa n'en doute pas. Elle a su remplacer son père. Il restera.

Merline, Léonie et Alexandrine se sont assises sur la plage, malgré leurs beaux vêtements de deuil. Avant de venir, elles ont toutes les trois mis ces deux robes et cet ensemble sombre dans leurs bagages. Cela faisait drôle de partir avec Rose et de prendre avec soi les habits pour la cérémonie funéraire. Mais pouvait-on faire autrement? Rose avait exprimé dès le début son désir d'être incinérée. Elle voulait que ses cendres soient lancées à la mer, et quand elle avait vu les informations sur Thoreau Heights, elle avait immédiatement ordonné: «Vous me ferez incinérer là et vous disperserez les cendres. Vous aurez donc à rester deux jours de plus à Thoreau Heights.» Voilà que les trois sœurs n'auront pas besoin de s'éterniser à la clinique, le tout est déjà emballé et ce qui restait de Rose a été disséminé. Il faut voir le bon côté des choses. Le temps est si beau, juste un peu frais, et tant pis si nous nous retrouvons couvertes de sable. Restons là à contempler le paysage et Rose qui désormais en fait partie. Elles se taisent un moment, enfin seules. Tout le monde a quitté la plage, même les membres du personnel. La clinique, c'est fini! Tout à l'heure, elles prendront la voiture. On laissera Alex à l'aéroport, elle regagnera New York, elle partira pour Londres le 10 et puis la ronde insensée des voyages et des portefeuilles à sauver recommencera. A-t-elle même arrêté ? Alex s'efforcera d'oublier. Avec le travail, cela ne s'avérera pas bien difficile. Elle accuse du retard dans tout. Elle ne sait comment elle pourrait continuer la vie en se rappelant à chaque moment sa sœur morte ou vivante. Depuis le suicide, elle s'active dans tous les sens. « Je ne suis pas Merline, je ne suis pas capable de ta fidélité à tout cela. J'ai besoin d'oublier. » C'est tout ce qu'elle arrive à dire. Les deux sœurs entendent, hochent la tête. Alex se tait, ne peut pas ajouter quoi que ce soit. Elles savent très bien, toutes les trois, de quoi est faite la nécessité de cet oubli. Même Merline, dans les derniers jours, s'est lancée à corps perdu dans les ateliers avec De Bruycker. Elle devait créer un truc, mener à terme une forme pour ne pas penser à la mort de Rose. Elle retrouvait ainsi un désir de théâtre, un oubli du présent. « Je vais aller à Québec et je partirai à Amiens très bientôt », annonce-t-elle à ses sœurs. Le vent mêle ses longs cheveux. Elle tente de les recoiffer. Elle a repensé à tout cela la nuit dernière, durant une longue conversation avec ses sœurs. Elle n'a pu fermer l'œil avant la cérémonie des cendres. Partir lui donnera l'impression que Rosie est morte afin qu'elle puisse retrouver une carrière ! « Je vous tiendrai bien sûr au courant de tout. »

Léonie hésite, elle ne sait que penser : elle comptait revenir en Amérique pour être proche de ses sœurs et surtout de Merline. Mais là… Elle ne sait pas, elle ne sait plus. Elle se lance pourtant : « Je resterai dans ton appartement à Québec, Merline, si cela te va, jusqu'en décembre. Gary viendra peut-être un peu, les garçons pourront faire un voyage, s'ils veulent. » Elle s'imagine mal, seule cet hiver, sans Merline, là-bas, dans l'appartement du boulevard René-Lévesque. Elle conclut d'un souffle : « Je vais y penser, j'ai besoin de temps. Alexandrine, tu m'aideras un peu avec l'argent ? Tu me l'as proposé, j'accepte, et puis après, tu as raison, il y aura la succession. » Léonie sait ne pas avoir besoin de grand-chose pour le moment et elle verra si elle saura s'occuper avec Alex des droits des livres de Rose. Sait-elle s'acquitter de ce genre de tâches ? Impossible de retourner immédiatement, et même en septembre, en Australie. Pas tout de suite. « Est-ce que je finis ma vie, déjà finie, avec mon mari ? » Voilà la question qui tourne dans sa tête. C'est trop tôt. Elle se tait, elle voudrait avouer quelque chose, mais ses sœurs le prendraient peut-être mal. Avec Tom, elle va faire partie d'un groupe de personnes endeuillées sur Zoom. Elle éprouve le besoin de parler de tout cela, pas avec un psy, non, et surtout pas avec ses sœurs, mais bien avec des gens qu'elle ne connaît pas et qui vivent la même chose.

La tristesse, elle ne peut la partager avec ses sœurs sans s'effondrer. Alors, Tom l'aidera, oui, il l'aidera. Depuis quelques jours, il l'aide déjà. Il est reparti à Boston, mais ils se parlent au téléphone. Il ne la connaît pas avec Rose, il l'a rencontrée sans sa sœur. Tout est plus simple.

Elles restent silencieuses toutes les trois, posées sur la serviette de plage apportée par une infirmière. Elles se savent trop vulnérables pour parler. Elles comprennent bien qu'elles sont devant l'océan en train d'observer très clairement la possibilité insensée d'une fin, pas seulement celle de Rose. Celle de la famille Leroy, cette entité complexe qui a fondé l'identité de chacun de ses membres depuis le début des temps et qui parvient à son terme ici, sur cette plage magnifique. La mort de Rose a dévoilé un tarissement, une éventuelle abolition de ce qui depuis toujours les a tenues ensemble. Il faudrait faire comme avant la naissance de Rose, mais de cette époque elles ne se souviennent pas. Et le corps de Maman était le lien à l'époque. On se divisait Claire en morceaux et en quarts d'heure.

Les sandwichs apportés par Jennifer, l'assistante de Clarissa, sont délicieux. La docteure Gardner a tenu à bien nourrir les trois sœurs. La mort ne coupe presque plus la faim. Au bout d'un temps plus ou moins long, la vie reprend ses droits. Pour les Leroy, l'appétit est revenu rapidement. Et Léonie s'empiffre depuis quatre jours. Elle a même trouvé le moyen de commander des scones grâce à un service de livraison. Elle a bouffé cela toute la nuit. Elle retombe en enfance.

Les trois sœurs restent encore sur la plage. Elles n'arrivent pas à se lever. Elles prennent soin un moment de l'absence de Rose. Dans une heure, cette absence les accompagnera déjà moins.

Clarissa leur fera ses adieux. Elle portera une tenue impeccable. Ses cheveux seront noués avec grâce. Elle leur dira de ne pas conduire trop vite et sera si soulagée de les voir partir. Elle se consacrera à l'équipe japonaise et à toutes les choses qui dépendent d'elle.

Dans la Jeep blanche de Merline, les sœurs constateront que tout est fini, mais elles ne parleront ni de fin, ni de commencement. Elles se contenteront d'investir le futur, parce que précisément tout ce qui devait être mené à terme l'aura été. Il ne restera qu'un vaste avenir dont elles veulent à peine. Mais elles joueront à le posséder. Rose ne sera pas assise aux côtés de Merline. Alex aura pris sa place. Merline partira vite et en jetant un dernier coup d'œil dans le rétroviseur et en un instant, elle verra Thoreau Heights et la clinique de la docteure Gardner disparaître, avalés par les montagnes.

TABLE

Héliotrope
4067, boulevard Saint-Laurent, atelier 400
Montréal (Québec) H2W 1Y7
editionsheliotrope.com
facebook.com/editionsheliotrope
instagram.com/editions_heliotrope

Achevé d'imprimer le 5 février 2024
sur les presses de Marquis